逃生梯上的婴儿
创造力与母性的两难

The Baby on the Fire Escape:
Creativity, Motherhood,
and the Mind-Baby Problem

Julie Phillips

［美］
茱莉・菲利普斯 著
栾志超 译

生活・讀書・新知 三联书店

Copyright © 2022 by Julie Phillips
All rights reserved
Printed in the United States of America
First Edition
The Baby on the Fire Escape: Creativity, Motherhood, and the Mind-Baby Problem was originally published in English by W.W.Norton & Company, Inc.

Simplified Chinese Copyright © 2024 by SDX Joint Publishing Company.
All Rights Reserved.

本作品简体中文版权由生活·读书·新知三联书店所有。
未经许可，不得翻印。

图书在版编目（CIP）数据

逃生梯上的婴儿：创造力与母性的两难/（美）茱莉·菲利普斯著；栾志超译. —北京：生活·读书·新知三联书店, 2024.1
 ISBN 978-7-108-07624-3

Ⅰ.①逃… Ⅱ.①茱… ②栾… Ⅲ.①女性－艺术家－生平事迹－世界②女作家－生平事迹－世界 Ⅳ.① K811

中国国家版本馆 CIP 数据核字 (2023) 第 073443 号

责任编辑		崔　萌
装帧设计		鲁明静
责任印制		卢　岳
出版发行		生活·讀書·新知 三联书店
		（北京市东城区美术馆东街 22 号 100010）
网	址	www.sdxjpc.com
图	字	01-2022-3370
经	销	新华书店
制	作	北京金舵手世纪图文设计有限公司
印	刷	河北品睿印刷有限公司
版	次	2024 年 1 月北京第 1 版
		2024 年 1 月北京第 1 次印刷
开	本	880 毫米 × 1230 毫米　1/32　印张 10.5
字	数	256 千字
印	数	0,001－6,000 册
定	价	58.00 元

（印装查询：01064002715；邮购查询：01084010542）

献给基特、扬、艾斯和乔斯克，
我的母亲、我的丈夫和我的孩子们

目　录

一个自己的房间 VS 一个自己的孩子 ……… 1

"她自己身体的主宰" ……… 22

母亲中的"不法之徒"：爱丽丝·尼尔 ……… 30

时时刻刻：艺术怪物与维护工作 ……… 62

不适区：性与爱 ……… 69

矛盾的快感：多丽丝·莱辛 ……… 78

不适区：不可得的缪斯 ……… 108

"诗歌即家务"：书本 VS 婴儿 ……… 116

幸福的家庭：厄休拉·勒古恩 ……… 128

不适区：幽灵 ……… 157

不适区：大器晚成 ……… 167

母亲、诗人、战士：奥德雷·洛德 ……… 174

不适区：心有旁骛 ……… 206

自由：艾丽丝·沃克 ……… 220

书桌上的婴儿，或一心二用 ……… 249

她自己的路数：安吉拉·卡特 ……… 256

时间和故事 ········ 284

致　谢 ········ 290

注　释 ········ 293

参考文献 ········ 323

一个自己的房间 VS 一个自己的孩子 *

> 母性主体（是）一个打断或干扰我们主体性观念的人。
> ——丽莎·巴莱瑟（Lisa Baraitser）

> 我坚持认为……在文学的层面，母性是一个尚未被发现的国度。我们必须冒险进入这个国度，以免我们的经验失传。
> ——莎拉·洛伊（Sarah Ruhl）

想象一幅艺术家或作家工作时的画面，你脑海中浮现的或许是他们独自一人聚精会神的场景。普鲁斯特在他铺满软木的房间里奋笔疾书。叶芝走下他的塔楼，碰到自己的两个孩子，心想："他们是谁？"维特根斯坦据说连续几周都只吃瑞士奶酪三明治，因为就连食物味道的变化都会扰乱他的思路。

---

* 原文为 the mind-baby problem，指心智活动与育婴事务之间的矛盾，后文还讨论了心智与身体之间的矛盾（the body-mind problem），此处采用意译——译者注；以下若无特殊说明，均为译者注。

艺术家或许拥有家庭，但却沉迷创作，比如亨利·马蒂斯，他的绘画就如同一个"旋涡"将他裹挟其中。他的女儿曾说："他无法思考其他问题。"在珍妮·奥菲尔看来，那些只为作品而活的创作者可以称得上是"艺术怪物"*。

伟大的作家或许是超凡脱俗的观察者，是沉浸在城市生活场景中的浪荡子（flâneur）。如果他写作的主题是自然美，他或许是在林中小屋里独自写作，或是"如一朵云般孤独地"**四处游荡，享受"孤独的乐趣"。她***或许会同意诗人玛丽·奥利弗（Mary Oliver）的观点，即"创造性工作需要孤独。需要集中注意力……需要整个天空来飞翔，没有人盯着"。抑或她也会同意格特鲁德·斯泰因（Gertrude Stein，也称斯泰因夫人）的警告："成为天才需要很多时间，你必须一直坐着，不做任何事情，真的什么都不做。"

在一个有孩子的女人身上，我们常常看到的画面是，她的孩子们会没完没了地来打搅她。或许她把自己关在一个房间里写作，她的孩子们也答应她不去敲门，不吵不闹，但她知道，他们就在那里，隔着门缝也能感觉到他们的一举一动。艾德里安娜·里奇（Adrienne Rich）深陷于"女性生活的断续之中，全部精力都放在琐碎的家务上"，徒劳地渴望着"继续前进的自由，能如滑翔机飞行员一般驶入思想的洪流，且深知自己的动力是持续不断的，作为浮力的专注度也不会被突然掠走"。在工作时，女儿会浮现在艾丽丝·沃克（Alice Walker）的脑海中："孤独的她吮吸着拇指／一条巨鲤横在我喉中。"

---

*　出自珍妮·奥菲尔的小说《天气》（*Weather*）。
**　"lonely as a cloud"，此处指涉的应为英国诗人威廉·华兹华斯的诗歌"I Wondered Lonely as A Cloud"。
***　作者在前文中使用的都是男性"他"，此处使用了女性"她"。前文所举的例子都是男性创作者，后文开始讨论女性创作者。

抛开形单影只的浪荡子,想想在伦敦的某处公园里,娜奥米·米奇森(Naomi Mitchison)在婴儿车上架着一块板子,在那里伏身写作。再想想雪莉·杰克逊(Shirley Jackson)一边在炉子上煮着饭,一边在厨房里构思故事情节;托妮·莫里森(Toni Morrison)在车上放着一沓纸,这样一来,开车上班的路上如果遇到堵车的话,就可以写东西了。在这样的情境下,写作不是连续的,而是临时的、随机的、受到干扰的,而且有彻底消失的危险。

曾经,母职与创作之间的矛盾似乎(或多或少)是不可调和的。西尔维娅·普拉斯(Sylvia Plath)担心,一个女人必须"牺牲女性气质和家庭对她提出的所有要求,才能成为一名作家"。蒂莉·奥尔森写道:"在我生儿育女的这二十年里……从不曾有过最纯粹的创作环境。"这是一个生理问题,一个时间问题。这也是一个有关自我的问题。"对女性的种种要求,诸如妩媚动人、耐心体贴、相夫教子、贤惠温顺、敏感多情、三从四德等等,所有这些都与巨大的创造性天赋要充分发挥所必需的自我中心、积极进取以及对个体的漠不关心相抵牾,甚至必然是格格不入的。"苏珊·桑塔格如是写道。尽管有她一贯的夸张,但女性(哪怕是现在也要更甚于男性)应该永远都能守在孩子身边,这一期望的确与创造性的自我是相互冲突的。

有时,母亲们很难给予自己认可。爱丽丝·尼尔说自己直到七十岁才收获了一个重要的回顾展,"我一直觉得,我在某种意义上没有画画的权利,因为我有两个儿子,我有很多事情要做,而我却在这里画画"。有时候也有来自他人的评判:尼尔的婆家人声称——没有任何证据支撑这些指控——尼尔曾经在专注于完成一张画时,把孩子丢在她纽约公寓的逃生梯上。在他们看来,这个危险的场景形象地说明了,试图在同一时间做这两件事情是非常危险的。

为人母的幸福与为人母的内疚合谋侵蚀着创作。玛格丽特·米德说:"并非婴儿的啼哭,而是他们太多的欢笑"让时间不知不觉地就过去了。珍妮·奥菲尔说:"你对孩子的爱会让你忘记你曾以为自己所爱的一切。"

1962年,奥尔森仍然可以提出这样的论断,即几乎没有哪位母亲,或任何从事"兼职工作,一心二用的人",能够写出经得起时间考验的书。但是,也就在大约同一年,已为人母的妇女的职业生涯开始蓬勃发展,而且不仅仅是零星案例,而是数量多到足以引起重视。母亲们找到了从事工作的方法,并因此得到认可:多丽丝·莱辛(Doris Lessing)获得了诺贝尔文学奖;厄休拉·勒古恩(Ursula K. Le Guin)获得了美国最高文学奖项国家图书奖;艾丽丝·沃克获得了普利策文学奖,她的著作达到了百万销量;奥德雷·洛德(Audre Lorde)围绕交叉性(intersectionality)展开了论述;安吉拉·卡特(Angela Carter)被认为发出了最能定义20世纪英国的文学之声,苏珊·桑塔格被认为是英语世界最伟大的评论家之一;爱丽丝·尼尔见证了自己的作品跻身正典。

我在这本书中试图去追溯这一变化发生的过程。我试图找出母职与创造力兼而有之会是怎样的情形——不是仅仅在最开始的几年,而是作为生命故事的一部分。不是在"一个自己的房间"*里独自创作,而是在一个共享的空间里创作,这意味着什么?在这样的空间里会诞生出怎样的作品?一个有创造力的母亲过着怎样的生活?

我的计划原本如此:探索地图上的空白,即母职与创造力的交会之处。我从来都没能展示我自己身为人母全部的生命能量:我不会忘记和我的实际经历比起来,即便是"我有两个孩子"这样简单的句子,听起

---

* "a room of one's own",出自弗吉尼亚·伍尔夫的《一个自己的房间》。

来都显得那么空洞，仿佛是我在讲述一场毫无意义的白日梦。因为我无法讲述，所以我希望他人能替我讲述。通过考察伟大女性的生活，我希望能够用新的视角来看待自己的经历。

那片空白应该让我已有所知。我读得越多，写得越多，母职与创造性工作的交会处似乎就越非身份的交会处，而是一个否定的空间，一个不可能存在之处。我读到了关于为人母精彩的第一人称叙述，但却看不到模式或路径。我的研究对象，她们身为人母的生活故事各说各话。当我看她们的作品时，里面没有母职的影子；反之亦然。当我阅读评论文章、回忆录和小说时，我读出了矛盾、碎片、逸事，以及顿悟的瞬间。我遇到了精神分析理论学家丽莎·巴莱瑟所说的"难以解决的问题，即……智性与母性的劳动是如何相互抵消的"。

育儿影响着每个人的处境，也受其影响。同时，种族、资源、性、家庭关系、能力／无力也影响着育儿。并非所有的母亲都生过孩子，也并非所有的母亲最终都会抚养自己的孩子。我想写的这些女性经由不同的路径承担起了母职，她们拥有或是没有伴侣，年龄或大或小，获得的金钱与支持或多或少。她们因为意外或出于自愿怀过孕，收养过青少年，遭遇过不孕不育，失去过孩子。她们承认感到愤怒和痛苦，拒绝刻板印象［如"女超人""家中的天使"（angel in the house）］*，审视母性的矛盾。

但是，母亲们创造性的自我在哪里？母亲们有内在生命吗？为人母的主观体验是怎样的？以及，关于为人母的现象学著作日益见长，但为何在更深的层面上，它仍然显得如此无法叙述，平淡无奇、无处不在，但理论却对此只字不谈？

我于是开始这样说：我在"探索母亲的主体性"。这引起了一些人的

---

* 指维多利亚时代相夫教子的中产阶级妇女。

注意,尤其是学术界的关注,或者至少不像听完我说"我在写母亲"之后那样漠然。把"母亲"放在一个主体的位置上,这令人们为之一惊,也的确令人们困惑不已。我的朋友们一次又一次地忘记了我所写之书的主题,直到我开始疑虑,自己"地图上的空白"是否是不可思议的,是超越记忆的。

为了找到一种关于母亲身份的理论,从而将我的叙事串联起来,我研究了精神分析学。在这一学科中的探寻就像是观看老勃鲁盖尔(Brueghel)的画作《伊卡洛斯的坠落》(The Fall of Icarus)。画面前景是孩子们的成长;而远景则是母亲作为一个拥有自身叙事的人从视野中消失了。*

精神分析学如此地专注于儿童的成长,以至于母亲,身处她矛盾的状态中——这种状态是由儿童造成的,但儿童却身处这种状态之外——永远都无法成为中心人物。精神分析学关注的是俄狄浦斯情结,认为创造力和自我皆源于此,使母亲不仅沦为一个配角,更是一个命中注定的角色。巴莱瑟这样写道,在思考母爱时,"本质主义和规范性都尤为重要","而且,我们需要保持对母爱的想象,将其看作'规定',其中充斥着各种各样的心理学话语"。

弗洛伊德的观点是(正如苏珊·桑塔格在为她丈夫代笔,撰写有关弗洛伊德影响的著述时愤懑地指出的):为人母是一个女人成长和成就的终点。身为一个母亲,一个女人只会践行其与生俱来的角色。弗洛伊德声称,当一个女人三十岁时,她的灵魂"就担起其终极职责,而且……她再无可能有进一步的发展"。要说的话,那就是她彻底抛弃了她独立的自我。早期的分析学家爱丽丝·巴林特(Alice Bálint)在1939年写道,

---

* 在这张风景画里,渔夫和农夫们旁若无人地埋头工作,完全没有注意到伊卡洛斯的坠落。

理想的状况是"母亲与孩子的兴趣是一致的"。

对于有创造力的女性来说，更能消除其疑虑的一个观点是：一个人可以成为"足够好的母亲"——这是精神病学家 D. W. 温尼科特（D.W. Winnicott）在描述一种母子关系时所用的术语。哪怕母亲对婴儿并未给以足够的关注，此种母子关系仍然是健康的、治愈的。"足够好"这一说法驳斥了"依恋式育儿"提出的要求，推翻了其他将母性奉献偷梁换柱的尝试。但是，对谁"足够好"？这种模式满足的仍然是孩子的需求，而非母亲的需求。母亲仍然是——用巴莱瑟的话来说——"不可能实现的主体，出类拔萃……一个虚幻的人物，在许多毋庸置疑努力描述她的论述中，她似乎并不曾出现过"。

我的性和性别可以被理论化为社会和历史的建构。我的作家职业或许源于我的童年经历。但我与我的孩子，以及我与作为母亲的我自己之间的关系又源于何处呢？我是否应当在这个问题周遭建起一圈围墙，并称之为理论免谈区呢？是否真如法国女权主义者所提出的，在男权中心的话语中，女性是无法讲述的？玛吉·尼尔森（Maggie Nelson）写道，她反对"将女性或母性与深刻的智性之域隔离开来"。但她也引用了诗人爱丽丝·诺特利（Alice Notley）的诗句："他出生了，而我消失了——感觉像是我将/永远如此，未曾来过世间。"

面对没有母亲成为主角这样的空白，剧作家莎拉·洛伊的疑问是，是否"关于为人母的经验是无法上演的——超越了叙事和语言"。接着，她提出了自己的担忧："经验是可讲述的，但没人想要去读。母亲不应当有观点。"

蕾切尔·卡斯克（Rachel Cusk）在她的回忆录《成为母亲》（*A Life's Work*）中评论说："几乎无法对外界解释做母亲的体验。做母亲时，女性放弃了自己的公众价值，以换取一系列私人意义。如同某些人耳听不见的声音一样,别人很难识别这种私人意义。"在酷儿理论中,母亲是过于"异性恋的",而非裔美国人的写作则强调母亲的首要性,但通常是在群体构建的语境中,而非关于个体的创造能动力。

你或许会认为,育婴只不过是地位太低,太卑微,太深陷于普拉斯所说的"脂肪和婴儿粪便的臭味"的工作,不值得进行理论上的探讨。但这并非真正的问题,因为即便是身体的排泄物,也一直是批判性思考的对象——尽管当我翻阅法国理论家多米尼克·拉波特(Dominique Laporte)诙谐滑稽的著作《屎的历史》(*Histoire de la merde*)时,我发现,即使是他,也遗漏了所有人类关系中与屎关系最为密切的亲子关系。

尽管如此,纸尿裤还是冲击了戏剧。在我的孩子还小的时候,我晚上去电影院看《魔戒》(*Lord of the Rings*)三部曲的大结局。第二天早晨给孩子擦屁股时,我感到自己对中土世界未来统治者炙热的认同感正在消退。我已经被从史诗般的故事中驱逐出来,来到了低级喜剧的领地。我不是故事中的英雄;我只是巨蟒剧团(Monty Python)中的乡巴佬之一,说着:"噢,你知道他是国王吗?""他身上没有屎。"

很多作家几乎是条件反射般地保护母子空间,合谋保证它不被审视。这或许是一个孩子隐私的问题("妈妈,你让我很尴尬!"),或是一个人羞于启齿的感受;或许是因为缺乏距离感:萨拉·曼古索(Sarah Manguso)问道:"是否有可能像作者必须做到的那样,一边切实地观察自己的孩子,同时又爱着他?母亲身上是否存在类似于作家障碍的问题——感知者障碍?"

女权主义精神分析学家朱莉娅·克里斯蒂娃(Julia Kristeva)认为母爱"逃避了再现",而母爱的不可再现性正是其颠覆性的力量。在她著名的评论文章《圣母悼歌》("Stabat Mater")中,她将母亲称作"身份的灾难",将自我投向"那'不可名状'之物,在某种程度上关涉到我们对女性气质、非语言或身体的想象性再现",沦为"不可名状的"感觉,与厄休拉·勒古恩的悲观看法相去不远。勒古恩指出,成为妻子和母亲就是成为"一个无名氏"。我不认同这种观点,这只是对母亲的另外一种神话化。我不相信为人母是无法再现的。我认为将母亲神秘化是另外一种让她们不被承认的方式。这听起来也像是我的一个孩子在抱怨说,找不到自己最钟爱的那件衬衫。你都在哪些地方找了?你有好好去找吗?

当作家和艺术家描述她们为人母的经历时,她们经常使用"分裂"一词。路易丝·厄德里奇(Louise Erdrich)认为,父母"在分裂的意识中生活和工作",这种分裂"接近于自我抹除,令人不适"。蕾切尔·卡斯克描述说,从聊天中抽身出来去抚慰哭泣的婴儿,"宛若溪流的两股支流,自我和母亲这两个身份并未留意到彼此,尽管片刻之前还难以将两者区分开来:它们翻腾着向前,过着各自的生活"。

有时候,这感觉更像是解体。当奥菲尔成为一个母亲时,她感觉自己的生活中"像是有一颗炸弹爆炸了"。格温德琳·布鲁克斯(Gwendolyn Brooks)把全身心都放在小婴儿身上,无法"说自己的灵魂属于自己"。巴莱瑟写道,为人母是复杂的,因为"孩子对叙事持续的攻击实际闯入了母亲的言语……由于思考、反思、睡眠、移动和完成任务不断受到干扰,(母亲)自己的自我叙事也被打破。留存下来的是一系列断裂的经验,根本无法彼此相接,相互呼应"。

在《母亲的遭遇:干扰的伦理》(Maternal Encounters: The Ethics of Interruption)一书中,巴莱瑟思索道,成为父母就是要拥有一个可以共享、能被影响的主体性,这个主体性必须"让开",为一个完全无法预测的他者腾出空间。在成为一个母亲之后,她"感觉被孩子拴住了,无法写下一个完整的句子,无法思考或是睡觉,不再觉得自己敏捷、能干、迅速,不能自我反省"。在探索这种新状态时,新的观看方式出现了,

"孩子自始至终无法预测且极端的存在,迫使她去理解曾经忽略了的经验"。她感受到"更高的知觉,获得对客体以及自身情感范围、情感强度的新认知,……重新遇到作为说话主体的自己"。

巴莱瑟并没有期待更多的连贯性,而是关注如果拥抱一个共享的自我,可以从中获得什么。与茕茕孑立的作家安身于象牙塔不同,她立足于一种本身就受干扰的主体性,对干扰向"正常"生活提出的问题保持警惕。与浪荡子的形象不同,她树立的母亲形象投身于亲子跑酷,以及推着满载的婴儿车穿过步道或越过楼梯这样的极限运动。她邀请我们思考,在一个"(母亲)通过无休止地探索从而重新发现的环境"中,与母性"事务"的斗争是否可能以其自身的方式产生作用。

事实上,巴莱瑟提出,迄今为止,精神分析理论一直以来都认为,统一的自我是个幻觉。认识到一个与外界泾渭分明的自我是对过去的幻想,而非写作不可或缺的助力,或许能帮助作家和艺术家应对她们在照顾孩子时所经受的"对叙事的攻击"。

就如同奥菲尔试图"在纸上捕捉这种新的断裂意识",曼古索笔下关于为人母的记忆是"那些已然炸裂但终究会连成一体的碎片的集合,提醒我们,看似暴力的干扰实则极少真的如此"。

莎拉·洛伊写道:

> 有一段时间,在我刚得知自己怀的是双胞胎时,我看到的只是一片混乱。在我望向手术室,想到为人母时,我只看到了战争,矛盾的忠诚,而且我觉得我的写作生涯要结束了。有几次,我感觉我的孩子似乎在摧毁我……最后我想,那好吧,摧毁我吧;反正另外一个自我也是个虚构。然后,我活了过来。我可以研究这些迟疑和踌躇。

接受干扰，这让她得以冷静下来，重新找回自己的艺术才能。

我被这种干扰的画面所吸引，部分是因为我自己的感觉——在写这本书的过程中，我感觉自己无法把这些画面串联起来。我试图书写有创造力的女性的生活，这种努力不断分崩离析。艺术家和母亲的故事并驾齐驱，偶尔会闯入对方，或对对方品头论足。但更多的时候，这二者顽固地拒绝归为一体。就主题而言，写作与母职似乎背道而驰，但这项工作与育儿之间在现实生活中实实在在的分界线就横亘于我写作的核心。

但或许这些故事本就是不连贯的。如果难以超越逸事与不和谐，无法进入更高的将母性理论化的层面，那也许是因为，"干扰"正是我应该去关注的。或许，使得我无法摸清为人母经历的并非干扰和中断，而是母亲的创造力所处的状况。

第二波女权主义者希望性别平等能够解决写作与母职之间所有实际层面和情感层面的矛盾。这是莱辛对《金色笔记》的构想，把一个女人一生中所有独立的叙事线索都串联起来。这是埃莱娜·西苏（Hélène Cixouss）提出的女性形象：她用母体中的"白色墨汁"写作，就好像孕育一个想法和喂养一个婴儿是一样的，并非由同一具身体和心智先后或同时完成的两种不同行为。这是艾德里安娜·里奇的神往："一定有办法……将创造的能量与关系的能量结合起来。"

在这个叙事中，问题即干扰（不管是儿童、内疚或是自我怀疑造成的），解决方案即和谐。但当我审视母亲们的生活时，我认为这些设想或许无法充分地呈现母亲实际的创作过程。实际上，除了和谐的时期，似乎还牵涉到预设的中断、跨越分歧、拼接职业生涯以及其他临时且极端的措施。和多个和睦相处的自我比起来，临时拼凑和妥协让步的画面似乎能够更好地表达作家-母亲们所经历的挫败与快乐。即便里奇所说的"创造"和"关系"的能量无法结合到一起，父母仍然可以让它们保持一种有时令人沮丧，有时又有所生产的平衡。洛伊将此种平衡比作一种心跳，即"工作与孩子的大收缩与大舒张"。

这就是逃生梯上的婴儿——并非诽谤性的故事，而是这则故事所代表的现实及危险境地：孩子刚好在视线之外，不会令人分神，母亲从而可以和她的缪斯交谈。这是一个艺术家或作家需要在自我与她的孩子之间拉开的精神与时间距离，这样她就能够保持在场，获得许可，拥有"一星半点的自我"［娜塔莎·兰德尔（Natasha Randall）语］，从而维持创造力。这是把握与放手。这是艺术与照护齐头并进，持续一会儿、一天或一生。

干扰是一条线索。但我仍然觉得，我读的有关母亲的书越多，我了解的就越少。关于母性，通常似乎只有描述，没有故事。关于父母的很多感受，甚至无字可循。我的同义词库列出了几十个"抑郁""爱"，甚至"乏味"的同义词，但却没有一个词用以形容和一岁的孩童玩游戏时所感到的无聊、陌生和深情的状态，也没有一个词用以形容空闲时间饮下一杯鸡尾酒时的疲惫与恼怒，以及半夜三更醒来亲热时的恍惚。["母性的矛盾"这一术语无法激发全部的感受，尽管或许更为接近的是赛宁·盖（Sianne Ngai）发明的"stuplimity"一词*，用以表示既令人感到惊叹又使人觉得无聊的东西。] 碎片和逸事似乎是讲述的默认模式，部分是因为——正如巴莱瑟所提出的——它们逃脱了儿童的干扰，逃脱了儿童"对叙事的攻击"；部分也因为它们允许重要的信息被分解，并从爱的屏障之后偷身而出，而爱的屏障——理论上——能庇护孩子免于世界的伤害。

厄休拉·勒古恩与一位没有孩子的朋友通信，这位朋友经常问她为

---

* stuplimity, stupidly sublime or sublimely stupid, 吃惊与无聊的合成物，出自赛宁·盖的《丑陋的情感》(Ugly Feelings)。

人母是怎样的感受。厄休拉会回答说,她在大女儿的大提琴演奏会上哭了;或是圣诞节快到了,她的儿子生病在家,她打算花一天的时间剪纸做装饰品,给地毯撒上亮光片。这都是母性的实践,是母性现象学研究的素材。

在我最开始想到用传记的方式来书写为人母经历的时候,我想研究的就是这种鲜活经历的特质。我想长期去书写,描述全部的生活,为人母只是其中的一部分。在书写我关注对象的生活时,我试图保持这种逸事的性质,并关注干扰所起的作用。但是,干扰并未给我提供故事。它缺乏时间的维度,缺乏贯穿迷宫的传记作者之线。弗洛伊德认为,一个成为母亲的女人已经走到了自己故事的结局。安妮·恩赖特(Anne Enright)认为,在她的孩子出生之后,她"在故事开始之前就找到了一处所在"。我意识到,如果我想树立起一个与茕茕孑立的作家相对的形象,那这个形象不仅要接受干扰,还要接受改变。

20世纪母亲们的故事往往由一种普通叙事决定,我称之为"母亲的脚本"(the motherhood plot)。正如菲莉丝·罗斯(Phyllis Rose)和卡罗琳·海尔布伦(Carolyn Heilbrum)这样的女权主义传记作家所指出的,大多数人都是循着历史和传统所提供的故事过完了自己的一生。对于女性来说,这个故事就是结婚生子。在"母亲的脚本"里,传统的婚姻和生孩子就是一个女人的成就,是她人生冒险的目标,是她经济有保障的手段和情感有寄托的保证。

对我写的这些女人来说,要想不遵循"母亲的脚本"是非常困难的:她们各有各的缘由,但结果都是一样的。她们为了爱情而结婚,比如爱丽丝·尼尔;或是从家庭中出走,如安吉拉·卡特。她们寻求经济上的支持或创造性的合作,为了不觉得自己在艺术的道路上孤军奋战。她们结婚以填补她们命中注定的空白,就比如多丽丝·莱辛。

她们生儿育女，因为这是已婚女人该做的，或是因为怀孕后不得不生。抚养孩子的工作令中产阶级的父母感到窒息，而贫穷的女性和有色人种的女性则努力喂饱孩子的肚子，保证孩子的安全，尽管这个世界并不欢迎她们的孩子降临。非裔美国母亲的故事强调力量、智慧和经济的独立，但也强调无私、吃苦和忍耐。在白人至上主义下成为黑人母亲——往往还要额外照顾白人母亲的孩子——还背负着另一个抵抗的重担，正如丹尼·麦克莱恩（Dani McClain）所写的："如果我们只是接受现状，而不去挑战那些压迫黑人和妇女的力量，那我们就是摧毁我们自己和我们孩子的一份子。"

对于几乎所有女性而言，如果生活没有计划，或者不知道自己的选择是什么，那"母亲的脚本"就会发生。在《女同国度》(Lesbian Nation)一书中，吉尔·约翰斯顿（Jill Johnston）称自己的婚姻以及两个孩子"为一个问题提供了虚幻的解决方案，而这个问题我事先并不知道非我力所能及……我不知道还能做些什么，而（婚姻）始终是个选择，事实上是个基本选择，因为它易如反掌"。在对母亲身份的伟大探索中，艾德里安娜·里奇在《女人所生》(Of Woman Born)一书中描述了身处20世纪50年代"家本位"氛围中的她自己："我不知道我究竟想要什么，对于我想要的，我又不知道该如何做出选择。我唯一知道的是，拥有孩子就意味着成熟的女性身份将会得到充分的体现，就能证明自己也成了'和其他女人一样'的女人。"

"母亲的脚本"之所以吸引人，部分原因在于，在天时地利人和的情况下，对伴侣及孩子的爱可以成为快乐、支持、自由与力量的巨大源泉。托妮·莫里森说，成为母亲是"我经历过的最自由的事情……我不仅可以做自己——不管这个自己是怎样的——而且有人真的需要我做我自己"。厄休拉·勒古恩发现，婚姻和孩子给她提供了工作所需的稳定性。

母爱可以是革命性的，特别是对于那些为照顾孩子而争取时间与空间，贫穷且被边缘化的女性来说。亚历克西斯·波林·甘布斯（Alexis Pauline Gumbs）写道，"'母亲'（mother）一词的激进潜能在'm'之后出现。潜能存在于当我们说出这个词时，'他者'（other）在我们的口中所占据的空间。我们成了别的什么。我们知道这一点，因为非常可怕的是，制度会利用社会规范，并试图压制我们"。诗人克里斯蒂·纳米·埃里克森（Christy Namee Eriksen）补充说："一个棕色皮肤母亲的爱是她最大的抗议。"

但是，"母亲的脚本"对创造性的自我毫无助益。如果有的话，那就是一以贯之的无私，不仅对婴儿和孩子无私，而且对丈夫、伴侣及其他人无私。有一段时间里，离异的莫里森带着两个小孩，失去了自己："我是某人的母亲，某人的这个，某人的那个，但这个世界上却没有我。"

恩赖特写道：

> 婴儿需要你全部的自我，但这是一种有趣的自我。这个自我融合了工厂工人对传送带倾注的"全部"，以及情人对所爱之人倾注的"全部"。不管是哪一种，这种自我都需要相当程度的自我否定。
>
> 这就是为什么照顾孩子的人会经受绝望；它在瞬间发生——在那一瞬，她们突然意识到自己仍然存在。

这本书中的大多数女性在开始时都遵循了"母亲的脚本"，她们都与之抗争，她们都抛弃了这个故事。当她们跳下悬崖，发现自己悬在半空，当她们感到被爱情击倒在地，被贬抑到自己生活的边缘时，当她们发现自己没有故事时，她们不得不因时制宜。在某些时候，她们必须非常清楚地去思考自己是谁，需要什么，同时也要具备勇气打破期待——和不被期待——从而实现自我，得到自己想要的。她们有违常规地去工作和为人母，从而学习、斗争、受苦、成长。

20世纪有创造力的女性反抗着人们的期待，即她们要无私，不仅要对孩子无私，还要对丈夫及情人无私。在传统的婚姻中为人母消耗着她们的情感，使得她们失去了创造所需要的精力及独立思想。一次又一次地，女性遭遇着工作的不可能，不仅仅是因为她们没有时间，也因为她们的伴侣、家庭或是社会对她们要求太多，或是诱使她们将自己的职业弃置一边。厄德里奇认为，女性作家"必须经常与伴侣和家人保持距离，否则就会被吞噬殆尽"。

为了完成她们的工作，一些母亲采取措施来限制自己给丈夫及情人的情感供应。有几位身处开放关系当中，比如爱丽丝·尼尔，她说自己的伴侣之一"总是深陷爱恋——总是追逐着女孩"，但"我对此并不特别介意，因为我想自由地画画"。一些母亲的行为似乎是不合逻辑或自我否定的：与那些不能或不愿意帮助她们的男性成为伴侣，拒绝支持她们的男性，抗拒任何看似顾家的行为。这些破坏情感的行为让她们铁石心肠地设定着各种界限。如果这意味着她们自己的需要无法得到满足，那对于一些有创造力的母亲来说，这似乎是她们杜绝自己依赖帮助的唯一途径。桑塔格认为，创造性的自我需要自我意识的成长，但实际上，它需要的只是不要过于慷慨地付出情感劳动。

围绕在母亲身边的群体——学校、亲人、朋友、邻居——可以提供支持，也可以形成压制。评论作家艾伦·威利斯（Ellen Willis）发表评论说，在四十二岁的时候生下一个孩子，这挑战了她作为一个反文化叛逆者的自我意识，将她和她的伴侣拽入"满是城市中产阶级核心家庭的深渊"，"日常生活被家庭的柴米油盐酱醋茶所淹没……我作为母亲的生活的确有其超越的维度,彰显出强烈的激情和感官的愉悦;然而,尽管我一直坚持认为真正的激情在本质上是颠覆性的,但我对女儿的爱却将我越来越牢地束缚于社会秩序之中"。

因为要经历自我丧失和自我发现,为人父母给人的感觉可能是混乱不堪的。你可能会迷失方向,感到脆弱或被推离自己的生活中心。你或许会发现自我,体验到一种新的权威。你或许会与抑郁、失望或"无力招架、无法容忍的愤怒"(里奇语)做斗争。对于安妮·拉莫特(Anne Lamott)来说,为人母最困难的部分是"面对自己不可告人的疯狂、心碎和愤怒"。

和我人生的任何其他经历比起来,我早期为人母的经历对我提出的情感要求更多:有时候要求我坚持心中有爱和温柔体贴,有时候又让我对自己的局限性感到绝望。母亲的身份挑战了我,让我看到了我自己;在这个意义上,它就像写作,只是要比之更甚。但它也在很长的一段时间里让我几乎无法工作。一方面,我感到更像我自己;另一方面,我又找不到自己。为了重新找到自己的立足点,我必须了解这个新的处境;我必须经历一次心理上的转变。

"母亲是一种身份,成为母亲是成年后要经历的最重要的身份转变之一。"《背离亲缘》(Far from the Tree)一书的作者安德鲁·所罗门(Andrew Solomon)在他2013年的心理学博士论文中写道,一个为人母的女性必须处理两种新的关系:一种是与孩子的关系,一种是与为人母的自己的关系。建立这些关系——对于一个有创造力的母亲来说,则是重建她与自己职业之间的关系——需要参照自己的孩子以及对自己为人母的期待来重新定义作为一个个体的自己。实际上,她要重新再次成人。新手父母是健忘且以自我为中心的。这不仅仅是因为他们手忙脚乱、整夜难寐、抑郁烦闷,或舐犊情深,还因为他们同时在自我内观,重新评估一切。

巴莱瑟还这样说过:"我认为,如果我们试图对我们可称之为母性主体性的东西窥见一斑,我们就需要在理论的层面上投身于毁灭的时刻。"

毁灭是一条线索。即使是在最好的情况下——如果你能把孩子送去托儿所,如果没人因为你在做自己的工作而指责你,如果你能得到自己所需的财力和情感支持——为人母的所有压力和幸福都会将你从生活的中心推离,使得你追忆过去的自己并以新的方式对待自己的工作。一个为人母的人是一个与她的孩子、与作为一种制度的母亲身份,以及与一个因为这两种强大的影响而不断变化的自我相抗衡的人。理想情况下,她也是一个随着工作、孩子及生活中其他事件而持续成长的人,她获得了自我认知,获得了或重新获得了她的能动性。她不仅仅是作为一个人和艺术家发生了变化,当她成为一个母亲之后,终其一生,这个身份会一次又一次地改变她。她自我创造和自我修复的行为就是她的故事。

如果心理学无法导向一套关于母性主体性的理论,或许叙事可以。女权主义哲学家安德里安娜·卡瓦雷诺(Adriana Cavarero)接受了汉娜·阿伦特(Hannah Arendt)的观点,即主体性是叙事的产物,而且从根本上说是传记性的。她这样写道,一则人生故事会让读者认识到自己具备能动的潜能——成为自己的主人公。主体性是一则英雄的传说,每个人都是一则"独一无二且无法重复"的故事中的(女)英雄。

说到"母亲"和"英雄",大多数人都会不自觉地联想到自我牺牲。但创造性的母亲的故事并不是这样的。它既无关战斗,也无关拯救。它是一个核心人物的故事,这个人踏上了自我发现的旅程。一个在细枝末节(以及逸事和断裂的时刻)里探踪索骥的人;一个死而复生的人;一个在森林里迷了路又找回方向的主人公。

当我开始寻找母亲-英雄时,我发现,她们一直以来都存在于女性的故事当中。她们的主体性在于失去和找到自我，先是在青春期，然后在孕期，之后在成熟期，面对自己的"毁灭"，重新获得她们的力量。

因此，本着反叛的精神，对抹除的拒斥，对未能认出母亲的青年俄狄浦斯的鞭笞，我试图把母亲的故事写成英雄的传说。我试图去审视自我的危机，审视她们从母性或创造性的角度对自我的理解分崩离析的时刻——当她们迷失在森林里，又走了出来——如果的确走了出来——带着新的洞见，以及改变了的她们自己。

免责声明

> 人类经验具有普遍性的观念是一个骗局，女性经验具有普遍性的观念则是一个聪明的骗局。
>
> ——安吉拉·卡特

> 在母亲身份这一问题上，没有专家。
>
> ——艾德里安娜·里奇

建议。观点。判断。母亲们的选择遭到无休止的细察和指责。艾德里安娜·里奇写道："母亲身份的传统认为，所有母亲或多或少都负有责任。"她还提出，不仅如此，这一传统还评判所有女性，并认为她们无论是否生儿育女，都不够好。"对我们来说，为人母和不为人母一直是充满了诸多张力和冲突的概念，因为很明显，无论我们选择哪一个，它都会转过来反对我们。"

凯伦·乔伊·富勒（Karen Joy Fowler）写道："任何一个有过孩子的女人都会告诉你，获得肯定可不是什么容易的事情。任何一个没有过孩子的女人都会告诉你,这个说法也是存在争议的。"心理治疗师罗斯卡·帕克(Rozsika Parker)认为,从负有责任的女人到失望的孩子,"对理想母亲的幻想……都透露出一种感受,那就是母亲是完全不称职的"。

育儿工作是人类生存的核心——艾伦·威利斯写道,这就是为什么它会受到如此无情的监督。"正是因为家庭和母亲服务于原始的需求,所以这一机制才一直都是社会控制的有力工具。"詹妮弗·C.纳什(Jennifer C. Nash)指出,尽管所有的母亲都可能遭到评判,但白人至上主义特别将非裔美国人的生育视作"病态的、毫无节制的,明显存在性别和异性恋的反常表现,会给核心家庭和异性恋带来威胁"。

我(大多数时候)努力不去评判任何人的选择。我不相信一种为人母的方式要好于另外一种,或女人应当成为母亲,或母亲应当是女人,或女人生了孩子就必须要养,或母亲必须生孩子。我试图让自己的叙事被打断,从而为不止一套经验以及各种各样的观点留出空间。

当我考虑要写谁的时候,我寻找在动荡的20世纪早期出生的人:年轻到足以经历女权主义带来的变化,年老到一辈子都在为人母。我寻找那些有过各种各样经验的人,尽管我知道我的搜索广度仍然不够。我寻找那些在他们的艺术或写作中选择将自己的故事公之于众的父母。我寻找符合这些条件的男人,但一个都没能找到。遗憾的是,为了实际可行,我的寻找范围局限于英国和北美的作家、艺术家。

本书的灵感源于弗里达·劳伦斯(Frieda Lawrence)女儿说过的话,她为母亲抛弃家庭的行为进行辩护:"我认为她这样做是对的;所有那些跟我说着'我永远都不会离开我的孩子'这样的话的无趣女人都使我坚信这一点。"本书的灵感还源于托妮·莫里森就她如何写出自己的第一部小说所给出的答案:"我写了一份必须要做的事情的清单,共有六十三件。然后，我又写了一份我想做的事情的清单，只有两件——写作以及做我孩子的母亲。"

最重要的是，我希望你能接受艾丽丝·沃克的建议：她在谈及自己的文章《一个自己的孩子》（"One Child of One's Own"）时，敦促她的读者"听点有用的，别管其他的"。

"她自己身体的主宰"

在其他任何时间或地点，我都根本不可能是我现在的样子……我可以在17世纪以来的任何时期在英国或法国成为一个职业作家。但在避孕措施面世之前，这样的我不可能同时也是一个拥有频繁性生活的女性。

——安吉拉·卡特

我们有必要去想象一个世界，在这个世界中，每个女人都是她自己身体的主宰。在这样一个世界中……性、政治、知识、权力、母亲身份、工作、社会、亲密关系会产生新的意义；思维本身也会发生变化。

——艾德里安娜·里奇

用珍妮·奥菲尔的话来说，离开了写作的身体，写作就不存在。身体的感觉和强烈的感受让创造力勃发。为人母也是如此，即便不是从怀孕或分娩开始——这两者都既非必须也非必然——那也是从父母与孩子之间的肌肤相贴或令人安心的触摸开始的。父母的身体经验各有不同，而且，将母亲化约为她们的身体，这样的本质主义思维真的会带来危险。

但是，有一个故事是我写的所有艺术家母亲（mother-artist）和作家母亲（mother-writer）所共有的：获得对自己生育能力控制的英雄旅程。生育的权利——包括能够堕胎、避孕，获得不孕治疗和医疗保健——是成为创造性母亲的必要构成。

我惊讶地发现——尽管我不应该发现——一本关于为人母的书同时也是一本关于不为人母的书。然而，意外怀孕的灾难——还有一小部分人是为怀孕而努力——是贯穿本书的一个故事。几乎所有我笔下的女性都经历了避孕的难题。几乎所有的女性都至少有过一次意外怀孕，几乎所有的女性——尼尔、勒古恩、卡特、洛德、桑塔格和沃克——都堕过胎。她们都认为，控制怀孕的时间及物质境况——不管她们能否实现——对她们的艺术实践而言至关重要。

在 20 世纪之前，大多数避孕措施都是无效的——纱布、体外射精——更别提令人感到尴尬和恶心了。（一种典型的方法是用来苏水这样的家用清洁剂冲洗下体。）避孕套很昂贵：当 D. H. 劳伦斯在 1910 年失去他的童子之身时，一包避孕套花了他 5 先令，而他当时所担任教职的工资是每周 40 先令。（现在，一个周薪 800 美元的人得为此花上 100 美元。）避孕套同时还是禁忌：在英国，如果在房间里发现了避孕套，这个男的会被大学开除。甚至，直到科学家终于发现了排卵期的存在，安全期避孕法才在 1929 年成为一种选择。

然而，对于大多数女性而言，禁欲也并非选择之一。20 世纪的女性在婚姻中寻求情感和经济上的支持。她们有外遇是为了享受其中的乐趣，或是为了证明自己与男性伴侣一样无情和大胆，抑或是为了向别人或自己证明她们并非同性恋。她们做爱，因为这能燃起她们的创造力。娜奥米·密契森（Naomi Mitchison）认为性"十分重要，能刺激想象力，让眼界具有才华与活力"。在发现了与女人做爱的快感之后，苏珊·桑塔格在日记中写道："性高潮集中。我有着想写作的强烈欲望。"

并非巧合的是，母亲作家们的事业在20世纪20年代开始蒸蒸日上。当时，第一种有效的女性节育措施——子宫帽和宫颈帽——在英国和美国越来越容易获得，价格越来越低廉，越来越合法。乳胶避孕套的发明直线拉低价格。密契森公开提倡在多伴侣关系中使用子宫帽，说它会让婚内和婚外的爱情都成为可能。

但这并不意味着生育控制很容易做到。当爱丽丝·尼尔在1926年结婚时，子宫帽还是个来自纽约的遥远传闻。而且，通过美国邮政邮寄避孕药具，甚至是避孕信息，都仍然是非法的。玛丽·麦卡锡（Mary McCarthy）在她以20世纪30年代为背景的小说《她们》(The Group)中，精彩地描述了哪怕是对于一个富有的年轻美国人来说，使用"阴道栓"——即便你能搞到手——仍存在各种问题：费用高昂、入体式用具，以及最重要的是羞耻以及缺乏隐私，这使人根本想不到真的去使用它。

在她的回忆录《刻骨铭心》(Under My Skin)中，多丽丝·莱辛描述自己在南非开普敦遇到一对年轻的白人夫妇，他们带着三个小孩来开普敦，只为给妻子装上一个子宫帽：

> 这个女人会从柔滑粉状的薄膜中取出新的子宫帽，并对自己的丈夫说："你看，看看这个，我真是不想用这个玩意儿。""亲爱的，我们别无选择。""哦，见鬼，亲爱的，你指的是我无法选择。""可我戴避孕套的话，你就该怀孕了。""那也只是戴的时候呀！不是吗？"他们两个大笑着拥在一起。

回到温特和克（Windhoek）之前，她又怀孕了。

作为一个二十岁的已婚妇女，安吉拉·卡特使用了子宫帽，但她在日记中抱怨说为了把"塞子"插进体内，手被弄得黏黏糊糊的。

当厄休拉·勒古恩 1953 年在法国结婚时，所有形式的避孕措施都是非法的。这对新人最贵重的结婚礼物是一盒美国军方发行的避孕套。这盒避孕套是德国军队的一位朋友送给他们的，盒子上写满了暗示性的说法。当多丽丝·莱辛 1948 年做输卵管结扎手术，以确保她在《金色笔记》(The Golden Notebook) 一书中所颂扬的性自由时，她所经历的是一场全新的、存在争议的手术。

一些男人和女人认为避孕阻挡了爱情的真情流露。伊丽莎白·斯玛特（Elizabeth Smart）和她的诗人情人认为，如果没有"床笫之间（可能）得以永恒"的机会，那性就是"二维的"。他们在一起有了四个孩子，但抚养他们则是伊丽莎白一个人的差事。

非法堕胎仍然是一个重要的手段，虽然危险且吓人。勒古恩的大学男友向她保证说，不戴避孕套，她并不会怀孕，她信了他的话。奥德雷·洛德在十七岁的时候独自生活，为了排解孤单和寂寞，她和一个男朋友打了个"分手炮"。在丈夫接听医生电话的时候，恐孕的苏珊·桑塔格因为害怕到极点从房间里夺门而出。沃克选择了非法堕胎，要不然她就只能选择自杀了。

医生们普遍认为，女性的生育能力是不可信的。1958 年，艾德里安娜·里奇生下了计划外的第三个孩子，她决定做输卵管结扎手术。为此，她必须向一个医师委员会递交一封有她丈夫附属签名的信函。这些医师都是男性，负责判断她是否适合做手术。在信中，她不情愿地提及了自己的类风湿性关节炎，为自己不得不以残疾为借口，以获取本该是日常的护理而感到愤怒。

1960 年，英国评论家和作家洛娜·塞奇（Lorna Sage）在十六岁的时候怀孕了。她在产后向家庭医生咨询有关避孕的问题。医生回答说："既然你已经结婚了，你的丈夫会处理这个问题的。"——尽管她孩子十几岁的父亲并不比她知道的更多。"在任何情况下，（医生）一定认为，我现在百分之百会回到穷苦白人的状态，并生出更多的孩子；而且，在某种程度上，我必须如此以恪守礼俗；我有点像女色情狂，不能任由我想要什么就都满足。"

一些医生认为，避孕会阻碍母性本能的深层运作，使得女性无法拥有她无意识中所渴望的孩子。1964 年，在勒古恩生下计划外的第三个孩子后，她向医生咨询更为可靠的避孕方法。医生表现出惊人的傲慢，问道，

"你想要什么？百分之百的确定性？"

我看着他说："要不然呢？"我并没有说"你这个混蛋"。

当时，口服避孕药已经在美国（1960 年）和英国（1961 年）获得了许可，并得到了广泛运用。堕胎也分别于 1967 年和 1972 年在英国和美国合法。对于安吉拉·卡特来说，作为一个三十四岁的单身女性，进行合法堕胎是一个实际的决定。对于作家费伊·韦尔登（Fay Weldon）来说，作为一个三十九岁且有着三个孩子的已婚母亲，当她 1971 年发现自己怀孕时，进行合法堕胎是一个必要的选择，因为"上个孩子刚出生六个月，六口之家的主要收入来源是我，肚子里孩子的预产期是我姐姐的生日，我对她的离世仍然记忆犹新，她留下来的三个孩子也要我抚养，我还要照顾我的母亲"……对于洛德、沃克和桑塔格来说，非法堕胎是一种勇敢的行为，感觉像是对她们生命进行一次绝望的重塑。

除了获得生育控制之外，女性的生活中还有更为广泛的生育公平问题。这个概念最初是由非裔美国女权主义者们提出来的，包括为母亲和

孩子提供医疗服务：爱丽丝·尼尔幼女的死亡部分原因是爱丽丝和她的丈夫没钱请医生。生育公平还包括孩子的安全问题：奥德雷·洛德不得不像别的黑人父母嘱咐孩子那样给她的儿子"上课"，告诉他如何缓和与警察的危险对峙。

生育公平还包括育儿的权利：1962年，在桑塔格的前夫发现桑塔格与一个女性交往之后，他试图利用桑塔格的性行为来赢得儿子的监护权。生育公平还包括质疑有色人种"不配"做母亲的错误观念，以及解决"时间贫困"的问题，以市场为导向的资本主义社会缺乏带薪休假、负担得起的日托，以及合理的工作时间，这些都限制了许多有创造力的女性的选择。

这本书的故事之一关于母亲身份如何从一场意外和一个义务变成了一种选择，以及这给女性的生活带来了多么深远的影响。在阅读女作家们的职业生涯时，必须要记得她们中的一些人几乎没得选。正如爱丽丝·尼尔在谈到自己的第一场婚姻时所说的："一开始，我并不想要孩子。但我就是有了。"

Alice Neel

1900〜1984　画家

母亲中的"不法之徒":
爱丽丝·尼尔

哦,我满脑子都是理论

关于伟大的实验

如何过上正常女人的生活

生儿育女——成为一件作品,一个画家

但现在的我精疲力竭……

母亲中的"不法之徒":爱丽丝·尼尔

不做谁的宝贝;/做个异类。

——艾丽丝·沃克

(作为一个艺术家)你必须具备某种反叛意识,才不会自我毁灭。

——卡米尔·毕洛普斯(Camille Billops)

母亲的形象、艺术和成功都会相互干扰。把它们放在一起,会产生意想不到的组合:画家、祖母、艺术圈名流。1977年,人们可以看到七十七岁的爱丽丝·尼尔在一场艺术慈善活动的红毯上转身。她穿着灰色的绒面太空鞋,银色镶边外套的衣摆飘在空中,"貂皮帽下的眼睛闪烁着喜悦的光芒"。一位《纽约时报》(New York Times)的摄影师捕捉到了她与雕塑家路易斯·内维尔森(Louise Nevelson)交谈的场景。照片中,她的儿子理查德(Richard)正自豪地看着她。

为了成为画家和母亲,爱丽丝不得不用一生的时间来拒绝他人的期待。她是一个和谐之家的女主人。她也是一个固执地追随个人理想的艺术家，不得不忍受自己的天赋所带来的不快。有时候，她是一个执着且难处的艺术怪物，因其对颜料精湛且新颖的运用，以及肖像画前卫且令人不安的戏剧性而闻名于世。一位评论家说她的画画的都是"英雄般的阿姨"。

要想探究一位艺术家母亲自我身份的全部复杂性，就看看爱丽丝早期画作《儿童保健门诊》(*Well Baby Clinic*)一类的作品。1928年的纽约，在女儿伊莎贝塔（Isabetta）出生之后，不堪重负的爱丽丝令人不安地诚实描绘了自己的处境。她在想，她和她的丈夫该如何赚钱，她如何找到时间画画，他们的婚姻能够经受住多少次争吵。她担心孩子，更担心自己：如果她没有足够的天赋、勇气和白天里的时间来继续画画，那她该怎么办？

这张画画的是一间医院的病房，一排排的女人正在给婴儿换衣服。一位白人护士穿着洁白无瑕的护士服，沉稳地把一个婴儿抱在怀里，而其他白色人种和棕色人种的新手妈妈则努力学习她的样子。在画的一侧边缘，爱丽丝低着头，面容枯槁，目光茫然。在她的肘边，一个女人把视线从她的孩子身上移开，脸上露出无比快乐的表情。（爱丽丝后来评论说："我想知道那个女人怎么会那么开心，她只是在给一个小不点换尿布而已。"）另一位母亲向医生展示她的孩子。她袒胸露乳，嘴巴大张，痛苦哀号。护士展示了心满意足和母性呵护的样子，但是这些女人却彰显了新手母亲会感受到的其他一些情绪：不安、伤心、无助。爱丽丝与她周围的女人格格不入，她们不能给她提供任何支持。她们要么是被蒙蔽了，要么是自己太过痛苦，以至于无暇他顾。

多年后，在她的孩子去世之后，她恢复了自己的艺术创作，并成为一名肖像画家——她称之为"灵魂的收集者"——爱丽丝回到了母亲身份的话题。在她敏锐的眼中，她怀孕的儿媳妇看起来并不幸福，而是显得臃肿且焦虑。母亲们和孩子们彼此分开站着，显得很奇怪；父母们抱着试图扭身逃开的婴儿。印象派画家玛丽·卡萨特（Mary Cassatt）以描绘女性和婴儿在一起幸福美满的状态而闻名；爱丽丝则补充了另外一面：矛盾与冲突。

透过自己为人母的经历，爱丽丝了解会产生多少矛盾，特别是在艺术使命与母性关怀之间。当爱丽丝年近八旬时，一位年轻的艺术家看到她"穿着波尔卡圆点裙……头发挽成一个蓬松的奶奶纂儿"，惊讶于这样的她有着钢铁般的决心，不禁问道："在这个世界上，一个人怎么会穿着带花纹的人造丝质衣物，却有一颗如士兵般坚韧的心呢？"

于爱丽丝而言，开始绘画是对自我的庇护与认领。爱丽丝·哈特利·尼尔（Alice Hartley Neel）于1900年1月28日——世纪之初，她喜欢这样说——出生，在宾夕法尼亚州的科尔温（Colwyn），也就是费城的一个中下层郊区长大。她的父亲是宾夕法尼亚州铁路公司的一名职员，她是五个孩子当中的老四。她的母亲也叫爱丽丝，头脑聪慧但面色沮丧，让人觉得生活"实际上并非（她）所期待和希冀的样子"。这轻描淡写了一个被禁锢在自己生活里的女人的痛苦，因为她不止一次地跟自己的孩子说过她想自杀。

不出意料，在一次采访中，爱丽丝跟埃莉诺·芒罗（Eleanor Munro）说自己一直都是个易受影响、忧心忡忡的孩子。"其他人的影响太大了。每个人都能把我打倒在地……我努力成为他们希望的样子，一个漂亮的小姑娘，以至于我根本就不是我自己了。"爱丽丝不敢因为自己的情绪问题去打扰自己的母亲。"她是如此高高在上，如此敏感，她无法忍受任何事情……我必须让她一直保持快乐。"只有当爱丽丝画画时，她才能成为她自己："当我坐在画布前的那一刻，我是开心的，因为那是一个世界，我可以在那里做我自己喜欢的事情。"她曾说，绘画"是我唯

—真正的生活"。

在爱丽丝八十多岁时和艺术史家帕特里夏·希尔斯（Patricia Hills）所做的一系列采访中，她谈到了在"穷乡僻壤"的小镇没有故事可讲的感觉。她所在的街道曾经是一座果园，现在仍然有几排梨树，花园里长满了花花草草。"春天的时候，美景如画。但没有艺术家画下来。有一次，一个男人赤身裸体地站在窗边，但没有作家写下来。杂货店老板的妻子在丈夫去世之后就自杀了，也没有作家来写。文化的荒漠。我讨厌那个小镇……夏天，我常常坐在门廊上，试图让我的血液停止流动。"

但她没有学习艺术，而是去了秘书学校，出于害怕，也有希望能帮到家人的负疚感。无论如何，她都没有钱去读书：她的父母正在存钱，不过是准备送她弟弟上大学。她住在家里，做打字员，晚上上艺术课。直到有一天，在她二十一岁的时候，她意识到如果自己继续这样生活下去，这将会成为她的人生。她拿着自己的积蓄申请了艺术学校——并非顶尖的宾夕法尼亚美术学院（Pennsylvania Academy of the Fine Arts），而是费城女子设计学院（Philadelphia School of Design for Women）。在那所学校，女性接受教育以进入一个行当，这在当时是不同寻常的。爱丽丝固执且反精英主义，她并不信仰画好看的画这样的理念。"我觉得生活并非如（马奈）《草地上的野餐》（*Picnic on the Grass*）所画的那样。我没有雷诺阿（Renoir）那么开心。"

1921年，学校的着装规范是裙子、手套和帽子，但爱丽丝是第一代获准画裸体男模的女性艺术家之一。能够把身体作为画作的主题，这是女性艺术家取得的一项胜利；后来，当爱丽丝开始画孕期女性的裸体，她意识到一种反叛性正在占据她。垃圾箱画派（Ashcan School）的领袖罗伯特·亨利（Robert Henri）带来了启发，他鼓励学生们记录他们在酒吧、建筑工地及大街上看到的场景。尽管批评的风向在变化，但爱丽丝仍然忠于亨利的哲学:"画你内心的感受。画你双眼之所见。画于你而言的真实。"

在一个让她们在经济上无法获得独立的社会结构中,在不损害自身自主性的前提下,20世纪20年代的单身女性们寻觅着获得男性喜爱、关注,以及金钱的办法。在艺术学校的一段时间里,爱丽丝陪伴在一个她并不关心的男朋友身边,因为他给她提供过经济上的帮助。"他曾经为了支持艺术而给我钱……我把钱折起来放在鞋子里。一沓钱垫起我的脚跟,让我感觉很强大。只要有钱,就没人能让我退学。"

对爱丽丝来说,正是这笔钱里的三十美元第一次引发了爱情与艺术之间无法调和的矛盾。1924年,她用那笔钱支付了一个城外夏季艺术课程的学费,并在那里遇到了卡洛斯·恩里克兹(Carlos Enríquez),也就是她的挚爱。卡洛斯浪漫、叛逆,有艺术天赋,生于古巴的甘蔗种植家庭。他有一头顺滑的黑发,以及爱丽丝所欲求和渴望的性成熟。他让美丽动人、面色红润的爱丽丝觉得自己是"世界上最压抑的生物"。

卡洛斯回到了哈瓦那,但是一年后,在来往了许多情书(情意绵绵、图文并茂)之后,他又回到了宾夕法尼亚,并在1925年6月,爱丽丝毕业的前几天,与她踏上了红毯。爱丽丝后来说:"我不得不嫁给他。"在本书中,她不是唯一一个觉得自己的婚姻并非自己真心所选的女人。但是,当真的要随卡洛斯而去的时候,她惊慌失措,犹豫不决。显然,她内心充满难以言喻的害怕,担心自己会失去控制。首先,她还没准备好生孩子,但她又无法采取避孕措施。即便是她能拿到子宫帽,但他们夫妻二人计划与卡洛斯的父母住在一起——在那里,她将毫无隐私可言。当时最为常见的生育控制措施对爱丽丝而言也遥不可及:卡洛斯的父亲是一位医生,"坚决反对堕胎"。

她能想到的就是拒绝离开自己家。她每天都去工作室画画,而卡洛斯则在她父母家等着。最终,卡洛斯放弃并离开了。直到婚礼八个月之后的2月,他再回来时,爱丽丝才最终随他而去。搬到古巴的几周后,爱丽丝就怀孕了。

当爱丽丝第一次搬到哈瓦那时,她的婚姻对她的自主性似乎丝毫不构成威胁。尽管恩里克兹的家人们并没觉得卡洛斯的画家妻子有多好,但爱丽丝却矛盾地享受着她上等人的生活,住在他们铺着大理石地面的豪宅里,有仆人伺候,花园里养着孔雀,下午可以开着劳斯莱斯兜风。热带的光线和色彩让她感到开心。她喜欢古巴的语言和文化,而且她在卡洛斯的波西米亚友人中发现了一些活泼、热情的艺术者,并和他们玩得很开心。她和卡洛斯经常一起作画,在两次重要的群展上,人们对他们二人的作品专门提出了表扬。

不幸的是,在孩子出生之后,伴侣之间良好的生活-工作平衡并不总能继续保持下去。在卡洛斯和爱丽丝的女儿桑蒂利亚纳(Santillana)于1926年12月26日降临人世之后——爱丽丝经历了没有麻醉的"八个小时的痛苦",她因此永远都无法原谅古巴医院——他们之间平等的婚姻也就结束了。我们现在并不完全清楚当时到底发生了什么,但似乎很可能是爱丽丝的公婆向她施压,要求她放弃绘画,从而能够照顾孩子。卡洛斯开始和其他女人约会,把爱丽丝留在家里,让她和他那些心怀嫉恨、不赞成他们二人婚姻的姐妹待在一起——她们站在卡洛斯那边,把快乐建立在爱丽丝的痛苦之上。1927年5月,爱丽丝逃脱了禁锢她的金色牢笼,带着桑蒂利亚纳回到了科尔温的父母家。几个月之后,卡洛斯感到懊悔,来找爱丽丝,他们一家三口搬去了纽约。

无论住在哪里,家庭平等还远未来到这个世间。毋庸置疑,卡洛斯帮爱丽丝带过孩子,但并没有帮忙做过家务:一个男人或许会声称自己尊重一个女人的才能，但很少会做饭或洗自己的内衣裤。由于经济拮据，他们为谁去画画，谁必须有一份日常工作，谁来照看孩子这类事情争吵不休。12月，爱丽丝和桑蒂利亚纳病了。病中的爱丽丝因为担心害怕，没有及时给医生打电话。桑蒂利亚纳还未满周岁就死于白喉。

女儿的离世让爱丽丝感到悲痛和困惑。她并不想要孩子，这让她更感到内疚。她责怪自己没给医生打电话，没花5美元买个油炉来让公寓保持温暖。她后来说："在桑蒂利亚纳死后，我简直疯了一样。之后，我就深陷困局。我所能做的就只有再次怀孕。"当她真的再次怀孕时，她的感觉更加糟糕。期待一个孩子的降临能代替桑蒂利亚纳，这并不能减轻伤痛——对她与卡洛斯之间的关系也没有任何改善。

后来，在失去了两个女儿之后，爱丽丝读到了一则新闻，讲的是一个婴儿卡在婴儿床的栏杆之间，窒息而死。她便画了一幅婴儿躺在婴儿床上死去的画。她将这张画命名为《徒劳的努力》（Futility of Effort）。"这张画包含了你为拥有一个孩子所付出的全部努力。怀孕，所有其他的努力。然后就是失去孩子的悲剧。灰飞烟灭，化为乌有。"

随着第二次怀孕的预产期越来越近，爱丽丝再也无法抵挡自己的抑郁了。她极少怀疑自己的天赋，但在分娩前两周，她在日记中写道，她感到自己对卡洛斯有"一股真实的嫉恨之火，把我吞噬了"。她够好吗？她值得以他的工作为代价来继续画画吗？"当他的创作非常巧妙时，我觉得自己很自私，不应该坚持画画，并由此拖了他的后腿——但想到愚蠢且暗淡的漫长生活，我又感到不安，担心自己或许会永远都无法做任何事了。"

几天后，在一位没有孩子的作家朋友法尼亚·福斯（Fanya Foss）来访之后，她的焦虑发作了："我躺在床上，内心在呐喊——深感不适，且被摧毁殆尽——房间如一个黑色的圆环向我挤压，又四散开去——我所有的梦想和欲望，空白的画布和新的画框，我脑海中一直保存着的所有图像——以及屋子里要做的家务——我们可怕的愚蠢和失败的生活。"

在桑蒂利亚纳去世十一个月之后，新的婴儿伊莎贝塔于1928年11月出生。爱丽丝在那几个月里写了一首诗歌，讲述了产后的自我丧失，以及她无法为新女儿的诞生感到快乐：

> 我的房子在一条雪河边上
> 我堆了一个雪女
> …………
>
> 我燃烧了我的雪女
> 用黑炭制成的双眼，而我仍然
> 感觉不到温暖
> …………
>
> 我热带的灵魂
> 冻结在冰里
> 封印在痛苦里

一年后，她为朋友法尼亚画了一幅素描，画中的法尼亚漫不经心地说着话，滔滔不绝，而爱丽丝则一副心不在焉的样子。她长着第三只手，这象征着她还有其他事要做，要努力应付伊莎贝塔的干扰。对于任何一个家里来了没眼力见的朋友的新手父母来说，这个场面都分外熟悉。但滑稽的画面背后是爱丽丝显而易见的沮丧。

爱丽丝的儿媳金妮·尼尔（Ginny Neel）听爱丽丝说，卡洛斯的姐妹们嫉恨她。因此，金妮怀疑是恩里克兹一家跟伊莎贝塔说她的妈妈曾经因为专注于画画，把她忘在了逃生梯上。爱丽丝更小一点的孩子们都认为这个故事是捏造的。可以肯定的是，爱丽丝和卡洛斯当时正在寻找工作与婴儿在时间和空间上的平衡。如果没有资源——托儿所、帮助、金钱——爱丽丝很难有自己的时间。但是，对爱丽丝来说，分裂的并不是世界，而是她自己。她后来说："我总是有这种可怕的分裂感。我爱伊莎贝塔，我当然爱她。但是我想画画。"

爱丽丝本可以继续如日常那样，选择照顾孩子与艺术创作两不误。但是，卡洛斯也很沮丧，而且还在为桑蒂利亚纳的离世感到悲伤，他想要有所改变。在伊莎贝塔一岁半的时候，他制订了一项计划。他要带着伊莎贝塔回哈瓦那，让爱丽丝能喘口气。爱丽丝之后去哈瓦那和他们会合，然后一家三口再去巴黎生活。能拥有几个星期的自由，这让爱丽丝很兴奋，她昼夜不停地工作。后来，她听说卡洛斯独自一人去了巴黎，把伊莎贝塔留在了古巴，让他的两个姐妹来照顾。

爱丽丝对卡洛斯的抛弃感到震惊。她觉得，不大打出手，恩里克兹家的人是不会把伊莎贝塔还给她的。而她的母亲，在养大了五个孩子，劳苦多年之后，也拒绝帮她。尽管母亲并未评判爱丽丝的选择，但她可能认为伊莎贝塔在恩里克兹家会得到更好的照顾。爱丽丝疯狂地画画，试图让自己埋头于艺术，不去想别的。她在日记里写道："夜晚太可怕了。"

> 我梦见伊莎贝塔死了，我们把她葬在了桑蒂利亚纳的旁边。后来，我一个人在房间里哭，有人来了，说他们要迁移墓地。当他们把两口婴儿棺材挖出来时，他们看到她们俩在棺材里动来动去……

伊莎贝塔还好好的——就像现在一样……但是她*的手和胳膊就像木乃伊一样都裂开了，而且是干枯的。为了让她活下来，我不得不把她的胳膊折断。她很高——是她如果没死的话，活到现在的年纪——而且，她的手显而易见在好转，又能动了。如果梦是真的就好了。

然后，她崩溃了。好几个星期里，她都躺在床上，坚信自己即将死去。10月，她的父母把她送到了费城的一家医院。但那里的医生不让她画画——他们把爱丽丝的病情归咎于她"波西米亚式的生活"——她的病情更加糟糕了。多年后，她告诉金妮："永远不要觉得疯了是件浪漫的事情。这是发生在一个人身上最可怕的事情。"

爱丽丝已婚的姐姐莉莉（Lily）给卡洛斯寄钱，让他从巴黎回来。1931年1月，他现身了，满脸懊悔，满口承诺。但太晚了。在他把爱丽丝带回她父母家之后，她把自己的头伸进了烤箱。（当爱丽丝的哥哥第二天早上发现她昏迷在厨房里时，他一开始以为是他们自己的母亲终于把自杀计划付诸行动了。）在她被送回医院之后，她试图吞玻璃。直到一名护士给了她纸，让她再次画画，她才终于开始为自己努力加油，开始好转。

她最终被送去了疗养院。在疗养期间，她获准能够工作。在疗养院里，她绝望地写道：

> 现在是最大的放弃
> 现在我知道，我在精神上和肉体上永远不会强大到

---

* 这里的 her 指的应该是已故的桑蒂利亚纳。

把我的所见所感以任何具体的形式表现出来

…………

哦，我满脑子都是理论

关于伟大的实验

如何过上正常女人的生活

生儿育女——成为一件作品，一个画家

但现在的我精疲力竭

…………

我失去了我的孩子，我的爱人，我的生活，以及所有那些赋予生活以意义的该死的事情

为了康复，她必须做出她一直以来都害怕做出的选择。当她最终于1931年9月离开疗养院时，她认定自己的治疗师是对的：一个艺术家不能成为一个母亲。卡洛斯留在了巴黎，伊莎贝塔留在了古巴，爱丽丝搬到了波西米亚的格林威治村，围绕自己的事业建立自己的生活。

本书论及的每个人都曾经历过抑郁和失败的时期。她们离开了一段婚姻；她们失去了孩子或伴侣或自己的生活方式；她们身上的某些东西死了。在度过了黯然无光的日子，做出艰难的抉择之后，她们必须找到回到生活的路径。对一些人来说，这是一条缓慢而艰苦的道路。当爱丽丝去纽约的时候，她依然处于悲伤之中。而且，尽管她选择了艺术，但她仍然觉得备受禁锢，因为女性艺术家的选择十分有限。她曾经说道："我不确定我曾经做过我自己。我是我自己，但是是嵌在我们社会机制中的我自己。"

格林威治村里满是其他没有故事的人。通过描绘他们，爱丽丝发现自己可以表达一些作为她自己的感觉。经济大萧条的冲击随处可见。而

爱丽丝自己仍然没能从震惊中缓过来，社会的不安因此成为她贯穿一生的主题：纽约人艰难地与贫困和排挤做斗争。通过描绘同样受苦受难的人的面容和身体，爱丽丝试图表达面对"不堪重负的生活"，自己所表现出的"超敏感"。对她来说，其他人仍然"影响太大"，但当她画他们的时候，她可以以自己的方式面对他们。

她来到纽约和肯尼斯·杜利特尔（Kenneth Doolittle）一起生活。肯尼斯是一位水手，也是一位坚定的社会主义者。爱丽丝通过朋友认识了他。因为肯尼斯，爱丽丝被既是激进分子又是艺术人士的圈子所吸引，开始画工会组织者、社会主义者和诗人。她为"男同"画肖像，内心充满同情地描绘他们的自我所表现出的形象以及这个形象背后的内容。批评家安纳托尔·布罗雅德（Anatole Broyard）把住在格林威治村的人称作"前卫的孤儿"，他们的性取向、敏感性、境况或信念使得他们与传统社会格格不入。爱丽丝用绘画记录了他们的怪异之处。她为村里的人物乔·古尔德（Joe Gould）画了一幅传奇性的裸体肖像——爱丽丝认为他是一个贫穷的知识分子，有着不为人知的露阴癖——画中的他像色狼一样龇牙咧嘴地笑着，长着三个生殖器，一个长在正常的地方，一个长在他的腹部中间，还有一个悬在椅子下面。

一个艺术家不仅要有一个创造的自我，还要有一个公开的自我，一个与世界互动的角色。爱丽丝正是对此感到极为不满，拒绝在乎他人的想法。爱丽丝的男性同人们经常挂在嘴边一个令人作呕的观点是，女性过于谨慎，深居家中，无法创造真正的艺术。要想获得任何一种艺术家的身份确证，一个年轻的女人必须要像一个艺术家那样生活，也就是说，要疯狂野蛮，像男性艺术家一样进行创造性的冒险。但爱丽丝证明了自己的资格，显得强硬且不动声色。

她还必须把自己武装起来，变得铁石心肠。格林威治村的大多数男人都在寻找一个他们可以依赖的善良女人。如果你不想被剥削，最好就不要发善心。习俗、责任和自我牺牲都是发芽的野草，必须铲除，而粗鲁是一种现成的好方法。诗人埃德娜·圣文森特·米莱（Edna St. Vincent Millay）和她的妹妹诺玛（Norma）是20世纪前十年出了名的我行我素者。她们曾经在缝补袜子时练习骂人，直到自己在咒骂时不再觉得那些词听起来可怕。（"一针进，妈的。一针出，放屁。一针进，操。一针出，傻×。直到我们能轻松地说出这些词。"）爱丽丝很少说脏话。但在格林威治村，她练就了一副尖嘴薄舌和直爽性情，与她清新、纯洁的"奶牛场女工"形象截然相反——后来，则是与她慈祥的面容及形象毫不相符。

艺术家萨利·艾克霍夫（Sally Eckhoff）回忆了爱丽丝在八十多岁的时候讲述自己作品的场景。讲座上的她语言变得委婉了，但却直率依然：

> 她展示了自己20世纪60年代的一系列裸体肖像画，并且谈到在画这些画时，家里来了一位电工。这位电工在一幅画前停了下来，问道："那是她的屄（pussy），是吧？"从讲堂的后面传来一个声音："这原话就用的这个字吗？"爱丽丝回答说："不，是我习惯这么说。"

在私下里，她画了更多真实呈现身体的画，包括她自己的身体。在一幅水彩肖像素描中，肯尼斯懒洋洋地坐在椅子上，双腿大大地分开，露出诱惑的、魔鬼般的笑容，紧盯着观众。在爱丽丝和她的朋友约翰·罗斯柴尔德（John Rothschild）开始保持长期性关系后，她画了一系列滑稽的色情画来颂扬他们之间的关系。

目睹了大萧条时期的贫穷与苦难，这加深了爱丽丝对社会主义的同情。她并未投身激进运动，对集会也兴趣不大。但《工人日报》(*Daily Worker*) 评论了她的展览，她也短暂地加入过共产党。她受社会现实主义运动的影响，即致力于描绘贫困与不公正的艺术运动，在作品中记录了街头的场景、示威和政治集会——她称之为她的"革命画"。

如果说她的生活方式使得她不可能让女儿和自己在一起生活，那部分是与她现在不得不面对的另一个群体有关：其他的母亲。和任何群体一样，你可以自愿加入这个群体，她们也会不请自来；她们可以支持帮助你，也会对你吹毛求疵。卡洛斯的两个姐妹如今在哈瓦那抚养着伊莎贝塔，她们动辄就对爱丽丝评头论足。爱丽丝的姐姐莉莉和家人住在新泽西的郊区，看不惯爱丽丝的生活方式，同样百般挑剔，没事找事。因为这些人都不支持爱丽丝，因此，她与女儿重聚的希望就很渺茫，即便是在她有了稳定的收入之后。

和资本主义比起来，社会主义对母亲们更为友好。前后十年里，爱丽丝的金钱问题都是"社会主义"的新政（New Deal）解决的。1933 年，在大萧条期间负责创造就业机会的政府机构，公共事业振兴署（Works Progress Administration）制订了一项艺术家雇用计划。最终，联邦艺术计划（Federal Art Project）支付了成千上万美国艺术家的基本生活费。这些艺术家为公共建筑物设计壁画、拍摄照片，或者和爱丽丝一样，只是每六周上交一张画作。格林威治村的社会现实主义者、哈莱姆文艺复兴（Harlem Renaissance）的杰出人物、未来的抽象派巨星马克·罗斯科（Mark Rothko）和杰克逊·波洛克（Jackson Pollock）等人都参与了联邦艺术计划。在纽约成为世界的艺术中心时，其战后的艺术声誉部分要归功于联邦艺术计划为尚处于职业生涯早期的艺术家提供了稳定支持。

在刚开始时，爱丽丝每个月的工资是 100 美元多一点儿；到联邦艺术计划在十年后即将结束时,她每个月的工资是 90 美元。她每年 1200 美元的工资只够生活,连弗吉尼亚·伍尔夫在 1928 年时提出的每年 500 镑的要求(这相当于一个稳固的中产家庭的收入,约为 2500 美元)都远未达到。但是,爱丽丝第一次有了她自己的钱、画画的时间,以及通过实际的谋生而获得的认可。1938 年,《纽约时报》评价她的第一个个展是"优秀的"处女作。

有收入使得爱丽丝能够更加自由地寻求不被男性所掌控的爱情。所有的职业艺术家和作家都必须找到一种孤独与陪伴令人满意的融合,而拥有一种相互承诺的伴侣关系,日子并不一定就更加好过。尽管爱丽丝说她自己从不"滥交",但她并不要求走进她生活的男人要做到同样的忠诚。开放的伴侣关系是一种她为自己设限的方式,即什么是她愿意给男人的——根据自己的欲望和爱的能力来定义自己,而非根据男人的需求。爱丽丝知道女性很容易把自己代入到成功男人背后的女人这样的角色当中去。

爱丽丝想要的不仅仅是自由,而是一种不顾一切的爱,它能重新安置一个人的视角,滋养一个人的艺术。她拥有这些爱,但它们也令她感到不安。而且,有时候很难区分她浪漫生活中的自我实现与自我伤害。1934 年,也就是她参与联邦艺术计划的第一年,她与肯尼斯的伴侣关系在暴力中结束。肯尼斯开始吸毒。爱丽丝开始和约翰·罗斯柴尔德交往。约翰是一个对她作品感兴趣的商人。1934 年秋天,爱丽丝怀孕了,约翰给她钱让她去堕胎。当肯尼斯发现爱丽丝与约翰有染时,他非常嫉妒,大发雷霆,破坏了爱丽丝的作品,刀砍了大约六十张爱丽丝的画,毁坏了爱丽丝记录日常生活的很多水彩画和素描。

爱丽丝逃去了约翰的公寓。但当约翰提出要和她结婚时,她又搬出去自己一个人住了。不久之后,她爱上了一个波多黎各夜总会歌手,胡塞·桑提亚哥·内格隆（José Santiago Negrón）。胡塞让爱丽丝想起卡洛斯。他比爱丽丝年轻十岁，已婚，尽管他怀孕的妻子在发现他到处乱搞之后就把他赶出了家门。爱丽丝和他一起办聚会、跳舞，在外面玩到很晚。三十七岁的时候，爱丽丝怀上了胡塞的孩子，并且决定把这个孩子生下来。但在怀胎六个月时，她流产了，而胡塞则请求妻子允许他回到原来的家，就像"船沉鼠先逃一样"。

出人意料的是，爱丽丝和胡塞居然和好了。爱丽丝有她自己的男人——约翰，他同意和爱丽丝保持一种性伙伴的关系。而且尽管他们彼此都换了很多性伙伴，但他们二人却始终在一起。有时候，爱丽丝声称自己只关心约翰的钱，但那只是逞口舌之快；她还依赖约翰对她才能的信心，他始终都在，他愿意在事业上助爱丽丝一臂之力。

爱丽丝与胡塞这些年的矛盾纠缠或许是一种条件反射，与另一件扰乱她生活的事件有关。这件事发生在她还和肯尼斯·杜利特尔在一起时：她女儿在1934年夏天的来访。那年春天，卡洛斯从欧洲回来了。他待在哈瓦那，跟爱丽丝说他希望他们两人能重新开始。尽管过往发生了种种，但爱丽丝仍然爱着他，她感到很纠结。之后不久，或许是为了能够说服爱丽丝，卡洛斯安排伊莎贝塔回到爱丽丝及其父母身边，一起住在新泽西海岸的一个出租屋里。

爱丽丝上次见伊莎贝塔时，她还不会走路。现在，她已经长成了一个五岁的漂亮姑娘，有着橄榄色的皮肤和与母亲一样的蓝色眼睛。在爱丽丝那个夏天为她画的肖像画中，伊莎贝塔面对着观众，没穿衣服，双脚着地，双手叉腰，目光坚定，一副自信的姿态。爱丽丝为她女儿强壮、年轻的身体感到自豪，母性的快乐同样也表现在她后来为儿子们所绘制的画中。但是，这其中似乎也有一厢情愿的因素。她画中的孩子们往往看起来脆弱、惊讶、好奇、不安，但这张伊莎贝塔的肖像画画的则是一个独立的、几乎无法被伤及的小孩——一个并不需要自己母亲的女儿。

爱丽丝并没有和卡洛斯重归于好,但卡洛斯的爱令她感到困惑和受伤。那年秋天,在伊莎贝塔回家之后,肯尼斯撕毁了爱丽丝的油画(包括伊莎贝塔的肖像画,她后来又重画了一幅)。她的生活炸开了锅,就好像她在外化自己对已逝的婚姻以及母亲的身份所感到的怀疑与痛苦。也许是因为卡洛斯,也或许是因为爱丽丝的姐姐莉莉——她与恩里克兹家保持联系,说爱丽丝的坏话,说爱丽丝有各种问题——反正接下来的几年里,伊莎贝塔没再回到过爱丽丝身边。

尽管卡洛斯现在住在哈瓦那,但他并不怎么出现在女儿的生活里。他在城郊的一个房子和工作室里安顿了下来。他在那里画画、写作、举办众所周知的聚会,把所有古巴的艺术和文学界人士都聚在一起。他与诗人和作曲家合作。他与他最好的朋友、小说家阿莱霍·卡彭铁尔(Alejo Carpentier)的妻子私奔。伊莎贝塔被允许每周有一个下午可以来找他。伊莎贝塔口中的"爸爸"是卡洛斯未婚的兄弟安东尼奥(Antonio),他在伊莎贝塔大约九岁的时候突然死于破伤风感染。

1939年夏天,在叔叔去世后不久,伊莎贝塔被再次送回美国,回到自己母亲身边。这次,当她再返回哈瓦那之后,她宣布说自己再也不要去爱丽丝那里了。

关于伊莎贝塔的几次到来,爱丽丝都所言不多,到底发生了什么,我们也不清楚。也许伊莎贝塔对爱丽丝又怀孕了感到不满——她怀上了胡塞的孩子。也许爱丽丝没有足够的天赋和必要的耐心来修补与女儿之间的关系。或许她不想应付女儿的需求。爱丽丝并不总是一个保护性的母亲,特别是在她面对情人的时候。伊莎贝塔的一位儿时好友认为,伊莎贝塔可能受到了胡塞的性骚扰。

两年之后,伊莎贝塔给爱丽丝寄了一张悲伤的圣诞卡:"亲爱的妈妈，你为什么从不给我写信。我给你写了一封又一封，而你从不回我。我在等你的回信。爱你的伊莎贝塔。"金妮·尼尔说，爱丽丝的确写了回信，只是她的信从未被送到伊莎贝塔的手中。此后，母女俩只见过一面，她们之间的关系再也没能修复。虽然关于这母女二人之间的关系有各种各样可能的解读，但伊莎贝塔认为自己是母亲追求个人事业、自私自利的牺牲品。

1939年9月，爱丽丝的儿子理查德·尼尔出生了。几个月之后，胡塞和一家百货公司的一个未成年售货员私奔了。爱丽丝很生气，但她并没有心碎。她甚至都没有真的感到惊讶。她很快就爱上了另外一个男人，并与他生了一个孩子。

爱丽丝在最后的关头组建了家庭：在她的这两个孩子出生时，她分别是三十九岁和四十一岁。和生第一个孩子不同，这两个孩子都是计划中的，而且她非常想要这两个孩子，他们给了她一种家人的感觉，这种感觉是她在伴侣那里找不到的。在找到了自己艺术家的身份，有了收入，并把过一种舒服的、传统的女性生活这样的想法彻底摒弃之后，爱丽丝准备投身于一种自我创造的家庭生活，也就是艾德里安娜·里奇所说的，"母亲身份传统中的不法之徒"。

1943年，爱丽丝为她的二儿子画了一幅肖像，这也是她作为母亲的自画像。这一次，她并没有像生下伊莎贝塔之后那样发疯，而是能完全应付各种情况和工作。在《骑木马的哈特利》(*Hartley on the Rocking Horse*)这张画里，前景是她两岁的儿子正在他们的公寓里玩耍。他瞪大了眼睛，似乎在盯着观众。但在他面前的是爱丽丝。爱丽丝出现在梳妆镜中，她正在一边画画，一边看着自己的孩子——艺术家和母亲在这一刻合而为一。

过了四十岁之后，爱丽丝对自己的道路更加确定。她既能做自己，又能做母亲。她喜欢有孩子们陪在身边，也热衷于能给他们爱。她的家庭生活使她远离格林威治村，远离了那里的深夜文化和冲动行为，尽管这也使她茕茕孑立，伤及了她的事业发展。

爱丽丝减少了工作，但她从未停止工作。她说："如果你决定要生孩子，还要在养孩子期间放弃绘画，那你就永远都不可能再拾笔了。即便你之后继续画画，那你也只会成为半吊子。绘画是一件需要持续去做的事情。"一位家族朋友所看到的是，爱丽丝"制定了她自己的行为准则，确定了两大前提：一、她绘画的自由；二、她两个儿子的幸福。为了一，她将放弃其他的一切……二……要排在一之后，但高于其他所有的一切"。

爱丽丝没钱——在联邦艺术计划于1942年结束之后，她就靠公共援助生活——人又古怪，是那种会在感恩节的早上停下手中的事情，把水槽里的火鸡画下来的母亲。在整个经济繁荣、循规蹈矩的50年代，她穿着破旧的衣服，住在贫民窟，把所有的钱都花在购买艺术用品上。但她的确确保了她的两个儿子接受的都是精英教育。当他们在幼儿园的时候，她通过艺术教学来换取儿子们的学费；后来，他们获得了上东区一所私立学校的奖学金。她的社会主义朋友因为此事对她评头论足，但她毫不在意。她安排理查德学习钢琴课程，哈特利学习舞蹈课程，给他们购买音乐会和芭蕾舞会的门票。作为一个母亲，她的能动性和满足感部分来自她给儿子们提供了她小时候所渴望的文化。当儿子们上大学时，她以前所掌握的秘书技能被唤醒，为他们打文件。

在孩子们长大之后，她是一位富有同情心、足智多谋、令人兴奋的母亲，她的家是儿子的朋友们喜欢的聚会场所。但是，在他们还小的时候，他们有时会觉得没有得到足够的教养或有不安全感。人们在爱丽丝的公寓里来来往往，随时会穿过两个男孩子的卧室。有一次，当爱丽丝把五岁和三岁的儿子留在家时,他们把她收藏的唱片全都扔到了窗外。

如果成为母亲的人必须重新思考自己的职业,她们的孩子也必须与孕育了他们的人的艺术达成和谐。爱丽丝尊重她儿子们的人生选择,反过来,他们也尊重爱丽丝投身于绘画的选择。在回首过往时,哈特利·尼尔说自己为爱丽丝所取得的成就感到骄傲。哈特利指出:"如果她迎合她那个时代的女性所应是的范式,那她将一事无成。"理查德说:"我们每个人都必须面对我们要面对的事情,以及我们所接触的人。能有她这样的母亲,是上天对我们的恩赐。"

爱丽丝新的母亲身份是从远离艺术界开始的。当她怀上理查德的时候,她和胡塞离开格林威治村,搬去上城,到了一百个街区开外的,被称作西班牙哈莱姆的街区。[她有一张画名为《逃往埃及》(*Flight into Egypt*),画中的她挺着大肚子,胡塞抱着他的吉他,他们一起朝北奔去。] 她在中央公园附近第108街上的一间公寓里安顿了下来,公寓的前厅同时也是她的工作室。租金很低,胡塞的母亲和妹妹也住在附近,偶尔可以帮忙照看理查德。接下来的二十年里,爱丽丝都住在那里。她感到很自在,旁边的邻居大多是来自波多黎各的移民,她由此判断这里相对安全。她经常请她的邻居们来给她当模特。她是当时为数不多不把有色人种作为象征性的形象,而是吸引她自己、令她感到同情的个体来描绘的白人艺术家之一。

爱丽丝第四个孩子,也即最小的孩子的父亲是山姆·布罗迪(Sam Brody),一位摄影师、电影制片人及社会主义者。爱丽丝在一次公共事业振兴署的会议上认识了他。和胡塞一样,与爱丽丝在一起时,山姆已经有了伴侣。但他离开了妻子和两个孩子,搬去和爱丽丝住在了一起(尽管先后顺序并非如此)。除了约翰·罗斯柴尔德,山姆是在爱丽丝的生活中时间最久的男人。他与爱丽丝持同样的政治观点,和她一样坚信艺术家要担负社会责任。随着抽象主义的兴起以及具象绘画的过时，山姆鼓励爱丽丝继续自己的创作。他们有时在艺术项目或是制作陶器上合作。他不介意她租住的公寓或是她廉价的衣物。他让爱丽丝在为人母的过程中感到不那么孑然一身。

对爱丽丝来说，绘画是一项令她感到精疲力竭的工作。她说，在她完成一幅肖像画时，她有时会觉得"自己像是一间无人租住的房子，茕茕孑立"。哈特利回忆说，在画完画之后，爱丽丝经常会在她的卧室躺下来，需要休息，需要自己一个人待着。但是，在她不工作的时候，她喜欢家人围在她身边。她特别喜欢睿智的对话，她和山姆最快乐的时候就是听音乐、谈书籍、聊政治、说艺术的时候。

然而，尽管山姆很有同情心，他们的关系仍然充满矛盾、尖叫和争吵。金妮·尼尔怀疑山姆有躁郁症，而且他好胜心强，容易发怒。他把负面情绪经常发泄在继子理查德身上。理查德回忆起继父在语言上对他的虐待时说："他会恐吓我。在我学习如何阅读时，他会说'如果你学习如何阅读，我就杀了你'。"

爱丽丝和她的儿子们都因山姆和理查德之间的冲突感到痛苦。在1940年一幅名为《牛头人》(Minotaur)的布面油画中，爱丽丝把山姆描绘成一个长着犄角、心狠手辣的恶魔，她的幼子理查德在他的身后尖叫。三年后，在《爱丽丝和理查德》(Alice and Richard)这件作品中，画中的她心烦意乱，黑着眼圈，保护性地把儿子抱在胸口。

然而，爱丽丝从没把山姆赶出家门，部分原因在于他严肃地对待她和她的工作。在女权主义之前，很少有男人能欣赏一个女艺术家努力在做的事情。爱丽丝很看重山姆的支持。爱丽丝后来跟一个朋友说："我当然是和山姆在一起。我身处西班牙哈莱姆区，没人知道我做的是什么，但山姆懂我。"

也有可能鉴于母亲不可以产生怒气，表现出不快乐，爱丽丝或许让山姆做那个"魔鬼般"的家长，这样她就能继续是爱孩子的那一方。根据大家的说法，爱丽丝会主动挑起各种场面和争吵。在山姆离开爱丽丝很久之后，他们的家庭晚宴仍有极大可能在争吵中结束，或是人们能在美术馆晚宴上看到爱丽丝冒犯了某位富有的赞助人。理查德回忆说："如果一切进行得太顺利，她就会搞个破坏。"理查德的女儿奥莉维亚（Olivia）说，即便是在家庭晚宴上，爱丽丝仍然喜欢去挑衅别人。"爱丽丝认为，你应该找出人们不喜欢什么，然后就净找他的不开心。"

她的儿子哈特利说："她很享受这种不'资产阶级的'、不中产阶级的、不愚蠢的付出与回报的关系。""在混乱的情绪状态下，爱丽丝以某种方式为自己梳理出某种更高层面的现实。我不知道如何清楚地描述，但在情绪压力和智性比拼中，她获得了能量。"

如果说爱丽丝的儿子们尊重她的职业，那无法做到这一点的就是伊莎贝塔。当她再次见到自己的母亲时，她已经十九岁了，而且满心怨恨。在她被抚养长大的过程中，她认为是爱丽丝抛弃了她，爱丽丝的事业证明了她并不怎么关心自己的这个女儿。

孤独且渴望被爱的她在十七岁的时候和一个哈瓦那的富家子弟订了婚。在婚礼前两周，这个男人取消了婚礼，原因显然是他的母亲不接受伊莎贝塔的出身。伊莎贝塔崩溃了。心灰意冷的她嫁给了一位名叫巴勃罗·兰切拉（Pablo Lancella）的农业工程师。在度蜜月时，他们拜访了住在新泽西的姨妈莉莉，莉莉安排他们与爱丽丝在一家纽约的酒店见面。

尽管爱丽丝很高兴见到伊莎贝塔，并把她的儿子们介绍给这位从未谋面的姐姐，但这次会面却以灾难告终。爱丽丝的儿媳南希·尼尔（Nancy Neel）多年后从爱丽丝那里听说了这件事。南希认为，伊莎贝塔很明确地表示她为自己的母亲感到羞耻:她的穿着打扮、她的样子、她的生活方式。如果伊莎贝塔说了这样的话,或是责怪爱丽丝抛弃了她,这可能深深地伤害了爱丽丝。另一位亲戚声称,在那次会面的前几天,爱丽丝去了莉莉家,希望能见到伊莎贝塔,但她的女儿愤怒地拒绝与她说话。

母亲和女儿都未能从对彼此的失望中走出来。伊莎贝塔的丈夫后来告诉爱丽丝的传记作者菲比·霍本(Pheobe Hoban)说,伊莎贝塔无法理解自己的母亲为什么要离开她。他解释说,对伊莎贝塔来说,重要的并非作为画家的爱丽丝·尼尔。"尽管只是另外一个母亲,但伊莎贝塔需要她。"但是,如果说伊莎贝塔需要一个并非画家的母亲,那这正是爱丽丝所无法成为的那个人。

在任何创造性的生活中,母亲身份带来的危害是,在童年的头几年里,成功的意志会伴随你长大,但之后可能就开始消退,孤立和灰心丧气开始出现。艺术家的事业通常起色很慢,很晚才臻于成熟。一个画家需要创作一整套的作品,为此她可能要投入数年的时间,且不知道自己是否能够成功。在你年轻的时候,做艺术是光鲜亮丽的事情,但如果人到中年,你还没有功成名就,那做艺术还有什么魅力可言?爱丽丝与纽约的艺术圈联系不算紧密,她既不是艺术圈的新鲜面孔,也不是知名人士。年届四十的时候,她的事业开始陷入停滞。

一个预警信号出现在1944年,当时,《生活》(*Life*)杂志报道说,联邦政府正在以每磅4美分的价格把联邦艺术计划所收购的画作当废品出售。《生活》杂志刊登的文章中配有几幅被抛弃的作品,其中有一幅就是爱丽丝的。爱丽丝从运河街(Canal Street)上一个收废品的人那里买回了自己的一小部分画作,但是联邦艺术计划中的大量画作——这些作品在今天的市场价高达千百万——都遗失或是被损毁了。

社会现实主义正在走下坡路，部分原因在于，在保守的战后时代，任何与共产主义有关的东西在美国都会遭受怀疑。1951 年，爱丽丝举办了两次个展，但那一年最重要的展览她没有参加。"第九大道展"（The Ninth Street Show）展出了波洛克、威廉姆·德·库宁和伊莱恩·德·库宁夫妇二人（Willem and Elaine de Kooning）、弗朗兹·克莱因（Franz Kline）、琼·米切尔（Joan Mitchell）及其他艺术家的作品，他们后来以抽象表现主义闻名于世，横扫纽约艺术圈，将具象绘画扫地出门。自那时到 1960 年的那段时期里，爱丽丝只做过一场展览。

尽管如此，她仍然坚持致力于她所选择的肖像画创作。一个女人要想在任何学科取得突出的成就，方法之一就是选择一个不热门的领域，并使之成为自己的领域。否则，她可能要在与他人的竞争当中浪费太多的精力；或者，如果她真的有创新才能，她可能会发现自己置身边缘，而非处于领先地位。肖像画在 20 世纪 50 年代的低下地位给了爱丽丝极大的自由去探索和掌握这一门类，这反过来也为她展现天赋及创造力提供了空间。

爱丽丝的肖像画也让她在绘画中保持批判性，去展示她画中的人物因贫困和受排斥而留在身上的痕迹，坚持他们生命的人性和美学价值，把每个人都看作他们自己独一无二、不可复制的故事中的英雄。更加直接的政治宣言并不安全。爱丽丝的一些左翼朋友受到了众议院非美活动调查委员会（House Unamerican Activities Committee）的迫害，甚至连爱丽丝都被他们盯上了。20 世纪 50 年代，理查德和哈特利有一次打开门，发现站在门口的是两个穿着军风衣的联邦调查局人员。哈特利记得爱丽丝很快就把他们打发了。"她说，'我就差联邦调查局的特工还没画过了。你们能移步到另外一个房间里来吗？我可以给你们画画……'他们只是脸红了一下就走了。"但是她明白，他们的来访只是一种警告。

1953年，爱丽丝虚弱的老母亲来和她一起生活。同年，十四岁的理查德离家去新罕布什尔州的一所先进的寄宿学校上学。爱丽丝给朋友菲利普·波诺斯基（Phillip Bonosky）写信说："我特别不希望（理查德）离开，我知道我会十分想念他。"但是"现在，母亲大多数的时间里都病着，事情变得非常复杂，而且正如我之前说的，'山姆'发怒起来特别可怕"。

　　第二年，她的母亲去世了，这让爱丽丝既感到解放——她后来说，"我怀疑在母亲去世之前，我是否真的是我自己"——也感到失落。与此同时，她的孩子们也离开了家。当哈特利跟随理查德的脚步，去寄宿学校读书时，爱丽丝给波诺斯基写信说她不但想念两个儿子，还想念做母亲时的自己："一开始，一个人会抵触小孩，试图继续自己的生活，等等。但是，随着时间的推移，越来越多的人会成为正常人——'一个家长'，并与这个身份建立起一种关系。然后，突然之间……生活在你面前裂出一道鸿沟，出现了你一直以来都惧怕的骇人大黑洞。"

　　即便是有创造力的母亲也会在他们的孩子离家之后迷失自己，会在一段时间里从当下繁忙的日常责任中堕入到一种念旧、困顿的、旋涡般的回溯过往的状态。爱丽丝有一段时间就迷失了，不是作为一个艺术家——她的创作十分出色——而是迷失在情感生活里。山姆开始和另外一个女人约会，爱丽丝感到悲伤，觉得自己人老珠黄了。到了1958年，尽管他们二人仍然是朋友，但山姆搬了出去，他们不再是情侣。

　　1957年，五十六岁的卡洛斯因饮酒过量导致身体遭受了重创，一段时间后就去世了。如果爱丽丝也在中年时去世，而不是活到了八十多岁，并在人生最后的二十年里画出一些她最好的画作，她会是怎样？作品的质量会影响我们对艺术家母亲们职业生涯的判断吗？在一部关于爱丽丝一生的纪录片中，金妮·尼尔评论说，爱丽丝"成名了，……所以一切都是值得的。只要有一点点波折，她就可能永远都不名一文。那会是怎样，一切都不值得了吗"？

但爱丽丝并未在创作的荒野中死去；相反，她在将近六十岁的时候，重新获得了动力。在山姆离开的那一年，爱丽丝开始进行心理治疗。治疗师是一位年轻人，他建议爱丽丝相信自己，并展示自己的作品。她开始做讲座，用幻灯片放映自己的绘画作品，同时也讲述模特们的故事，解释自己的艺术选择。她所做的这些事都很成功，带来了金钱，更重要的是，为爱丽丝的艺术和角色创造了观众。随着孩子们逐渐长大，她要面对自己的恐惧，做出所有成功艺术家必须要做的事情，即离开家庭生活，进入公共领域。

她总是去格林威治村参加"俱乐部"（the Club）的聚会，这是一个所有画家都参与其中的艺术家组织。1959年，两位艺术家熟人阿尔弗雷德·莱斯利（Alfred Leslie）和罗伯特·弗兰克（Robert Frank）邀请她参演他们的短片《拔出雏菊》（*Pull My Daisy*），同时参演的还有冷酷的诗人格雷戈里·科索（Gregory Corso）、艾伦·金斯堡（Allen Ginsberg）和杰克·凯鲁亚克（Jack Kerouac）。给垮掉一代的年轻男同志们当干妈，这个角色很适合爱丽丝，而这部电影本身则滑稽可笑、矫揉造作地预示了变化的发生。50年代是狭隘的、循规蹈矩的、小心谨慎的，而在60年代，所有的一切突然之间全来了——包括女性，包括爱丽丝·尼尔的作品。

1962年，有影响力的杂志《艺术新闻》（*ARTnews*）介绍了爱丽丝，这是她在年届六十岁的时候所取得的关键突破。同年，多丽丝·莱辛在伦敦出版了《金色笔记》，这是一份大胆的文学声明，来自这位坚定的、四十岁左右的三个孩子的母亲。在俄勒冈州的波特兰（Portland），厄休拉·勒古恩卖出了她的第一部科幻小说；在英格兰的布里斯托尔（Bristol），"来自外地的狂热的垮掉的一代青年"，二十二岁的安吉拉·卡特在杂志上发表了自己的第一篇小说。在纽约，苏珊·桑塔格发表了自己的第一篇评论文章，并完成了她的第一部小说——其时，她的儿子戴维十岁，在她打字的时候，他会站在旁边给她点烟。

非裔美国女性要做更多的斗争，她们在另外一条不同的轨道上。格温德林·布鲁克斯已然是一位知名的诗人，但却因为她的种族而不被接受从事教学工作。直到1963年，她终于获得了经济保障。艾丽丝·沃克在大学里读着莱辛的著作，参与民权运动。她在1968年出版了她的第一本诗集，奥德雷·洛德也是。艺术家费斯·林格尔德（Faith Ringgold）受黑人艺术运动（Black Arts movement）的启发，在1967年举办了自己的首展（十年之后，爱丽丝为她画了一幅肖像）。1969年，爱丽丝参与了大都会博物馆（the Met）的一场抵制排挤黑人艺术家的抗议活动。在作为分水岭的1970年，沃克和托妮·莫里森各自出版了她们的第一部小说，托妮·凯德·班巴拉（Toni Cade Bambara）编著了《黑人女性》（*The Black Woman*）一书，这是一本开创性的女权主义文集，作者包括了沃克、洛德、尼基·乔凡尼（Nikki Giovanni）、葆拉·马歇尔（Paule Marshall）和她自己这样的作家母亲。

女性的运气正在发生改变。而在改变发生时，爱丽丝已经做好了准备。

和年轻的女性相比，严厉的眼神在年长的女性身上看起来没那么大的威胁。20世纪60年代，在波普艺术的影响下［罗伊·利希滕斯坦（Roy Lichtenstein）的卡通绘画和安迪·沃霍尔（Andy Warhol）的丝网印刷］，爱丽丝采用了更为明亮的色彩，更流畅、更自信的线条，在处理人物时采用了不那么愤怒但更为夸张的手法。她在1968年时说："我试图画出现场，这个时代的旋涡是你身处其中，要去画下来的。"艺术家、策展人和藏家都来给她当模特，像是在接受挑战：你是否足够勇敢，能给爱丽丝·尼尔当模特？甚至连安迪·沃霍尔都接受了这个挑战：为了让爱丽丝给他画肖像，他上半身没穿衣服，露出布满枪伤的腹部，闭上了双眼。这位著名的偷窥者将自己脆弱的身体让渡给了爱丽丝，交给她来审视。

或许是因为她自己的生活不按常理出牌，性解放成了尼尔的专利。她画同性恋和性别不明的夫妇；她鼓励艺术圈的知名人士为她脱掉衣服。在一位名叫约翰·佩罗（John Perreault）的年轻策展人因为要做一场男性裸体画展而找她时，她说服他来做自己的模特。她画中的佩罗躺在床上，皮肤黝黑且多毛，和马奈的《奥林匹亚》（Olympia）一样性感。然而，既是画中人又是批评家的佩罗似乎准备好了对这张画投以赞赏的目光。他回忆说，给爱丽丝当模特像在合作，"我们俩都很邪恶"。

爱丽丝很快就接受了妇女解放，第二波女权主义者也很高兴发现了她的作品。她在纽约女权主义艺术研究所（Feminist Art Institute）理事会任职，并与年轻的崇拜者们结成了友谊，她们也时常给她提供实际的帮助。一些艺术家同行认为爱丽丝的女权主义是为自己服务的，但其他一些人则称赞她是一个某种程度上"越界"的女人，且通常都与男性相关。在一个公共场所使用洗手间都是女权主义问题的时代，有一次在一个会议上，爱丽丝憋不住尿了。她把这个情况转变成了一次即兴的抗议——她掀起了裙子，蹲在地上撒尿。金妮说："如果她憋不住了，她不会觉得尴尬，也不会为此道歉。"

爱丽丝坚持认为自己的艺术不仅仅是为女性服务或只关于女性的。她抱怨说，"如果你画的是自己的屄（pussy）"，那女权主义批评家就"会尊重你"，但却对其他类型的社会正义不感兴趣。但是，部分是因为女权主义团体施加的压力，才为爱丽丝争取到了她的第一个重要展览，即 1974 年在纽约惠特尼美术馆（Whitney Museum of American Art）举办的回顾展。她说，正是因为有了那次展览，到了七十四岁的时候，她才真正体会到自己作为一个艺术家得到了公正的对待。

1962年，她搬去了哥伦比亚大学附近西107街的一个日光大公寓。哈特利在那里读本科，理查德在那里读法学院。爱丽丝与他们的关系仍然很紧密。金妮是在60年代时认识的爱丽丝，当时她还是个学生。她说："我一直认为他们是个三驾马车，彼此协助，共同面对外界。她的儿子们觉得不管自己做了什么，他们的母亲一定都会支持他们的。"

在约翰·罗斯柴尔德的帮助下，爱丽丝找到了一位赞助人，即精神分析学家和慈善家穆里尔·嘉丁纳（Muriel Gardiner）。他以每年6000美元的津贴帮助爱丽丝摆脱了贫困。在感情上，爱丽丝有约翰，他在1970年搬来与爱丽丝同住。因为不再与年幼的孩子分隔两地，爱丽丝现在是团结友爱一家人的女主人。她开始探索母亲这一身份，不仅仅是作为她所处的境况，更是作为她艺术创作的主题。

当她的儿子们带着他们的朋友来见自己酷酷的母亲时，爱丽丝为他们画画——画得俏皮可爱，这说明有他们的陪伴，爱丽丝是开心的。她为儿子们在年轻时所画的肖像是她最打动人心的画作中的一部分。他们的脸上闪耀着自豪与关切，同时也折射出帅气的儿子们给母亲带来的感官愉悦。

理查德成了一名律师，哈特利去读医学院。尽管独立自主，但他们依然是爱丽丝的同盟，他们的妻子也是。当金妮和哈特利搬到佛蒙特州的一个农场时，他们为爱丽丝建了一个工作室。这是爱丽丝第一个属于自己的空间。在她来访时，金妮给她当模特，充当她的助手，帮她张紧画布，为购买艺术用品来回奔波。后来，金妮成了爱丽丝艺术遗产的不懈倡导者。

理查德的妻子南希·格林（Nancy Greene）是爱丽丝在纽约的助手，

也是爱丽丝孕妇及母亲肖像画最优秀的模特。在《母与子》(Mother and Child, 1967)中，爱丽丝笔下的南希抱着她的第一个孩子，凝视着观众和爱丽丝。她怀里的女儿扭动着身子，她流露出恳切求助的眼神。爱丽丝还画了南希怀着双胞胎时肿大的身体；和双胞胎在一起的南希；独自一人的南希；每一张画都充斥着自我和意义。

她的孕妇肖像画令一些观众感到震惊：一位神经质的评论家称她笔下的裸体孕妇南希是个"令人毛骨悚然的产前丑女"。但早在碧昂丝·诺利斯(Beyoncé Knowles)拍摄一系列美丽的孕期肖像摄影之前，爱丽丝就认为生育是女性性征的一个方面，应当在艺术中有所体现。"我觉得作为一个主题，它是完全合法的。出于虚伪的保守，或是由于怯懦，人们从未表现过这一主题。但这是生活的一个基本事实。"

据评论家玛丽·加拉德(Mary Garrard)说，爱丽丝"认为，如果一张画描绘的是没有怀孕的女性，那这整个画面就是微不足道的，是把女性当作性对象"。在她描绘孕妇和产妇的肖像画中，爱丽丝关注她自己的亲身体会，同时也满足了自己小时候在开满梨花的树下所心怀的愿望：让人们看见，让人们理解，给人们讲述。

她对为人母的复杂纠葛的认知往往体现在她的肖像画当中。在《琳达·诺克琳和黛西》(Linda Nochlin and Daisy, 1973)中，女权主义艺术批评家诺克林试图保持一个姿势，而她的小女儿却因为对爱丽丝的好奇而将身体前倾，动个不停。爱丽丝曾经为处于同样境地的自己画过素描，她很清楚，一位母亲在努力尝试与成人进行互动的同时也要时刻关注一个有着其他想法的孩子。

这并不意味着父母总是能得到她的同情。当她为艺术界的权贵夫妇约翰·格鲁恩(John Gruen)和简·威尔逊(Jane Wilson)以及他们的女儿朱莉娅(Julia)画画时，画中的夫妇二人是两个泰然自若的成年人，小姑娘就像是曾经的爱丽丝,被挤到了边缘。朱莉娅·格鲁恩回忆说:"爱丽丝看起来非常温和,像一个和蔼的老太太。但她的内心如钢铁般坚硬。画完之后,我发现这幅肖像画有点太吓人了,太暴露了。但这就是你让爱丽丝为你画肖像要付出的代价——被暴露。"

在爱丽丝的视野中仍然存在一个盲点。作为一个祖母,她特别喜欢她儿子的大女儿们——金妮认为,这或许是因为她们会让爱丽丝想起伊莎贝塔。尽管伊莎贝塔和她的家人在古巴革命期间移民到了美国,但她并没有试图与母亲取得联系,爱丽丝也没有问过她在哪里。

伊莎贝塔美丽又聪明,被培养成了一个传统的女性。但她对已婚母亲这一身份并不满意。她离了婚,带着孩子们在迈阿密定居,在那里做房产经纪人。失去恩里克兹家族的房子且流亡美国,这对她来说很困难。在孩子们长大之后,她转而与已婚男人玩乐和交往。一位朋友在谈到四十多岁的伊莎贝塔时说道:"她总是在旅行,总是有各种风流韵事。她想过一种资产阶级的生活,但她同时又有一种不可思议的野性。"

她开始酗酒,健康状况堪忧。1978年,她最后一次尝试联系自己的母亲。爱丽丝来到伊莎贝塔所在的镇上做讲座,伊莎贝塔坐在前排。爱丽丝患有白内障,也不知道伊莎贝塔住在迈阿密,因此并没有认出她来。后来,在招待会上,伊莎贝塔从爱丽丝身边走过,爱丽丝仍然没有认出和自己长得很像的女儿。伊莎贝塔感到非常沮丧,没做自我介绍就离开那里回家了。

在爱丽丝这场演讲的四年后,伊莎贝塔自杀了。当理查德告诉爱丽丝这一消息时,她说自己在前一天晚上梦到了女儿。

关于创造力和艺术最重要的问题,同时也是最无法回答的问题。爱丽丝为人母的经历是否使得她的艺术更加出色?很多有创造力的母亲都认为,她们与孩子的关系增强了她们的感受力,拓展了她们的领域,使得她们——用厄休拉·勒古恩的话来说——"更接近骨子里的自己"。

　　对爱丽丝来说是否如此，我们就不得而知了。然而，作为母亲中的不法之徒，爱丽丝的视角一定帮助她将怀孕和家庭作为她后来重要的创作主题。1980年，爱丽丝在去世前四年为自己画裸体肖像。这张画成为她最后一次华丽的自我陈述，关于作为母亲、爱人及画家的自己。画中年届八十的她坐在一张条纹椅子上——坐在这张椅子上的通常是她的模特们。一块白色的画布软塌塌地垂在她的一只手上，一如她下垂的乳房和腹部。她的另外一只手握着准备好的画笔。她眼镜后面冷酷的视线评估着创作的成果，而表情则流露出高度专注的权威。她的自画像既是母亲的化身，也是艺术家掌控力的体现。

　　正是在这前后，爱丽丝如是写到她自己以及她的艺术："他们以后会如何看我？要知道，我必须画画。否则，我是活不下去的。"

时时刻刻：艺术怪物与维护工作

> 艺术实践有其英雄的一面，它是孤独的、冒险的、无情的，每个艺术家都需要某种道德上的支撑或得到支持与认可的感觉。
>
> ——厄休拉·勒古恩

> 维护是一种拖累，把所有的时间都浪费掉了（实实在在地）。
>
> ——米尔勒·拉德曼·尤克里斯（Mierle Laderman Ukeles）

如果说作家的形象是茕茕孑立和锲而不舍，那艺术家的形象通常更为具体：一个全身心致力于工作的人。毋庸置疑，男性艺术家的英雄姿态是排斥照护工作的，但和写作比起来，艺术实践的确需要更多的关注，更多白天的时间，更多的投入。艺术家母亲们甚至要比作家母亲们需要更多的许可，更多的自主。

人们认为艺术家的威信也就是他不会被打扰。批评家沃尔特·佩特（Walter Pater）在 1893 年写道：

艺术中的男性气质，它能是什么，从而与其对立面——即必须被称作女性气质的东西——区分开来呢？除了对自己所做的事情有充分的认识……对直觉和相应目的的执着，建构的精神——以对抗已然出现的断裂或即将出现的瓦解成碎片，反对歇斯底里或武断随机的做法，坚持一个标准。"过失"……将不会存在，也不会有女性忘记自我。

女性艺术家们遭遇了她们的时间和注意力化为"碎片"，由此相应地展开她们的工作。杰出的英国雕塑家芭芭拉·赫普沃斯（Barbara Hepworth）有四个孩子（先生了一个，然后又生了三胞胎），她说，在整个20世纪三四十年代，她的"生活就是工作，孩子们在这样一个环境中长大，灰尘、污渍、颜料等东西包围着他们"：

> 做饭和带孩子并没有让一个女性艺术家失去创作……相反，这样一种丰富的生活实际上滋养着她，让她每天总是有事可做；哪怕只做半小时，大脑也可以在这段时间里构思画面。

芭芭拉有切实可行的方法来应付干扰："如果我正在工作，然后烤箱烧坏了或是孩子们叫我，我就会放点音乐或唱片，或是写诗。这样，在我回到工作室时，我还能继续接着工作。"但她也试图将自己与其他不那么坚定的女性区分开来：

> 我的家是第一位的，但我始终都要工作……我从来都受不了女的说："唉，我这周或下周没法工作了，但或许六个月或是一年之

后,我就可以工作了。"我觉得一个人每天都必须做点工作,哪怕是半夜做,因为你要么是专业干这个的,要么就不是。

澳大利亚-英国画家斯黛拉·鲍文(Stella Bowen)就是这样把工作延后的。自1918年至1927年,她都和作家福特·马多克斯·福特(Ford Madox Ford)一起生活。在此期间,她无法从事自己的工作。1941年,她这样写道:

> 我的绘画已经无可救药地被我的全部生活干扰,因为我正在学习一个完全不同的角色应该掌握的技巧:成为另外一个人,一个更加重要的艺术家的妻子。因此,尽管福特一直都敦促我去画画,但是,在我扮演好了自己在他和朱莉(他们的女儿)身边的角色,艰难完成一天的家务之后,我就没有一丝一毫多余的生命力去创作了……
>
> 福特始终都不明白为什么我跟他在一起之后,画画于我而言就如此艰难。他认为是我不想去画。话这么说是没错,但他没有意识到的是,如果我想不惜一切代价去画画的话,那我的生活就得是截然不同的模样。我不应该去照顾他,去消解他日常工作的压力;不应该任何时候只要他说需要,我就陪他散步和交谈;我不应该替他出面去解决各种情况。追求一种艺术并不仅仅是找到时间的问题,而是要有自由的精神去实现它……我爱着,幸福且投入,但我却没有空间来培养一个独立的自我。

格蕾丝·哈蒂根(Grace Hartigan)1941年在自己十九岁时结婚了,同年生下了一个儿子。1975年,她写道:

我的儿子特别反对我画画。他放学后会留在学校，然后5点钟回家看着我说："我就知道，你又在画画了。"在他十二岁时，他的父亲已经再婚了。我把他送去了加州，自此之后再也没有见过他。这是一种非常痛苦的关系。

艺术家和她们的孩子之间也有其他痛苦的关系。在1991年的纪录片《寻找克丽斯塔》（*Finding Christa*）中，卡米尔·毕洛普斯（Camille Billops）探讨了她在1961年做出的决定，即把四岁的女儿送人收养，从而能够开始自己作为艺术家的新生活。当成年后的克丽斯塔和卡米尔联系时，她们试图建立关系，但卡米尔在影片中承认自己无法向女儿打开家门或敞开心扉："她以一种威胁到我的方式占据着空间。"

艺术家们觉得他们的性别或种族限制了自己能说些什么。在20世纪70年代早期，出于对小孩子的关切，电影制作人凯瑟琳·柯林斯（Kathleen Collins）写道：

> 男人拒绝某些限制，因而成为他们自己，而女性则接受了这些限制。女性是被禁锢的。她们必须妥协于所有禁忌施加的离心力。如果违反这些禁忌，就会给自己带来严重的伤害。我们被生活束缚。

伟大的画家和织物艺术家费斯·林格尔德认为：

> 没有任何一个创造性的领域如视觉艺术这般将非白人和非男性拒之门外……在我决定成为一名艺术家之后，我首先要相信的是，我，一个黑人女性，是可以进入艺术圈的。而且，我无须为此牺牲

半点我的黑人身份、女性身份或我的人性。

林格尔德从小就协助她的母亲——一位时装设计师。20世纪六七十年代,在处理她作品的事务性问题时,她也让自己的母亲和两个女儿来协助:

> 绘画是一种自我彻底沉醉其中的活动,但你仍然需要有人和你一起看,看你所看到的。我试图把我的家人——我的母亲和女儿们——带到我的工作当中来,以帮助弥补除了她们,我无人可依的事实。

画家海伦·弗兰肯特尔(Helen Frankenthaler)是一个继母,她引用了诗人约瑟夫·布罗茨基(Joseph Brodsky)的话。布罗茨基认为,一个作家或艺术家"要面对两大主题:一个是生活,另一个是艺术。而你不可能在这两方面都获得成功。或迟或早你都会意识到,你必须在其中一个方面进行假装"。海伦不同意这一观点:

> 一个人不可能同时以同等的热爱和天赋既面对"全部生活"(的平凡庸俗),又创造出美的、原创的艺术。(但是)一个人可以面对这两者的问题……我认为,如果(你)身陷艺术与生活的夹缝并感到痛苦不堪,甚至连你的生存都岌岌可危,就因为你无法解决问题,那你就不应当假装,而应该只选择艺术;或者,你就努力只选择生活,但如果你是个真正的艺术家,那你就不可能选择生活。

1965年,雕塑家伊娃·黑塞(Eva Hesse)谈到了干扰的问题。她说

一个女人可以实践一种艺术英雄主义,即忍耐:

> 要实现一种极致的表达……需要似乎只有男人才能做到的全身心投入。一心一意,没有妨碍,这似乎是男人的特权。他的领地。一个女人会被她所有的女性角色转移注意力,从……打扫房间到保持漂亮、"年轻"和生孩子……她还缺乏一种确信,即认为自己有取得成就的"权利";她也缺乏一种信念,即认为自己的成就是值得的。因此,她缺乏必要的坚定性来充分实现自己的想法。一种神奇的力量是必须和勇气。

艺术家米尔勒·拉德曼·尤克里斯不这么认为。1969年,在她的孩子出生之后,她决定把清洁作为自己艺术创作的核心。本着颠覆的精神,她组织了一些表演,如清洗博物馆展厅的地板,将母亲的劳动与其他无报酬的维护工作联系在一起。她取得了诸多成就,包括成为纽约市环卫局(Department of Sanitation)的驻地艺术家。她这样描述自己获得顿悟的时刻:

> 我有一个巨大的危机。我有一个孩子,而我成了一名维护工。我感觉自己像是两个不同的人。我爱那个孩子……我感觉我在重新发现这个世界,一个由她创造了每一个发现,数以万计的发现的世界。透过她的眼睛,我看到的世界变成了全新的。但这个世界也极度无聊。无聊!我觉得我的大脑要跟我说:"再见,我要离开这里了。我不是为这个世界而生的。我为自由而生。"……
>
> 一天晚上,我告诉自己:"如果我主宰着我的自由,那我就将把维护称作艺术。"我在做什么?我在采用艺术的西方定义,即自

由，也采用艺术的非西方定义，即重复机制，从而将维护称作艺术。实际上，我是将它们杂糅在一起。这并非一个快乐的组合。但我说过，如果我有命名的自由——这是我的（荣誉）祖父马塞尔（杜尚）赋予我的自由——我选择维护，并称之为艺术。我将必要性称作艺术。

不适区：性与爱

开始写这本书时，我决定不去批评母亲们的选择。我不想指责爱丽丝·尼尔不好好过她的家庭生活，也不会震惊于多丽丝·莱辛怀孕期间和并非肚中孩子生父的其他男人上床——尽管对母亲的思考最终唤醒了我对安全感和规约性的渴望，而且，母亲们做的一些事的确令我感到不适。我无法持一种客观公正的态度，我也不相信我的不安感会导致我否定或控制她们。

我决定为我的不确定开辟一个空间：不适区。首先是：母亲们、性和不合常规的爱。

为人母带来的身体快感可以是强烈的。凯特·摩西（Kate Moses）写道："情人让你的身体成为一种天赋；孩子亦如是。母亲身份耀眼的情欲光辉，身体上闪烁的斑斓色彩，彰显着我们与孩子之间的关系……在你成为母亲之后，情欲和感官，精神和肉体，能否完全区分开来？"

路易丝·厄德里奇写到，照顾婴儿让她陷入了"真情实感的愉悦之中，一种宗教性的、迷恋式的快乐如此彻底地捕获了我，以至于想象力的生活有时似乎被搁置了"。

但是,另外一种快感的来源,性,则往往从母亲们的生活当中被剔除出去了。艾德里安娜·里奇写道,母亲身份的机制要求女性是"慈善的、神圣的、纯洁的、无性的、滋养的"。或者,即便不是完全无性的——对于当代的母亲来说,让自己的身体恢复过来,重新变得性感,可能会有压力——那也是被禁锢的:只属于一个伴侣。

诗人琼·约旦(June Jordan)记得斯博克医生(Dr. Spock)跟她说,母亲看起来甚至不应该有吸引力。用她的话来说:"不要穿迷你短裙或其他挑逗撩人的衣服,因为那会让你的孩子不高兴,特别是如果你的孩子恰好是个男孩的话。如果你让你的孩子'有理由'认为你是一个性的存在……你会破坏他对你合理身份及世界意义的认知平衡。"

作为儿子的家长,她曾短暂地尝试过穿无色的素净衣服,"希望以此来证明自己是一个质朴无华、低调而优秀的母亲"。后来她放弃了这种做法,认为这种做法企图控制自己双性恋的、多情的、有欲望的、母性的身体,损害了她的"自我决定权"。

在本书所讨论的母亲中,有的人,包括勒古恩、沃克和卡特,都倾向于有制约的、终身的一夫一妻制关系。其他人,在寻求真实性和独立性的过程中,出于不同的原因选择了一夫一妻制。奥德雷·洛德与一位男同性恋的开放式婚姻为女同性恋者抚养孩子的问题提供了一种实际的方案。多丽丝·莱辛的作家朋友娜奥米·米奇森在选择多元之爱之后,寻找更多的爱和更好的性,以及一种能够脱离婚姻机制,声张自我自由的方法。

娜奥米·霍尔丹(Naomi Haldane)出生于1897年,在第一次世界大战期间与军官迪克·米奇森(Dick Mitchison)结婚。娜奥米当时十八岁,迪克只大她几岁。他们二人都对性一无所知,对他们的第一次尝试也都感到失望。娜奥米写到，做爱"几乎没有让我感受到任何乐趣。最后一射让我觉得紧张和不舒服。为什么它与斯温伯恩（Swinburne）写的如此不同？狂喜和玫瑰在哪里？我的一生都将会如此吗？我开始发烧"。1918年，她听说了《夫妻之爱》(*Married Love*)一书，这是节育活动家玛丽·斯托普斯（Marie Stopes）编写的一本新的性爱手册。知识能够将不好的性爱变成好的性爱，这一发现让娜奥米大开眼界。在与丈夫学习新技巧的同时，娜奥米开始将所有的性爱都视作一项值得追求的事业。

迪克从战争中归来，他和娜奥米有了他们七个孩子中的头胎。在她的儿子还是个婴儿时，娜奥米就开始写小说和戏剧。有时候，当她推着婴儿车穿过伦敦的公园时，她会把笔记本垫在婴儿车上以保持平衡。当她给婴儿喂奶时，她会阅读小说并评论说："如果书写得不是很好，我可以一次喂两个（婴儿），每边各一个。"她宣称，性和怀孕滋养了她的创造力，而米奇森家族的财富以及由此而来的仆人和寄宿学校，让她有时间去写作。她出版了很多小说和非虚构写作，包括1930年的一本关于节育的小册子。在提及潜在的读者时，这本书大胆地把他们称作"临时或半永久的情人"。

那时，娜奥米和迪克已经决定一起探索婚姻之外的性生活。社会主义者批判婚姻实际上准许男性从社会和经济层面掌控女性的所有权。受此影响，娜奥米认为多元之爱这种方式使得爱情不那么专属，可能更为平等。一开始，迪克有了一位情人，是一位已婚女性，当时还是——之后仍然是——这对夫妇的亲密好友。之后不久，娜奥米开始和她的朋友西奥多·韦德-盖里（Theodore Wade-Gery）发生性关系。西奥多是一位牛津大学的古典历史学教授，他给娜奥米以古希腊和罗马为背景的著名历史小说提供了素材。

讽刺的是，米奇森夫妇的社会主义思想在一定程度上是由依赖他人母性劳动的英国上层家庭结构支持的。娜奥米并非孩子们的主要照顾者，因此可以自由地和丈夫以及其他伴侣旅行；有一次，她、迪克以及他们各自的情人一起去希腊，当时的娜奥米正怀着他们夫妇的第五个孩子。莱辛在多年后见到娜奥米时，理想化地认为米奇森夫妇的婚姻是"良好意识和文明之举的精髓"，并赞赏了娜奥米的"热情"和诚实。

开放式婚姻也有其悲伤之处。当韦德-盖里结束了他与娜奥米的关系，转而与另外一个女人结婚时，娜奥米写到，分离令她感到"深深的心痛，而且持续了很长一段时间"。尽管她和迪克仍然很亲密，但他们发现坦诚并不能消除嫉妒所带来的痛苦。米奇森的想法是："或许我们太诚实了，因为正是一些小的细节令人受伤。"但娜奥米仍然觉得，甚至连这些情感的涌动都"促使"她工作。她小心翼翼地和其他伴侣使用着避孕措施，如此一来，她所有的孩子就都是和丈夫一起生的。但她又希望自己的女儿们"能够毫不受约束地和她们自己所选择的多个男人生下孩子"。

在她生命中最绝望的时期，在她和迪克的长子，九岁的杰夫（Geoff）因脑膜炎去世之后，娜奥米感到内疚，并在圈内遭到他人的指责——杰夫先是耳部感染，后来发展到致命阶段，在此期间她都不在家。她的哥哥和嫂子无法生育［尽管夏洛特·霍尔丹（Charlotte Haldane）写了一本关于为人母的科学概论，名为《母亲身份及其敌人》（*Motherhood and Its Enemies*）］，对她极尽苛责。但娜奥米从未后悔过自己在婚姻中做出的选择。她在回忆录中写道："爱磨砺并增强了我全部的能力。"而在她的写作中，她还鼓励他人以不同的方式去生活，获取比以前更多的自由。

在20世纪50年代的格林威治村，性实验和多伴侣不仅仅是成为你自己的必要条件，也是一项更大的事业的组成部分，即性革命的开端，同性恋解放的萌发。在那一代人中，诗人奥德雷·洛德和黛安·迪·普里玛（Diane di Prima）把性和为人母看作与自我塑造及反抗相关的行为。

洛德认为她与女性的冒险，与男性偶尔为之的冒险，是弥合自己与他人之间距离的安全方式；迪·普里玛认为她与男性的冒险，与女性偶尔为之的冒险，是对经验的开放，同时又不必放弃太多的自己。

迪·普里玛是意大利移民的后代，一头红发，聪明伶俐，是洛德的高中同学。20世纪50年代，她从大学辍学，进入了"垮掉的一代"诗歌圈。她和米奇森一样热情并热爱冒险，是当时性自由的受益者。她与她的男同性恋友人合租公寓，大多数时候都是和那些对她没有要求的伴侣上床。

后来，在二十二岁的时候，她开始想要个孩子。她写到她的身体"有自己的计划"，一个与她的诗歌相冲突的计划。"我的身体……想要开花，结出果实，播撒种子……我确信地知道，如果我阻止它，我不会，也无法活得快乐长久。"

她不想和伴侣生孩子，早年遭受父亲虐待的经历使得她决心不让父亲的控制和暴力进入她的家庭。"我从一开始就发誓，谁都别来告诉我如何抚养我的孩子……谁都不会以任何方式拥有我，我的身体，我的爱。谁都别想通过'供养'……来换取告诉我该怎么做的权利。"

相反，她怀上了一个孩子，但并没有告诉孩子的父亲。她在1957年生下了一个女儿，珍妮（Jeanne），成为一名单身母亲，当时的她二十三岁。她临时组建了一个家庭：她的女性友人们支持她，她的父母来帮她，住在她楼上的女同性恋夫妇也帮助她，她的男同性恋朋友弗雷迪（Freddie）也在医院里假装是她的丈夫，这样她就无须被迫放弃她"不合法"的孩子。

作为一个母亲，她和尼尔一样，觉得自身新角色的"实用主义和清醒务实"保护了她，使她远离那些可能会伤及她艺术的冒险。一个晚上，在艾伦·金斯堡的一场聚会上，黛安说自己得走了，因为她的保姆在等她回去。醉醺醺的杰克·凯鲁亚克横躺在地上，宣告说："迪·普里玛，除非你把保姆抛诸脑后，否则你永远都无法成为一个作家。"她认为，如果留下来，自己就不会成为一名作家。她认为，写作和按时回家需要"贯彻同样的纪律性"：践行自己的诺言。

即便是热衷冒险的"垮掉的一代"诗人们也有关于性的不成文的规定。黛安打破了其中的一个规定，她开始和一个已婚男人上床，她的同代诗人勒鲁瓦·琼斯［LeRoi Jones，即后来的阿米里·巴拉卡（Amiri Baraka）］。勒鲁瓦的妻子海蒂（Hettie）是黛安的朋友，并不认同开放式婚姻。尽管她试图保持"冷静"，但还是受到了伤害。他们的朋友也表示反对，随之而来的怀孕让戴安的处境更为艰难。勒鲁瓦给黛安施压，让她去堕胎，这并非她所愿；在堕胎之后，黛安感到悲痛和愤怒。一年之后，她再度怀孕，并违背勒鲁瓦的意见，生下了他的孩子。

正如米奇森所幻想的，黛安和四个不同的男人生下了五个孩子；说起自己在疗伤期间从勒鲁瓦那里抢来当作情人的白人男同性恋者时，黛安这样说道："我知道他是一个我永远不会爱上的人，所以他似乎是一个不错的结婚对象。"不可避免的是，母亲身份有时会让她失去自由的工作时间。在70年代中期写给洛德的一封信中，黛安说为了有时间写作，她在"等待时间的帷幕出现下一个裂缝——开车送孩子去上学、去看牙医的时间，洗衣服的时间、买东西的时间、扔垃圾的时间……饥渴难耐，但却没时间去喝水，这是否存在？该怎么办？时间会在何时爆发"？

她认为她的工作和她的母亲身份来自一个源头，即对经验的开放。她认为"可以有空，我认为女人的艺术是一种纪律，一条精神之路。要有空，但又要保持某种正确的方向。我的工作，我的生活——在这一切中定义自我"。

奥德雷·洛德相信在20世纪50年代和60年代，在发表一首女同性恋情诗都是一种激进行为的时代，她的性与身体的快感是她自身以及她艺术的核心。她在《情欲之用：作为力量的情欲》("Uses of the Erotic: The Erotic as Power")一文中写道："我们关于情欲的知识……成为一个视角，透过它我们可以审视自己存在的方方面面。"她敦促女性去探索情欲——将情欲理解为"从我们最深层、非理性的知识中升起的力量"，将其理解为个人快乐及艺术能动性的来源，以及馈赠给孩子的自由。

最初，奥德雷是在 20 岁时开始有了多个伴侣。后来，她把对性自由的拥抱转化为一种女权主义，颂扬作为一种力量源泉的快感。"我们所做的每件事，其目的是使我们的生活和我们孩子的生活更加丰富，有更多可能性。在我们为颂扬情欲而付出的全部努力中，我的工作成了一个有意识的决定——一张心之所往的床榻，我心怀感激地睡上去，又精神抖擞地爬起来。"

如果洛德是对的，那性与母性主体性就不是割裂的，而是其核心，是英雄母亲获得自我认知的必要形式——不管她是安于一夫一妻制的婚姻还是有其他的安排。如果你即将在母亲身份中迷失自我，情欲力量就会把你带回自身。洛德还指出："当我们开始由内而外地活着，触碰我们自身内部的情欲力量，那我们就在深层意义上开始对自己负责。因为，当我们开始承认我们最深层的感受，我们就必然开始放弃对痛苦和自我否定的迎合。"

Doris Lessing

1919～2013　作家，2007年诺贝尔文学奖获得者

矛盾的快感:
多丽丝·莱辛

在年轻强壮的躯体和置身其中的思想之间,无疑存在这样一道障碍……思想将躯体视为己物,但只有躯体知道受孕是多么容易。

矛盾的快感:多丽丝·莱辛

如果你要寻找诞生女权主义作家的源头,母亲是关键。从总体上来说,真正击中父权制的并非那些有着专制父亲的女性,而是有着忧愁不快、矛盾纠结的母亲的女性:与其说你的女权主义针对的是男性,不如说是针对那个自己不想成为的女性的形象,那个内在的敌人。

——洛娜·塞奇

经历了自己母亲毁灭性力量——无论有无正当理由——的女人,有可能担心自己也会在某种程度上具有毁灭性。

——艾德里安娜·里奇

关于多丽丝·莱辛,众所周知的一件事是她为了追求写作事业而抛弃了自己的孩子。1943年,二十三岁的她是一个三岁儿子和一个一岁女儿的母亲,丈夫是个公务员,住在南罗德西亚(Southern Rhodesia)的索尔兹伯里[Salisbury,即现在的津巴布韦首都哈拉雷(Harare)]。她带着两个蹒跚学步的孩子坐在郊外的草坪上,跟他们解释说自己要离开他们。她说她要走了,不是为了成为一名作家——她那时还不知道自己的未来——而是为了与经济不公和种族主义做斗争,反抗罗德西亚的"种族隔离"和"禁止有色人种"(color bar)制度。她以为孩子们能够理解,或者如果他们当时尚不能理解,那将来也会理解的。此外,由于她自己的童年经历,她认为只有当他们没有母亲的时候,他们才能真正地成为他们自己。

这一幕似乎让我们看到了莱辛工作和生活中一切自由的面向,也让我们看到了其中烦恼忧愁的一面。她后来再婚,生了第三个孩子,又离婚,以单身母亲的身份搬去了伦敦,把两个大孩子留在了非洲。她成了一名伟大的小说家,通过描写自己在爱与为人母方面的经验,揭露女性生活中的鸿沟与裂隙。在《金色笔记》中,在她命名为"暴力的孩子们"(Children of Violence)的系列自传体小说中,在短篇小说和戏剧中,她探讨了男人和女人、母亲和孩子之间的关系,质疑这些关系是否如其看起来那般固定不变,将看似"自然"的东西带入了光天化日之下的政治行动与变革。

一个女人离开自己的孩子,这听起来很吸引人,甚至令人兴奋不已,一如其他任何禁忌的想法。一个母亲会跟另外一个母亲讲述自己对此的看法,羡慕其中所昭示的自由,然后再心怀罪恶、满怀爱意地回到自己的孩子身边,想着:好吧,至少我没那么糟糕。这也能启发一个人重思自己的母亲身份。但最终事实证明,多丽丝离开了自己两个大点的孩子,且再未露面的故事差不多是杜撰出来的。

多丽丝于1945年至1949年间写的一百多封信中有不支持遗弃一说的证据。这些信件的收信人是两名皇家空军学员,约翰·怀特霍恩(John Whitehorn)和科尔·麦克唐纳(Coll MacDonald)。第二次世界大战进入尾声时,他们来罗德西亚进行飞行训练。这些信件因其从容自信的风格而引人注目:二十五岁的多丽丝幽默、善于自我表露,而且对人和事有敏锐的观察,这将给她后来的写作注入活力。

这些信件中的她既能干又脆弱,既自信又戒备。信件显示她希望并渴望见到自己的孩子们,想念他们,内心欢喜且满怀关切。信件表明她并没有抛弃自己的孩子,而是与她的前夫陷入磨人的争辩,以争取到更多与孩子们在一起的时间。

在这些信件中,母亲这一身份显得十分高大,这让多丽丝感到着迷,但也让她有所戒备。她写道,一方面她希望可以有很多孩子,为他们做饭、缝衣,过平静的生活;但另一方面她往往在那样一种生活中"感到无聊、不安和不快",她宁可"办报纸、写小说、见人、参加阶级抗争等等。前者和后者无法相融,你必须承认这一点"。

我们通过这些信件看到了这样一个女人:当法律没有赋予她抚养孩子的合法权利时,她离开了不合适的婚姻,并努力解决这一选择带来的问题。在多年后写的回忆录中,她淡化了自己复杂的情感,或许是为了保护孩子们的隐私。但在信件与回忆录中,她都表现出一种自尊和反抗,这让她无法试图为自己开脱,否定那些严重且张嘴就来的指控,即说她是个坏母亲。

莱辛认为:"我们把父母视作反复出现的梦境,需要的时候就进入到这个梦境里;他们始终都在那里,被爱或者被恨。"她在小说和回忆录中一次又一次地写下自己与父母之间的关系,试图理解是什么将他们带到了南罗德西亚,她的母亲想从她那里得到什么,她如何才能避免成为母亲那样的人。多丽丝的母性和她的写作都始于她的童年时期,特别是源于母亲与女儿之间争夺自我身份、自我决定权以及母性权力范围的拉锯战。

首先，多丽丝的父母似乎都有些不切实际。在家族破败的农场里，她的父亲给报纸写信，提出适当的堆肥将有助于世界和平，"人们应该只喝被太阳直射了足够长时间的水，以吸收其不可见的魔法射线"。她的母亲不切实际地将所有英国中产阶级的理想都投射到多丽丝身上，而在她的丈夫带她去非洲之后，这些理想都化为泡影。多丽丝在小说里的真情流露，部分反映了她为从父母的幻想中找到自己的身份而进行的长期斗争。

多丽丝是他们第一个虚幻希望的产物，即认为在婚姻和亲子关系中可以弥补第一次世界大战带给他们的伤害。多丽丝于1919年10月22日出生在克尔曼沙阿（Kermanshah），即现在的伊朗巴赫坦（Bakhtarān）。她的父母在结婚九个月之后生下了她。他们在伦敦的一家医院相遇。当时，阿尔弗雷德·泰勒（Alfred Tayler）正在恢复当中——他失去了右腿，遭遇了"炮弹休克"，同伴都死在了帕桑代尔（Passchendaele），他十分悲痛。艾米丽·莫德·麦克维（Emily Maude McVeagh）当时是一名三十多岁的护士，也患有现在所谓的创伤后应激障碍。她在战争期间一直照顾受伤严重和垂死的士兵。她所爱的医生已然身亡。

艾米丽和阿尔弗雷德向彼此寻求安慰。结婚时，他们决定抹除过去。他们给自己取了新的名字：阿尔弗雷德改叫迈克（Michael），取自《彼得·潘》中最小的弟弟；艾米丽改叫莫德。然后，他们离开了英国，在波斯殖民地重新开始。迈克在那里的一家英国银行获得了一份办事员的工作。

他们在克尔曼沙阿过着舒适的生活，莫德在那里享受着外籍人士的优裕与奢华：在英国人社区交朋友、办聚会，有仆人，有带花园的房子。但迈克尽管装着一条木腿，却一直都想成为一名农民。1924年在英国休假时，他读到了在新殖民地南罗德西亚种植玉米可以赚大钱的消息。泰勒夫妇购买了一千英亩的灌木丛，并计划搬迁至非洲，他们想象自己会成为富有的种植者,就像在肯尼亚的英国定居者那样,莫德满怀期待地把自己的丝绸晚礼服装进行李箱。

但当莫德发现自己住在一个落后殖民地偏远乡村的泥墙房子里,毫无摆脱英属南非公司(British South Africa Company)债务的希望,还嫁给了一个不想离开此地的丈夫时,她"心情糟糕"地躺在床上,足足一整年都不肯起来。出于责任感,她最终振作了起来,继续生活,只是放弃了自己,放弃了欲望,放弃了坚持自我的能力。

多丽丝努力应对一个迷失了方向的母亲所不被认可的需求。这是很多20世纪的作家母亲要经历的。但是,莫德·泰勒,以及安吉拉·卡特的母亲奥利芙·斯托克(Olive Stalker)尤甚,她们都把自己未能实现的抱负投射到自己的独女身上,鼓励她们追求成功,又告诫她们要有淑女风范,评判她们的长相,监督她们的身体,过度把女儿所获得的成功认同为自己的。莫德为她聪明的孩子感到骄傲,又对她有很强的占有欲,希望她能回报自己所做出的自我牺牲。用丽贝卡·索尔尼特(Rebecca Solnit)的话来说,这是一个永恒的故事,关于"母亲将自己交付给所有人或某个人,又试图从女儿那里把自己找回来"。

多丽丝精力充沛,活泼好动,在任何时候可能都不是个好带的孩子。在还是个婴儿时,她哭哭啼啼。在五岁时,她因为被单独留在船上而生气,把母亲的衣服剪碎了。在八岁时,她玩火柴,结果把仓库给烧了。但她讨厌母亲因为她自己不开心而怪罪她,跟其他农夫的妻子抱怨说她和弟弟哈里对她来说是多么大的负担,"她那未被善加利用的才能也在枯竭,特别是这个小丫头(用她的话说,'太捣蛋,太难对付!')更是让自己的生活悲惨至极"。

在这场情感剥夺的大戏中,莫德和多丽丝轮番扮演着拒绝者和被拒绝者。莱辛在她的回忆录中写道,在她出生时,莫德非常确定即将出生的会是个男孩,所以并没有准备女孩子的名字,在医生的建议下给她取名"多丽丝"。但鉴于莫德对待起名的方式特别浪漫,这听起来不像是她做出来的事情。而且,多丽丝向约翰·怀特霍恩讲了另外一则故事,在这个故事中,是她自己否决了母亲的所有计划。事实上,莫德想了很久才想出来一个听起来很严肃的女孩名,一个不能被玩弄成某个愚蠢缩略语的名字。但当多丽丝九岁时,她宣布别人以后只能叫她"跳跳虎"(Tigger)。新的儿童读物《小熊维尼》刚刚从英国传了过来,多丽丝从里面一只活泼、难缠、可爱的老虎身上看到了自己的影子。于是,她追随自己父母的脚步,也给自己取了个名字。在她写给约翰的信中,她承认自己犹豫过,但她一直都在信上署名"跳跳虎",直到她二十九岁时搬去伦敦。

多丽丝吸收了父亲对英国统治阶级的不信任和对罗德西亚野性美的热爱。和许多欧洲殖民者一样,多丽丝享有比在家乡更多的特权,包括到处溜达闲逛的自由。她太小了,还不明白这是偷来的特权,她只是恰好处在一个会爱上这种特权的年纪。她会好几个小时自己一个人待着或和弟弟们待在一起,一开始是让从母亲的睡前故事里听来的小妖精和小仙女住进蚁穴,后来则是在农场周围的荒地里探险,狩猎小动物,听鸟叫,感受阳光洒在身上。尽管莫德用钢琴弹奏肖邦的曲子,给英国的朋友们写信,但多丽丝却全情投身于广阔的乡村、遥远的山丘,甚至是他们简陋的房子——每到雨季,她床下的土里就会冒出一棵树来,泥墙也总是几乎消失在灌木丛里。这是她父亲送给她的礼物:一个足够大的空间,让她的想象力在其中生长。

但就文化而言,罗德西亚这个封闭而保守的白人社区并没有给她提供任何线索,供她去了解一个优秀的女孩子可能会成为怎样的人。在被送去寄宿学校之后,多丽丝感到孤独和想家。当她十四岁时因患红眼病而回到家中并拒绝再返回学校时,她的正规教育就从此画上了句号。莫德希望她能获得去英国读书的奖学金,然而,即使多丽丝信任母亲给她做出的规划,她父母的祖国对她而言也似乎"跟星辰一样遥不可及"。

她的第一部自传体小说《玛莎·奎斯特》(*Martha Quest*)的开篇场景是十多岁的玛莎懒洋洋地躺在门廊上,瞪着奎斯特夫人,并故意读着激进的"性学家"哈夫洛克·埃利斯(Havelock Ellis)的书。当爱丽丝·尼尔在格林威治村学习爱和反抗时,多丽丝听到了遥远的回声,传递出同样的信息。她后来说,她性反叛者的姿态"是时代思潮的精粹"。这也是针对莫德的打击,她无望的生活和无性的婚姻。性本身并不足以解决一个女人的问题,但 D.H. 劳伦斯的书不会告诉你这一点。她在家里四处转悠,做着在巴黎过上波西米亚生活的白日梦,一遍又一遍地跟自己说:"我不要!我不要变成那个样子,我永远不会变成他们那样。"

同时,她开始认识到罗德西亚白人社会根本性的谎言,也就是她的父母和所有其他人都相信的一点:它所宣称的种族优越性。但在她认识的人当中,没有谁看到了她所看到的。十七岁时,她自学打字,写小说,再撕掉。十八岁时,她找到了一份电话接线员的工作,搬进了索尔兹伯里的一间出租屋。她没有钱,没有接受过教育。她只知道她不是谁,她不想过怎样的生活。一如经常发生的那样,在这样的真空中,出现了一个男人。

南罗德西亚的首都是一个只有不到两万欧洲人的边陲小镇。另一个差不多的城市给首都提供服务,那里的非洲人可能是首都人数的四倍。当地的居民酗酒成性,文化水平低,年轻女性比男性少。但多丽丝认为她自己是"男人的女人",男人也能欣赏"跳跳虎"·泰勒("Tigger" Taylor)这样的女孩子。她人生第一次和一群人聚在一起,又喝又跳,在外面待到很晚。在多年孤身一人之后,人们对她的注视令她感到兴奋。多丽丝或许渴望能有一个辉煌的职业生涯，但她还没有做好开始的准备。而跳跳虎也失去了决心。爱慕和乐趣对这个"未经世事的乡下年轻女子"如此具有诱惑力，以至于在不到一年的时间里，她不仅仅和男孩子们打情骂俏，还嫁给了其中的一个。

为什么聪慧、雄心勃勃的多丽丝会走上一条错路，嫁给一个她不爱的男人，还生下两个她还没做好准备去照顾的孩子？在她的自传中，她声称因为当时是1939年，空气中弥漫着战争的气息，这导致年轻人只活在当下。她怪罪于酒精——所有的年轻人都酗酒——以及当时性感的流行乐，唱出内心"渴望、憧憬和匮乏的音乐"。［当她在1994年出版第一本回忆录时，她把其中一首歌的曲名，即科尔·波特（Cole Porter）撩人心弦的《刻骨铭心》（*Under My Skin*）作为书名。］她在书中指出，想要结婚的不是她，而是跳跳虎。

因为说了这些话，人们指责多丽丝不为自己的感情负责，试图"在她的自由意志范围之外为她的行为找理由"，或声称自己是"历史的受害者"。然而，一个聪明的年轻女子一时冲动结了婚，这个故事在世界上古已有之。对于一个逃离童年，寻求情感、认可和归属感，孤独的十九岁孩子来说，婚姻和飞蛾扑火的情节就在那里等待着，向她允诺了所有的一切：爱和满足，成人的特权和性满足，为人母的幸福和美满的结局。

甚至，跳跳虎和弗兰克·威士顿（Frank Wisdom）似乎有很多共同点。弗兰克比他的妻子大十岁，是"男孩子中的一个"，但也有进步的想法，愿意质疑罗德西亚的现状。他同样开始直觉地意识到白人对黑人大多数的压迫是错误的。他"声称自己鄙视跟'资产阶级'沾边的所有东西，无论是抵押贷款还是互保基金"。他支持她的写作，或者口头表示过支持。

莱辛的情感需求和她的雄心壮志是相冲突的，但她不愿面对这一点。

就像爱丽丝·尼尔一样，她经历了这场婚姻，感到无力阻止。她回忆说："我似乎没有意志。我的脑子看着我所做的一切，却无能为力。"一两个月后，说了不打算生孩子的她怀孕了。

莱辛一直都觉得自己和其他女性不同。在《刻骨铭心》中，她写道她没想到自己会有一个孩子："在年轻强壮的躯体和置身其中的思想之间，无疑存在这样一道障碍……思想将躯体视为己物，但只有躯体知道受孕是多么容易。"她和弗兰克都认为她应该去堕胎，但不知道去哪里以及如何堕胎。弗兰克提出去约翰内斯堡，于是多丽丝坐火车去了那里。这是一个为期两天的旅程。但当她找到她听说可以做堕胎手术的医生家时，那里正在举办一场聚会。他的一个朋友把多丽丝拉到一边，劝她不要找他堕胎：他"因为醉酒行医从医师录里被勾掉了名字。如果我珍视自己的子宫，那么就应该在表示过谢意后，跟他说自己改变主意了"。

她找到了另外一位更专业的医生，这位医生检查后告诉她说她已经怀孕十八周了。他不会在孩子已经这么大的时候做堕胎手术。所以，她回家了，稍微松了口气，希望一切都好。1939年9月，欧洲爆发了战争。10月，她庆祝了自己二十岁的生日。1940年2月的那个夏天，在婚礼举办十个月后，她生下了儿子约翰·韦斯特。她第一个孩子的出生得益于两个现代生育女神的帮助：避孕失败和希冀未来。

八年后，在给约翰·怀特霍恩的信中，多丽丝写道，母亲身份的问题并不在于其职责本身，而在于尽职的条件。社会许诺会给予她那一代女性职业和自由，但她们却发现，在生完第一个孩子之后，自己就身陷"囹圄"。她在英国的祖父母有保姆。她希望她的孙子孙女能得到可靠的日间照料。但在她的同代人中，她所看到的是："我还没有遇到过一个女人不是一边痛苦地反叛，一边想要孩子，但又因为我们困于桎梏和藩篱的方式而怨恨孩子。"莱辛爱她的孩子，但却与自己的母亲身份难以调和——她无法忍受独立性的缺乏和对自我的抹杀。正如她所说的，在她的第一场婚姻当中，"我最优秀的一面，已经埋进了坟墓里"。

莱辛确信分娩对自己来说不会是件困难的事情——毕竟，她要比其他女性更加强壮——但还是很不好生，而且，约翰并不好带。尽管弗兰克是个值得骄傲的父亲，但他每天早晨都要去他的政府办公室，把年轻的妻子留在家里，照看一个活泼好动、不停闹腾的婴儿。约翰闹个不停，而且也不愿意让人抱。莱辛很欣赏儿子旺盛的精力，并从中得出儿子"遗传了我蓬勃的生命力"的结论。但这也让她精疲力尽。她感到恍惚和厌倦，推着婴儿车中的约翰穿梭于他们在郊区的邻里间，以扛过"单调、乏味和难熬"。

工作和父亲身份似乎改变了弗兰克，他不再爱冒险，而莱辛正是希望这种冒险精神能将他们二人和其他人区别开来。如今，弗兰克鼓励莱辛多和其他年轻的母亲，也就是他的公务员同事的妻子们待在一起，因为维持这些关系有助于他的仕途。莱辛也矛盾地希望能进入一个新妈妈们的群体，来反思她们身为新妈妈普通又非凡的经历。她和她的邻居们一起度过照看婴儿的漫长时光，探索这样一种新状态。她们身处这种状态，感受如此强烈、原始，以至于无法同他人诉说。她回忆说："我感到无聊、反叛，我讨厌早茶会，但又渴望去参加，这种心理让我烦闷。"而当她在体育俱乐部前停下来时——这是她以前经常去参加聚会的地方——她从前的朋友都径直走了进去，就跟没看见她似的。"十八个月以前，我——以及所有其他姑娘——是男人们目光追逐的焦点，可是现在却完全被忽视了。尽管我已经恢复了苗条的身材和青春的面庞，但却被当成五十岁的女人一样谦恭有礼地对待。"受到排挤给莱辛提供了视角：在体育俱乐部的阳台上，她一手夹着烟，一手摇着婴儿车，听着年轻殖民者们的交谈，收集着最终将会构成她第一部小说的素材。在她的日常生活中，她几乎没有时间写作。跟其他所有人一样——最贫穷的罗德西亚白人除外——她有仆人；依靠黑人的劳动，她享受着中产阶级的舒适生活。但是，要求一个黑仆来照看孩子，这是不得体的，而且会招来流言蜚语。

此外，当莱辛不去迎合弗兰克的时候——他喜欢带同事来家里吃午饭——她就是在应付自己的母亲，因为她的母亲会来她家里批评自己女儿养育孩子的方式。在既不觉得内疚，也不采取过激行为的情况下确立和捍卫自己的边界，即便是在莱辛最为自负的时候，这对她来说也是个问题；她打小学到的就只是自我牺牲和消极攻击性的反应。在《金色笔记》中，她的另外一个自我安娜（Anna）谈及了她的伴侣对她时间及注意力的掌控感，以及她无法坚持自己的需求。由于她无法想象一个解决方案，她试图与自己的不满共处，将其称之为"我们这时代妇女的通病。我每天都能从她们的脸上，声音中……发现这一点。不公平是一种非人格化的毒素，做女人的都怨恨它"。

二十一岁的莱辛了然于心的是，母亲的命运有可能就是她的命运。在她的幻想中，自己是一个冷静、光芒四射的照护人员；但在她的恐惧中，自己却成了一个控制者，一种会危及孩子健康的精神疾病。这些幻想既没有给她的能力和欲望留有发挥和释放的空间，也没能让她与儿子建立起真正的关系，尽管在她的第二本自传体小说《良缘》（*A Proper Marriage*）中，玛莎·奎斯特希望"她，玛莎，自由的灵魂"能足够坚强，从而保护她的孩子免受"她，玛莎，母性力量"的伤害。同时，"母亲的脚本"仍在牵引她向前。在约翰九个月大的时候，他们夫妇二人决定再要一个孩子——莱辛后来在书里大致如此写道。不管怎么说，她又怀孕了，他们的女儿简·威士顿（Jean Wisdom）在1941年出生了。

为了不沉沦下去，莱辛坚持过她知识分子的生活；像玛莎·奎斯特一样,她试图"让那盏灯在黑暗混沌的大海之上——也就是母亲身份——保持长明。她不会允许自己被淹没"。坐在花园的毯子上,她给她的孩子们朗诵诗歌。在公园里,时间缓慢流逝,"如同着了迷一般……夹杂着忧郁和喜悦的感情",她发怔出神,在脑子里写着诗。其中一些诗歌温和地批评了种族不平等,这令弗兰克感到生气:他一直都和莱辛一样不喜欢禁止有色人种的制度,但如今,他要为自己的仕途做打算,而一个种族隔离的社会不会对异见人士有好脸色。莱辛与他渐行渐远。他开始连续好几个星期都黑着脸不说话。

在某种程度上,她意识到她一直都在欺骗自己,就像她的父母一样生活在幻想之中。她还意识到,根据罗德西亚的法律,不管是出于何种理由,如果一个妻子离开她的丈夫,那她的丈夫就完全享有孩子的监护权。莱辛在《刻骨铭心》中写道,在简还是个婴儿的时候,她不自觉地避免与还是个婴儿的女儿过于亲密——和她的儿子比起来,简要更安静、更可爱,而且更显而易见地黏着母亲。"我在保护自己,因为我将要离开。但我并不知道,当然也不能说:'我要做出无可原谅的事情,我要离开两个年幼的孩子。'"她试图说服自己,她这样做是给他们自由,但如果她当时就这么想的话,她立刻就觉得自己疯了。

她不能跟自己说,她之所以离开是因为要去做"写作"这么自私的事。她的计划是住在索尔兹伯里,还是能见到约翰和简——她希望弗兰克能同意这样的做法——同时为政治变革而努力。二十三岁的时候,她选择承认并震惊于罗德西亚黑人和有色人种所受到的限制:他们的"保留地"如今被泰勒夫妇和其他人占据,还包括通行证、宵禁、无处求学或受教育。她看到了殴打、谋杀和侮辱。她用新的视角看到了大英帝国对她父亲所做的一切,看到了他在军队中如何被利用和摧残,"然后余生都被遗忘于人世间"。一个熟人邀请她参加一场政治集会,跳跳虎·威士顿成为罗德西亚小型共产党组织中的积极分子。

你不能自我选择背离自己的文化；那是疯子和绝望者才有的姿态。但这些人是莱辛最早遇到的会讨论思想的人，他们质疑白人至上主义，争论男性和女性应当承担的角色，试图想象改变。他们读书和学习，这对于像莱辛这样没受过什么正规教育的人来说是必不可少的工作。他们给莱辛提供了一个联系紧密的社群，一次与自身能力新的相遇，以及一项意义重大的事业。

但很快，莱辛就会怀疑他们这个孤立的群体的有效性。到时候，她就会意识到他们盲目的理想主义是多么疯狂。但一开始，他们相信自己能看到别人看不到的东西——他们并不像她的父母、她的丈夫，以及所有罗德西亚白人那样被蒙蔽——这在她看来极具吸引力。莱辛后来成了一名杰出的作家，讲述人们在身处痛苦的关系之中，在即将离开自己的孩子时，或是在受到政客的蛊惑煽动时，是如何自我欺骗的；正是她的母亲身份教给了她人极易受骗的道理。

在说起莱辛时，人们常常认为，她把孩子留在了罗德西亚，直奔伦敦。但是，她所计划的绝非一场戏剧性的逃离。和格林威治村的爱丽丝一样，她首先要做的就是重新与自己相遇，权衡考虑，找到前进的方向。她搬到索尔兹伯里的一间出租屋里居住，在一家法律事务所找了一份打字员的工作，努力实现她自认为所需的东西：一个可以让孩子和她生活在一起的家，一种"自我认同，借此来证明离开他们的做法不是没有道理"。

她还必须为失去母性自我，离开孩子们感到哀伤，并克服全新的独立带来的冲击。下班后，她在镇子里奔波忙碌，参加会议、宣传各项议程，同时感到"头脑中一片混乱"。就像爱丽丝一样，她白天疯狂地工作，夜里会做噩梦。在睡梦中，她站着俯身向下看，或是看到深渊，或是看到自己儿时在农场的房子坍塌成灰，虫蛀腐朽，周围是烧黑的土地。

她在噩梦里"百般坚持认为,我之所以如此不开心是因为我丢下的宝宝,我的父亲——有什么稀奇?——我的母亲,还有就是因为尽管很想有时间去写作,可我却看不到自己何时才能如愿以偿"。弗兰克并不似她想的那样:在她离开的第一年,弗兰克就不允许她探望约翰和简。

莱辛在政治事业中寻找自我,但填补她生活新空白的不仅仅是政治。当她最终因压力而崩溃时,来看望她的同志之一是戈特弗里德·莱辛(Gottfried Lessing),一个来自柏林的政治难民,是他们这个共产主义小团体的带头人之一。在莱辛看来,他成熟老练、心思缜密,而且超然独立。但正如她后来所评价的:"难以从害羞的外壳中跳脱出来的男人都会很愿意照顾病床上的姑娘。"他或许是团体中唯一一个在智识上与莱辛相当的人。

莱辛后来说自己并不爱他,而且他们的性生活从没和谐过。但她离开弗兰克不到几个月,就和戈特弗里德结婚了,主要是为了让他不至于流落至难民营。据莱辛所说,她俩的婚姻基于利益,而且主要是戈特弗里德的利益。另一方面,莱辛喜欢戈特弗里德,欣赏他的智慧,而戈特弗里德则支持妻子的政治工作,并未指望她来端茶倒水。他愿意给予莱辛独立自主,这部分是因为他作为一个马克思主义者,反对资产阶级式的家庭。另外,他认同性别平等——至少是在理论层面上。《金色笔记》的主旨,即家庭生活具有社会意义,个人的就是政治的,源于莱辛在共产主义方面的阅读。戈特弗里德也与莱辛就开放式的关系达成一致,尽管他并不情愿如此。莱辛不想过不尽人意的性生活,也不想放弃性自由所带来的权力与界限。

如果说莱辛的第一次婚姻在外人看来幸福美满,那她的第二次婚姻就是为政治而献身。在那些年里,挑战种族隔离是一场充满艰难险阻的战斗。她向约翰·怀特霍恩坦承,她有时候会担心自己参加的集会、拉票活动，以及每个月为《劳工论坛》（*Labour Forum*）专栏撰写的文章都是在浪费时间和精力，永远都不可能"减弱索尔兹伯里那些蠢货嚣张的气焰"。她跟科尔·麦克唐纳说自己努力避免被国家"弥漫的愚昧气息"吞没。但是，她看到了周遭的人间疾苦，继续坚定地投入到更为努力的工作当中。

在罗德西亚进行激进活动的那些年留给莱辛的是一种抵抗的态度。这种态度带给她能量，一种自我意识，一则与"母亲的脚本"相反的故事。在1945年写给儿子科尔的信中，她说自己或许永远都不会忘记要"用一生自觉地反叛"。她说的没错，但她的反叛精神帮助她在男性化的战后文学世界中大胆地闯出一番天地，同时也讲述真实的女性生活。

在索尔兹伯里，她逐渐开始拥有作家身份。她为左派小报写文章，在当地一家杂志上发表了一些讽刺小品文，开始考虑写一部小说。在与戈特弗里德结婚一年后，这个计划更趋真实，因为她交到了既可以讨论写作，也可以讨论政治的朋友。其中一位就是约翰·怀特霍恩。

自1940年起，英国皇家空军向南罗德西亚派遣了数以千计的军人，在草草建成的空军基地接受飞行训练。他们中的一些人有社会主义倾向，1944年底的时候，一个友人圈形成了，其中包括莱辛、戈特弗里德和三名皇家空军学员——怀特霍恩、麦克唐纳和伦纳德·史密斯（Leonard Smith）。莱辛当时二十五岁，这三人都只有二十岁，入伍前是剑桥大学的学生，是莱辛遇到的第一批和她一样热爱文学的人。在最初写给约翰的那些信中——当时约翰还驻扎在索尔兹伯里附近——莱辛持续谈及作为社会批评家的普鲁斯特；希望自己能像戈蒂耶（Théophile Gautier）小说中的女扮男装的冒险家莫班小姐（Mademoiselle de Maupin）那样骑着白马绝尘而去；宣称"我一直在写一些相当糟糕的世纪末风格（fin-de-sieclish）的诗歌。非常有趣"。

加入一个知识团体和加入一个政治团体一样，给莱辛带来了巨大的变化。在他们这个小团体中，莱辛和约翰的关系最为密切，尽管她与他们三人要么发生过性关系，要么有过这方面的尝试（包括伦纳德，尽管他跟莱辛说自己是个同性恋）。正是在与他们的友谊中，莱辛开始把自己塑造成一个"自由的女人"，一个自主的知识分子和艺术家。这帮人开始旅行，去到离索尔兹伯里约六十英里的马切凯（Macheke），在一家旅馆中度过周末。他们在那里喝酒、跳舞、宿醉，在灌木丛中散步、交谈。对莱辛来说，他们的讨论、无声的渴望、个体与集体的连接感，共同构成了思想与身体的集会。1944年圣诞节前后，当莱辛和约翰喝了一整晚，跳了一整晚，溜出旅馆跑进荒野在被雨淋湿的草地上做爱时，这种兴奋溢于言表。当他们后来找不到回去的路时，他们爬上了一个小丘，一块露出地面的岩石，在黑暗中紧紧地贴坐在一起，等待太阳的升起。

莱辛从未做过如此浪漫的事情，她一直很珍惜那一夜以及她在那晚的感受；《金色笔记》以虚构的形式对此做了浓墨重彩的描绘。但是，当她兴高采烈地回到旅馆时，发现受伤的戈特弗里德在等着她。尽管戈特弗里德同意开放式的婚姻关系，但他并不真的愿意如此，而且对莱辛如此公开地付诸实践感到很受伤。多丽丝给约翰写信——如今只能秘密进行——接下来的几周里，他们的家庭关系陷入动荡。她写道，自己不想惹戈特弗里德不开心。她爱他，他是"完美的丈夫"，她尊重他的理性和善良。但她不能假装自己被他吸引，也不想放弃开放式的婚姻关系。

在约翰被调离索尔兹伯里后，家庭纷争得以解决，尽管莱辛仍然继续给他写信。她忍不住，她说："在这个最血腥的地方，一个人注定会爱上任何一个可以交流的人。"在信中，她宣称自己在知识和情感上都是独立的，她写下了她的所见所闻，并尝试发出自己的文学之声。尽管她对戈特弗里德赞不绝口，但她仍与其他人藕断丝连的原因不止一个：她开始认真对待自己的作家身份,以及她无法与戈特弗里德讨论自己的艺术。

几个月后,她辞职开始写一部小说,这个决定使她更加远离了丈夫。在给约翰的信中,莱辛说,尽管戈特弗里德尊重她的政治技巧,但他认为任何不服务于革命的写作都是没有价值的。他问到,躺在浴缸里读诗如何去推动阶级斗争的发展呢?她不入流的十四行诗能给别人带来什么好处呢?莱辛回答说她不知道,但也没打算因此就不写了。她跟科尔说了下面这段对话:"我温和地问,你认为列宁会喜欢弗吉尼亚·伍尔夫吗?戈同志坚定地说,不会。"

尽管她可能是在开玩笑,但莱辛意识到自己又深陷于一场婚姻当中,无法拥有自己的思想。她跟约翰说,戈特弗里德声称:"'如果人们之间的关系和我们俩一样,那婚外恋就是一种背叛。'我同意他的说法,但他这样说让我感到惊恐和害怕,有一半的事情我都不能告诉他,因为他不会同意。"

莱辛的一些自我诉说是严肃的,但她也热衷于八卦:从信中可以读出,她是一个富有同情心但也明察秋毫的观察者,在自己和别人的生活中为她的小说收集素材。她具备一种幽默感,这保留在了她的私人写作当中,将政治、艺术与日常生活的低俗、滑稽杂糅在一起:"我被诅咒了,我头疼、抑郁、脚底发凉。(如果我们结婚了的话,我能拥有一个热水瓶吗?戈同志说热水瓶太娘们儿气了。)"她从身体开始实践,践行她后来对女性问题的开明态度。

莱辛的信中上演的另外一场大戏,是她为了争取更多与约翰和简在一起的时间,与弗兰克争论不休。在他们离婚两年之后,弗兰克开始让莱辛偶尔在周末带带孩子。通常,弗兰克会先就莱辛的政治观点,她"波西米亚式"的生活方式,特别是她的再婚进行一番长篇大论的说教。然而,他自己同样再婚,娶了一个女人来养育莱辛的孩子,但这件事却不做讨论。1945年3月，莱辛向约翰描述自己打电话询问是否可以和孩子们一起过复活节，以及这之后发生的事情。首先，弗兰克说希望能和莱辛面谈。然后，当他们在大街上见面之后，他教育了她一番，说她离婚之后"不照顾"约翰和简。

我：因为你完全不让我见他们，那我能做些什么呢，只能是不照顾啊。

他：话是这么说，但你也不关心。

我：那我就只能嫁给你，或者跟你不离婚呗。

他：这话说对了。

后来，她去弗兰克的办公室找他理论。经过一个小时的争吵和责备，在她几乎要放弃的时候，弗兰克突然松口了，说莱辛可以周末的时候和孩子在一起。莱辛给约翰写信说："我彻底崩溃了，但这都没什么。"她补充说她完全不知道该如何照顾孩子们，不知道他们喜欢吃什么，该穿什么。她问她的儿子是否愿意和她一起去马切凯。"他看着我，思考了一会儿，然后说，'我觉得没必要，你说呢？'"

如果说她儿子的冷淡令她伤心，她没有说出来；但在给约翰·怀特霍恩的信中，她却对他的独立大加赞赏。（后来，十八岁的约翰·威士顿来英国看望自己的母亲。之后，母子之间建立起了良好的关系。）1947年的春天，在她又和孩子们一起过了个复活节之后，她在信中对孩子们的聪明才智和女儿的美丽容貌赞不绝口。她写道，约翰还是有些疏远，但她对此表示尊重。她很喜欢五岁的简，"一个惹人亲昵又非常敏感的小宝贝。我希望能和她在一起，但我做不到，所以就这样吧"。

信中描写的弗兰克·威士顿仍然是一个无聊且令莱辛感到痛苦的

人：无法和孩子们在一起的痛苦深入骨髓。1946 年年初，她给科尔写信说，她无法调和样貌平平的他与不断出现在她梦里的那个他的形象：白天的他似乎太渺小、太平凡了，到了夜里也并不会变得多迷人。

1945 年 7 月的时候，她跟科尔说自己已经完成了一部关于南非的讽刺小说的草稿并开玩笑说："总有一天，你会说，'小说家跳跳虎啊？当然知道了，我跟她特别熟！'"随着二战的结束，罗德西亚的公民们又可以出国旅行了。莱辛跟戈特弗里德讨论着搬去英国的事情。她将自己视作一个"小说家"，这一点越来越明确，尽管她的事业追求仍然与她的情感需求以及受挫的母亲身份相矛盾。她写信告诉科尔，他们的一位共同好友怀孕了，她说自己很嫉妒。"我想不出生孩子和写小说哪个更让我有满足感。不幸的是，这两件事水火不相容。"

事实证明，她不得不做出折中的选择。在她 1949 年最终去英国时，她一同带走的是她的第一部小说和她的第三个孩子——她的儿子，彼得。

母亲身份始终都是一个过程。随着时间的推移，亲子关系会发生巨大的变化。母亲与为人母的自我之间的关系亦如是。莱辛与她成年的孩子们有联系，也常来常往，但由于彼得和她住在一起，他们彼此之间的关系就总是处在被重新定义之中。在彼得还是个婴儿时，他们在一起很开心。彼得长大的同时，她的文学事业也在发展。而彼得在成年后患上了精神疾病，这让他们之间的关系变得既亲密又紧张。莱辛离开自己的前两个孩子，部分原因是害怕伤害他们。她将彼得留在身边，或许部分原因是出于愧疚。

莱辛与彼得谜一般的关系从要怀上他时就开始了。在《刻骨铭心》中，莱辛说自己第三次怀孕是一个深思熟虑后的决定，是她和戈特弗里德基于"实际与常识"做出的决定。她说，他们都想要个孩子，而且他们还得再过一段时间才能拿到英国护照。在这之前，他们只能留在索尔兹伯里，维持他们的婚姻状态。那为什么不生个孩子呢？如果他们的婚姻无法维持到那时，那他们仍可以继续做朋友，共同承担育儿的责任。

当时，莱辛告诉她皇家空军的朋友说这次怀孕是个意外——她跟科尔说，这次怀孕是"采用一种新式避孕方法"，判断失误的实验结果。科尔会把他的信件都交给约翰，所以这种说法可能是考虑约翰的感受而撒的谎。莱辛仍然幻想着他们在将来能走到一起，她告诉约翰说自己希望这个孩子是他的，她后悔没有早点离开戈特弗里德："如今，我永远都不是独身一人，但却形单影只。"然而，她对此并不全然觉得开心：她写到自己仍然十分想念约翰和简，希望新生的婴儿能让没有约翰和简陪伴的她不感到失落。

在刚怀上这个孩子的时候，她就开始为自由而努力。她已经计划在开普敦待上几个月，并在 1946 年初开始了这趟旅程，在南非共产主义报纸《卫报》（*The Guardian*）担任秘书，并为南非共产党拉票。想到未来的夜里，她都得待在家里，和戈特弗里德以及这个婴儿在一起，她开始和一个波西米亚画家发生性关系。这位画家叫格雷戈尔·布萨尔（Gregoire Boonzaier），他有一个分居中的妻子，一个怀着他孩子的情妇，还有至少一位情人。换句话说，他可以被爱，也可以被抛弃，莱辛很享受他们之间融洽的情事。（她当时显然并不知晓怀孕情妇的存在；在回到索尔兹伯里的家中后，她写信要求他照顾好她。）和戈特弗里德不同，格雷戈尔对莱辛孕期的身体，对她肿胀起来的乳房感到"感官上的愉悦"——至少在跟另外一个人，也就是约翰说起这一切时，她是这么说的。

回来之后，她把这些都跟戈特弗里德说了，他们的婚姻在紧张的基调中继续，直到他们的儿子彼得在莱辛二十七岁生日之前出生。共同抚养的父母身份确实让这对夫妇走到了一起。戈特弗里德喜欢照顾他的幼子,在他的支持下,莱辛也可以在不失去自我的情况下爱护这个新生儿。但这个孩子也让他们之间的关系变得紧张。在彼得出生后不久的一次激烈争吵中,戈特弗里德跟莱辛说,她永远都不会是个好母亲,而且他想要孩子的监护权。他后来道歉了,莱辛也愿意忘记他的这些气话,但他试图抢走彼得,这种做法是不可原谅的。无论发生什么事情,莱辛都不会让任何人从她的身边带走这个孩子。

同时,莫德听闻自己女儿这些不负责任的举动时,感到十分震惊。甚至连迈克都问:"为什么要抛下两个孩子,又生一个呢?"彼时,莱辛的父亲已经病入膏肓,对自己的生活和两个孩子倍感失望。他觉得他们失去了童年时的无限潜力,在他看来,他们现在就是"二流货色"。有一次,在他看着约翰和简玩耍时,他转向莱辛跟她说:"你看,你小时候就这样,也是这么可爱的小家伙,可你瞧瞧你自己现在变成什么样了。太不值了。"

弗兰克当然不会同意莱辛的做法,并跟约翰和简说了自己的想法。在彼得一岁左右的时候,六岁的简在早餐桌上问莱辛是不是又要抛下新生的孩子。在莱辛否认自己"抛下了他们"之后,约翰说:"弗兰克就是这么说的。"这段对话让她"感觉自己就像一块牛排,被从头到脚拍打了一遍"。

然而,这一次,彼得从一岁左右开始就每天下午都被送到日托所,莱辛又有一个忠实的伴侣以及对未来的计划,因此能够在生活与育儿之间找到一个平衡点。彼得是一个天性善良的孩子,和他在一起,莱辛享受着为人父母的巨大回馈之一,即父母与婴儿之间舒适自在的亲密感。她曾经写道,这种亲密感可能"只存在于成人与孩子之间,坦诚相待、彼此信任、自然而然"。

她慢慢地把自己的讽刺小说修改得更为黑暗,也更为严肃。她的皇家空军友人伦纳德·史密斯读了书稿,从英国写信表示鼓励。她"开始养成独处的习惯,有可能就写点儿东西,越来越关注自己的想法,越来越用批判的目光审视自己"。在与一个已婚男人有了婚外情,让她突然有了再度怀孕的渴望之后,她通过结扎来保证自己不冲动行事。在1949年初去英国的时候,她的小说已经有了出版商,这本书现在名为《野草在歌唱》(*The Grass Is Singing*)。

她出版的第一本书是一部紧张又私密的戏剧,讲述了一个受种族偏见毒害的社会。这本书因揭露了非洲黑人在英国殖民地的待遇而广受赞誉。但注定失败的农妇角色玛丽·特纳(Mary Turner)将莱辛不喜欢或是想摒弃的一些女性形象汇集一身:高效的办公室工作人员、"女人的女人"、冲动的新娘、无性的正经女人、女性该如何行为举止这一假说的受害者。最终,莱辛把这个角色杀死了。

1949年4月,这位从开普敦乘船到伦敦的女人,在政治和个人方面都有过一些实践,她拒绝成为上述假说的受害者。在拿到可以用来写十年小说和散文的素材之后,她便前往北方去追求一个女作家创作的、政治的、性的人生。

作为文学名家的多丽丝·莱辛有一个著名场景:2007年,她小心翼翼地走下一辆出租车,一个八十七岁的白发女人,身后跟着一个拿着一串洋葱和一支洋蓟的中年男人。当她问道,为什么会有一个摄影团队等在她家门口时,一个记者告诉她说,她得了诺贝尔文学奖。她惊叫一声:"啊,我的天啊!"然后,她放下手中的购物袋,开始思考该说些什么。"我已经赢得了欧洲所有的奖项,每一个该死的奖项。"她说着这些话,看起来越来越开心。"我很高兴能赢得所有的奖项。"

在公共生活中成长,写出好书,为人母,寻找爱情,这些都是不同的事业。从带着自己的书稿来到晦暗的战后伦敦的那一刻起,莱辛不仅仅要调适新的个体身份，还必须面对成为一个公众人物的问题。她开始把原来的生活作为素材，用在了玛莎·奎斯特系列的写作以及以非洲为背景，有敏锐洞察力的短篇小说的写作当中。这在某种程度上是一种自我定义的努力——她后来如是写道."每一个新结识的人都让我对自己早年的生活有更加清楚的认知，因为他们一句不经意的话就会让我对多年来觉得理所当然的事情产生质疑。但尽管如此，我还是会感到困惑。我当然'知道我是谁'……但我不知道如何定义作为一个社会人的我自己，（或是）在一个社会语境当中看待我自己。"

一开始，她投身于写作，获得了社会和文学层面的双重成功。作家珍妮·迪斯基（Jenny Diski）在20世纪60年代十来岁时和莱辛住在一起。其时，莱辛的事业如日中天。彼得当时在寄宿学校，莱辛从早到晚都是自由之身。迪斯基回忆说，"打字的敲击声会持续好几个小时"，因为莱辛会用最快的速度完成初稿。她会一直工作到把一本书写完，才出来见朋友，聊聊八卦和政治话题——这两样东西仍然像她给约翰·怀特霍恩写信时那样给她滋养。

她刚来伦敦时在白天做的那份工作只持续了几周：当她发现秘书工作和照顾彼得会花掉她全部的时间，她就辞职了。她几乎每年都出版一本书——小说、短篇、非虚构、诗歌、剧本——由此得以养活自己和儿子。她教会自己在短时间里集中精力工作，抑制处理日常事务的冲动——购物、打电话——而是选择进入"一个人写作时需要的那种无聊、枯燥的状态"。《金色笔记》中的安娜说，"作为一个母亲，我需要克制与约束"，这对她来说很难，对莱辛来说必定同样如此。但在彼得从学校回来之后，她就会把工作放在一边。彼得长大之后，她有时会在写作时把他送到朋友那里，或是送到乡下熟人那里，他们会有偿照顾孩子。好几年里，她一直与另外一位单身母亲，她的朋友琼·罗克（Joan Rodker）

合住在一起。在莱辛晚上外出时，琼会照看彼得。莱辛后来说，她们作为母亲互帮互助，是"我那时的生活当中最重要的事情"。

她的战斗力和政治直觉帮助她走出了专职领域，而在50年代，这对她的成功至关重要。她不怕挑战有重重困难的主题：种族，她与母亲之间的矛盾（在女权主义出现之前的年代，这是一个大胆的话题），她自己矛盾的母亲身份。而且正如上述获得诺贝尔文学奖的场景所呈现的，她并不羞于声张自己所取得的成功。在20世纪50年代，艺术圈男性的风格是大男子主义式的傲慢。作为回应，莱辛选择了一种直率坦白、引发众议的公众姿态，使得她与那一代"愤怒的年轻男性"平起平坐，同时又帮助她维护自己的边界。本书论及的好几位女性是出了名的能言善辩（勒古恩、洛德），言辞粗鄙（尼尔、卡特），甚至是出言不逊（桑塔格）。珍妮·迪斯基说，那些和莱辛走得近的人都不会陌生于"被莱辛骂个狗血喷头"的经历。

和下一代的卡特一样，莱辛强调自己局外人的身份，这使得她能够做个"个性开放而坦诚的人，诚实得近乎笨拙"。在往复的一封信中，约翰·怀特霍恩打趣地跟莱辛说，她更像是一个18世纪的法国女文人，一个沙龙女主人，而他自己则身穿丝绸，是她的情人。她回信说自己觉得后面这个想法不错："脱下丝绸短裤的过程应该会很有趣。但不会像在沙龙上那样斯文，亲爱的，我根本不守规矩。"

在莱辛到伦敦后不久，戈特弗里德也去了伦敦。尽管他们已经离婚并分居，但一小段时间里，他们仍然共同抚养着彼得。莱辛以为这种妥当的安排能持续下去，但在戈特弗里德找不到工作时——战后英国并不需要太多德国政治难民——在莱辛表达了心中的不乐意之后，他离开了，去了东德，在理想主义的新共产政府担任职务；第二年，彼得和他一起在柏林度过了夏天。但不久之后，东德政府开始切断与西德之间的私人往来，戈特弗里德按照指示结束了与儿子的所有联系。莱辛再也没有见过他。

彼得因此和约翰、简一样，失去了父母当中的一个。他因为想念父亲而哭泣，而莱辛则因为"日复一日的辛苦劳作，努力完成不可能之事，既当爹又当妈"而感到沮丧。她也觉得愧疚。按理说，没有父亲对儿子来说不是好事，但这就好像人们觉得一个孩子在成长过程中所遭遇的其他所有失败一样，都是母亲的错，这件事也不例外。

莱辛原以为自己会在伦敦再婚，她真正的情感生活终于就要拉开序幕。但她也不愿意委身于谁，和其他人一样，她通过与无法得到的男人交往来解决这一难题。（她和约翰·怀特霍恩之间的友谊还在继续，但他们之间的恋情终结了。）在来到伦敦后不久，她遇到了自己的真爱，一个来自捷克的难民，一个精神分析师。他已婚有子，但坚持认为自己的婚姻是年轻时犯下的错误，自己在道德上是自由的。在与他分手之后，莱辛悲痛欲绝。之后，她与一个单身男子交往，但他的关心爱护让她感到"心烦意乱，想要逃离"。

小孩子会给人稳定感和可靠感，但随着他们逐渐长大，这种踏实的心境和固定的时间分配就会消失。在彼得十二岁的时候，莱辛按照他的要求把他送去了寄宿学校——但他在学校里过得不开心，在家里也气冲冲的——莱辛送也不是，不送也不是，茫然若失。"彼得是一直陪伴在我身边的人，是我的主心骨，和我一起风雨与共——这当然也是他不得不离开我的原因，因为这对他并不好——但现在，他不在我身边了。"

还有其他人在这段时间里也离开了她。1956年，在一次回家旅行即将结束时，罗德西亚政府禁止她入境。因此，她甚至无法再回自己的故乡看看或是与孩子们相聚。次年，莫德·泰勒突然去世，这让莱辛对母亲满怀愧疚，也为失去母亲的自己感到悲伤：一种"冰冷的、灰暗的、半结冰状态",她这样写道,"就好像浸在冷水深处"。

她开始和一个放荡不羁的、名为克拉西·西加尔(Clancy Sigal)的美国青年谈情说爱,这给她带来了新的创作能量,但也使她感到痛苦,特别是当他利用她的情感时。(她写信跟他说,"我不是你的母亲,你的心理咨询师,你的神父",但她在他身边扮演着这三种角色。)她身为"自由女性"的身份——她在《金色笔记》中发明的一种说法——并没有消除她日常活动之间的不和谐——工作、政治、爱情和母职——制造的灵魂裂隙。因为没有现成的故事可参考,帮助她理解自己正在经历些什么,她原以为自己要疯了。

所以,她把自己的故事写了下来,取材于自己的多重自我——母亲、爱人、作家——无法统一起来,以及她因此感到的困惑。她无法确定哪些元素是相关的,所以——与生俱来的勇气是她的艺术能力之一——她把所有的元素都扔了进来,最终诞生了她的代表作《金色笔记》,一部洋洋洒洒、千头万绪的激进小说。

小说的中心人物安娜·沃尔夫(Anna Wulf)是一位作家和单身母亲,她的生活按照别人的期待展开。她把自己的经历记在不同的笔记本上,因为她觉得这些经历似乎没法放在一起。在这本书于1962年出版时,许多读者,有男有女,认识到自己过着和安娜一样的生活,做着别人期待他们去做的事情,无法获得自己情感或智识的能量。莱辛表达了对女性碎片化生活的思考,这些思考听来似乎奇怪、不同寻常,也不宜说出来——但她发现,她代表了自己这一代人的想法。

《金色笔记》被誉为一部女权主义小说,尽管有很多年轻女性因为莱辛从未参与过女权主义事业而对她感到失望。有时,莱辛声称自己实际上反感女性对《金色笔记》的赞誉,因为这使得男性更加不会读这本书。和爱丽丝一样,她更希望自己的社会主义见解得到认可,而不是女权主义见解。她对女权主义教条的一面及其真情实感的流露都很警惕——即便后者正是她很擅长的。然而，她1973年的小说《天黑前的夏天》(The Summer before the Dark)却毋庸置疑是一部女权主义著作。在这部小说中，一个中产阶级的妻子和母亲在孩子离家后开始寻求新的自我。莱辛认识到，母性身份会贯穿一生并不断变化，而为人母可以表现为各种各样的方式。

有一个情节在莱辛的小说中反复出现，特别是在梦境般的《幸存者回忆录》(Memoirs of a Survivor, 1974)中。一个孩子被托付给一个女人，这个女人并非这个孩子的生母，但却必须照顾这个孩子。1963年，在莱辛用《金色笔记》的收入买了一个房子之后，彼得给家里写信说，在他的寄宿学校，有一个年方十五的同学名叫詹妮弗（Jennifer），有志于长大之后成为一名作家。她曾被学校开除，自杀未遂，被安置在一家精神病院里——因为她离婚的父母都不够稳定，不能给她一个家。莱辛沉浸于闲置的房间与意外收入带来的喜悦中，冲动之下给詹妮弗提供了住处和经济上的支持。詹妮弗，也就是后来的珍妮·迪斯基，和莱辛一起生活到十八岁。莱辛支付她的学费，并为她树立了一个榜样，即成为一个作家意味着要努力工作并"坚持下去"。

当时的珍妮正处于莱辛和她的母亲纷争不断时同样的年纪。或许，莱辛觉得收留珍妮是一种自我救赎的方式。但这并不意味着她做好了在情感上对一个青少年负责的准备，最多也就是像她全天候应付情人的需求那样，或者说，像满足她前两个孩子的需求那样。某种程度上，她的第二本回忆录《行走在树荫间》(Walking in the Shade)可以看作记账本，记录了她情感劳动的支出——不管是对非洲移民、社会主义同志，还是情人，她都对他人的需求及自身的共情力保持警惕。她没有把自己对珍妮的期待告诉她本人，而是在珍妮搞不懂她的规则时发火。在她那本标题晦涩，有关自己与莱辛关系的回忆录《感恩》（*In Gratitude*）中，珍妮写道，她不确定自己是否受欢迎：如果莱辛不喜欢她，再次把她送走怎么办？但当她将这样的想法告诉她的新——新什么呢？养母？她和莱辛始终都没想好该如何称呼对方——莱辛给她写了一封怒气冲天的信，指责她这是情感勒索。

迪斯基说，阅读那封信是一次"令她震惊"的经历。尽管她与莱辛继续往来，并在她们的余生中彼此照顾，但她从未忘记这个早年被遗弃的经历。莱辛"确实有一些慷慨和积极的付出，但一旦涉及到任何情感问题，她就崩溃了，无法应对。向来如此……她会说，大多数人的问题在于他们太情绪化了。所以，和莱辛在一起生活，你知道自己不能感情用事，但这对于十五岁的我来说有点困难"。

受抑郁症的困扰，珍妮找了心理咨询师。咨询师最终把莱辛叫了过来，跟她说："珍妮的问题是，因为你责备她，她不觉得自己可以像正常家庭的正常孩子那样提出批评或者指出什么是错的。"然后，莱辛转向珍妮，问她说："你不是这样想的，是吧？"迪斯基指出，这是"一出大师级的操控"。然而，她仍然因为对彼此的忠诚而与莱辛牵绊在一起，而且她们二人的共性要大于区别。她们都出于极度的坦诚而写作。而且，用迪斯基的女儿克洛伊（Chloe）情真意切的话来说，"在必要的时候，她们都是独立的、坚定的、冷酷的"。

随着时间的推移，莱辛与两个年长孩子的关系也愈来愈亲密。大约1958年的时候，约翰在去加拿大学习林业的途中来伦敦待了几天。他和莱辛有将近十年没联系了。莱辛回忆说："他从没听过一句关于我的好话，他也不被允许给我写信。对他来说，决定来见这个有问题的母亲并不容易。"但她在回忆录中说他们相处得很好。（据她所说，约翰就被遗弃一事跟她说过的最严重的话是，"我理解你为什么要离开爸爸，但这并不意味着我对此不会感到生气"。）当她的书开始赚钱，她在罗德西亚给约翰买了一个咖啡种植园。约翰一直住在那里，直到 1992 年因心脏病发作去世。1980 年后，莱辛去那里看望约翰。当时，罗德西亚成了津巴布韦，她又被允许入境。

简也来伦敦看望莱辛，但是珍妮回忆说莱辛忙于写作，抽不出时间，而是让她带着简四处逛逛。对于莱辛来说，这可能是她应对于她而言几乎会紧张到无法忍受的相遇的一种方式。（迪斯基补充说，尽管如此，"她是否知道自己的行为或决定会让别人感到多么痛苦或不愉快，这从来都是不得而知的"。）但是后来，莱辛还是去南非看望了简以及简的两个女儿。在母亲的追悼会上，简深情地追悼了她。

在莱辛人生的最后四十年里，和她在一起生活的男性是她的儿子彼得。青少年时期的彼得很明显地开始患上精神疾病。无疑，莱辛并未帮助他寻求治疗——大概是因为像精神分裂症这样的疾病仍然被归咎为坏母亲——但她把他留在身边，让他住在她隔壁的公寓里。一个到她家来采访的人看到约翰从公共图书馆回来，给莱辛抱回来一大摞科幻书。另外一位来采访的人还提到彼得，"拖着步子进来打招呼，头上戴着个茶壶套"，尽管他怀疑这个茶壶套是为了陪他闹着玩。母子俩"都有一种带讽刺的冷幽默。他俩有点像《天生冤家》（*Odd Couple*）里的那俩人"。

小说家玛格丽特·德拉布尔（Margaret Drabble）是莱辛的朋友，她对彼得的看法更为悲观。她写道，自己的朋友"六十多年来被困在一个有着独特强度的母子闭环中，嫁给了自己的儿子，他的怪异、无能、天赋……不被发觉，也无法定义"。在那个获得诺贝尔文学奖的场景中，站在莱辛身后的是彼得。他一只胳膊挂着一串洋葱，握着一支他们大概会分食的洋蓟。彼得那时已经患上了糖尿病，他们从医院乘坐出租车回家。彼得在 2013 年年末去世，享年六十七岁。莱辛的健康状况也在恶化，在儿子去世之后没几周，她也离开了人世。

尽管，或者因为，她为人母的过程遭遇了挫折，被打断，被抛弃，被重塑，对母亲身份的探讨才成为莱辛作品的伟大主题之一。她把矛盾的情感有层次地注入到文学作品当中，描绘了在一个少有女人能够公开表达婚姻和母亲制度给她们带来失望的时代，为人母所带来的满足、诱惑、沮丧、愧疚和愤怒。矛盾的爱是莱辛作品的伟大主题之一，从她早期作品中自传式的披露，到《祖母》(*The Grandmothers*，2003) 中情色化的母子关系，以及《第五个孩子》(*The Fifth Child*，1988) 中灾难般的母爱——在这本书中，一个儿子极端的需求导致一个幸福的家庭分崩离析。莱辛很早就意识到，即便你说出了听来不可思议的事情，结果可能其实是其他人都在想的事情。因此，她把讲述令人不舒服的话题作为自己的职业。或许这是一种必然：即便是现在，她仍然遭受质疑，仍然被公众舆论置于好母亲的舒适圈之外。

在同代人中，有的人在通过性反抗寻求自由的路上比莱辛走得更远。20世纪60年代早期，前辈作家伊丽莎白·斯玛特 (Elizabeth Smart) 拜访了莱辛。她在时髦活跃的伦敦热门杂志《女王》(*Queen*) 上有一个图书专栏，是苏活区文学圈的大明星。能见到她，这让莱辛感到十分感激，因为做了母亲之后，她晚上都待在家里，远离了波西米亚深夜的时髦生活。莱辛回忆说，伊丽莎白来吃午饭，然后"从正午开始直到晚上七点钟，她不停地喝着酒，流着泪，诙谐犀利地谈论着自己和其他女人的生活，在我看来这个女人不会是苏活区快乐生活的宣传广告"。

斯玛特把自由和权威与浪漫的叛逆和自我毁灭的激情混为一谈。她最终的成就是，写了一本出色的书，生了四个孩子，为其他女性树立了一个不该如何生活的范例。

不适区：不可得的缪斯

伊丽莎白·斯玛特的文学事业和母性生涯在 1937 年始于一家伦敦书店。或者说，在加利福尼亚始于一个男人走下公车的时刻。抑或是，始于 1936 年，当二十二岁的渥太华名媛斯玛特在日记中写道："我必须嫁给一个诗人。这是人生的唯一。但为什么我身边一个诗人都没有呢？"同时又写道："我怎么可能结婚并放弃自己的人生？"

又或者，始于 1913 年，当斯玛特在令人窒息的加拿大上层社会家庭中呱呱坠地时。她的律师父亲和她事业有成、情绪暴躁的母亲迁就她，让她写作，但最后却不支持她追求更多的知识或梦想，认为这不利于她进入好的婚姻。她在极度势利的学校里接受教育。她回忆说，那里"蒙蔽了我的心智，压制了我对学习的疯狂热爱"。当她在她家度假房周围的森林里探险，寻找大自然的意义时，她的母亲警告她不要"一个人在林子里闲逛，否则人们会觉得你很古怪"。

在肚子里怀着第一个孩子期间，斯玛特写完了她成名之作的书稿。未婚先孕，且未将这一情况告知家人的她去往不列颠哥伦比亚的一个渔村居住。她的情人，英国诗人乔治·巴克（George Barker）把她安置在那里，然后就跟一个男朋友离开了。但对斯玛特来说，他是她迷人的性感缪斯和写作伙伴，她因此原谅了他所做的一切。她感觉肚子里的孩子将她和巴克联系在一起，感受"为听到自己的声音，所必须的沉默的开始"，写下了她关于情欲迷恋的史诗小说，《我坐在大中央车站旁哭泣》(*By Grand Central Station I Sat Down and Wept*)。通过触碰女性性征原始的、最初的状态，斯玛特感受到前所未有的力量——后来也几未曾见。

对爱的追求是斯玛特的伟大主题，她的作品饱含在激情、宽厚和心碎中寻找自我、失去自我的浪漫情怀。在工作与生活中，她在性和创造力之间建立重要的联系，这种联系在男性诗人当中偶尔有之，但在她那一代女性当中却并不多见。然而，她为人母时所表现出的无私又部分地抵消了她通过不正当的爱情关系所获得的独立。她对不可得的缪斯所做出的奉献开启了她的事业，也重创了她的事业。

年轻时的斯玛特性急又浪漫，周身散发着不加雕琢的才气，不怎么自律和自信。她的童年像是一只镀金的牢笼，她的美貌与智慧冲突不断。她原以为自己会在写作与身体之间做出选择：

> 我说我要成为一名诗人
> 但即便在我这样说的时候，我感到
> 自己的乳房圆润柔软
> 自己的思绪飘忽不定
> 返归于尘世万物
> 以及被爱着温暖的素裹之中

在生命的最后阶段，她担心如果写出自己的真情实感，她就会遭到抛弃，因此"不得不摒弃人世间所有的爱"。在去墨西哥旅行时，她与法国诗人爱丽丝·帕伦（Alice Paalen）陷入了同性之爱。这种性关系激发了她的艺术创造力，并启发了她早期的写作。但她已经在一家伦敦的书店里宿命般地发现了乔治的诗歌，并产生了要做他妻子的想法。

因为对众所周知的事情了然于心——乔治嗜酒成性、四处留情、满嘴谎言，他后来和好几个伴侣至少生了十五个孩子——斯玛特传记的读者想要大声对斯玛特说："你可长点儿心吧！别再自欺欺人了！"但是，当她终于在加利福尼亚的蒙特利遇到乔治和他的妻子杰西卡（Jessica）时，斯玛特声称，乔治是自己的命中注定：他们二人弃杰西卡而去，共同启程。他们一起在床上写作，为彼此写日记，替对方写完一句话，赞赏对方的作品。他们一起在美国的旅行，他们的分离（因为护照还没办好，斯玛特曾经在亚利桑那州的监狱里待了三天，而乔治则溜之大吉），乔治与男性的勾搭，斯玛特对乔治的迷恋，统统都被写进了《我坐在大中央车站旁哭泣》。

在这部比《在路上》（*On the Road*）早十年出版的女性公路小说中，一对恋人不断逃避着男方的妻子、女方的父母、法律，有时甚至是对方。无名的叙述者身陷于松散的关系当中，情感充沛地描述着她的快乐。"突然之间，我如此富足，我何德何能可以拥有这些，而且还如此之多。在经历了这样一场背弃之后。在我学会了去说，我什么都不是，我什么都不配拥有之后。"她和自己的情人坚持一点，那就是她是他的宿命："你觉得是海妖的吟唱引诱你走向灭亡，但这只是命运发出的必然之声，在漫长的等待之后欢迎你。我只为你而生。"

爱情向叙述者揭示着她自身，怀孕也是如此。孩子就在她的体内，"就像无尽海洋中命中注定的那一座岛屿……是我唯一的焦点，成为我的中心，将我钉在那里"。她期待着分娩，她的要求无异于自我改造："痛苦，痛苦将把儿子带到我身边，穿过家庭主妇本性里热衷指手画脚的帷幔,要么先交付我真相,要么我一无所得。"

斯玛特曾经写道,乔治让她足够勇敢,"去面对毅然地踏进我的生活这一致命的行为"。但是,就像情人一样,曾经寻回的自我也会再度失去。在1941年,乔治和斯玛特的女儿乔治娜·巴克(Georgina Barker)出生时,乔治已然回到了他的妻子杰西卡身边,丢下斯玛特独自生活,养育孩子。经过一年半跨洲际的追求与逃避,斯玛特在1943年搬回了英国,再度怀孕,并希望乔治能和她一起离开。当时,乔治住在纽约,杰西卡肚子里怀着双胞胎。之后,他也搬回了英国,尽管隔了几年的时间。在杰西卡结束他们之间的关系之前,乔治一直在两个女人之间周旋,向她们许诺着海誓山盟。

尽管乔治未能提供金钱或稳定,但他提供的是一种截然不同的滋养,这是斯玛特赖以成长的情感强度。但就斯玛特而言,与爱丽丝不同的是,带给她创作能量的东西——爱情、孩子、友谊、摆脱了资产阶级生活的自由——同时也使得她无法努力创作。她靠父母的贴补在科茨沃尔德住了一段时间,无所约束导致的贫穷让她觉得自己还活着,但因为孩子还小,她既没有写作的时间,也没法在写作时不受干扰。她在日记中写道:"在他想要更多的孩子之前,一切感觉都不会是对的。"但是,当乔治和她在一起时,她又首先保证他的写作时间,其次才是自己的。她跟一个朋友说,她想不让自己的幼子哭闹,"怕他惹恼了乔治",她想"杀人,又觉得无助"。这种自暴自弃不仅使她难以承受为人母要经受的日常干扰,还导致她长时间里几乎只字未写。

她有很好的理由去生儿育女。她喜欢怀孕让她对自己的身体有直接的认知。而且,把新生命带到这个世界上,如此了不起的经历令她感到与神灵更为接近。她将怀孕生子看作自我性征的中心构成。她对孩子们情真意切的关怀和亲近或许帮助她疗愈了母亲对自己不认可所带来的伤痛。然而，为人母也是一种无需面对写作恐惧的方式。面对创作的孤独所带来的不安，艾德里安娜·里奇写道："空虚是母体，是原型……但到了女性这里，人们就认定空虚是无爱、无怨、无畏。我们被敦促着用孩子来填补我们的'空虚'。我们没有资格踏入内核的黑暗。"

1945年，在斯玛特的第三个孩子出生之后，《我坐在大中央车站旁哭泣》出版了。评论家认为这本她倾注心血的书"未来可期"，但销量一般。她的母亲非常震惊，买下了渥太华所有在售的《我坐在大中央车站旁哭泣》，并付之一炬。几年后，当斯玛特在一段很短的时间里移情另外一位男性时，乔治坐下来无情地就她的书写了一份回应，把斯玛特描绘成一个自私自利的家庭破坏者，并说为人母并不令她感到开心。在乔治的小说《死去的海鸥》（*The Dead Seagull*）中，叙述者谈及情人的孕状时满嘴讥讽："孩子似乎带给她至高的成就感，以至于她眼里别无他物……我不禁怀疑，这个女人的精神意识处于较低的级别。"

1946年，斯玛特和乔治分手了。她写道：

> 我在单向的真爱中看不到美的存在。在我说下面这句话时，我感到的是真的悲伤而非愤怒：我不想和你在一起了，因为我完全无法忍受。不只是不忠。是孤独，周复一周、月复一月的孤独……我或许会收到一张明信片，上面是你一边操着别人，一边在喘气的空档跟我说着"我操你"……
>
> 我被操过，但我已经不爱了。如今，我的子宫或许不会再把我撕成碎片，但我的心肯定会。再见。伊丽莎白。

然而，1947年，在搬去爱尔兰西部的一个村庄以降低生活成本时，斯玛特已经有了和乔治的第四个孩子。她给一位朋友写信说，女儿露丝

（Rose）的出生让她感觉如同"大天使"般。"在孩子出生之后，年轻、活力、疯狂、可能性和主动性又回来了，真是太好了——再次拥有这些感受，真是太奇妙了。"但是，与崇高相伴相生的是为人母的琐碎日常。此外，父母给她的贴补甚至已经不足以养育孩子了。在乔治来看望她，吃光了她的食物，用她所有的钱买酒喝并逃走之后，她结束了这段恋情，搬回英国，并找了一份工作。

她眼中的自己是一个接受了命运的女人，拥有过自己的快乐，现在的艰苦工作和形单影只就是为此付出的代价。但这个代价太高了，这让她更感到痛苦，但她未曾意识到这笔交易并不公平。她的传记作者金·爱林（Kim Echlin）主要关注她的母亲身份，认为她在抚养孩子的那些年里怒火中烧；但定义她是谁的正是她那些未被满足的需求。批评家安妮·奎马（Anne Quéma）将斯玛特的性反叛比作厌食症，一种反叛式的自我否定，"将反叛凝铸在徒劳而痛苦的极端主义姿态中"。

讽刺的是，在找工作时，斯玛特发现在资产阶级家庭成长的经历赋予了她可以赚钱的写作技巧。她开始给《住宅与庭园》（*House & Garden*）杂志撰写专题故事，之后又进入广告业，这是少数向女性开放的高薪资行业之一。她做的时尚广告让她成为传奇人物，这或许是因为她对时尚的本质有着深刻的了解：无忧无虑的激情下掩饰的是对爱的渴望。据说，她在几年的时间里就成了英国收入最高的女撰稿人。

她把孩子们安顿在乡下的房子里，那里住着一对名为罗伯特的男同画家，负责照护孩子们。这对情侣很和善，周一至周五照看孩子们。周末斯玛特会从伦敦的公寓回来，呼朋唤友，觥筹交错，喧闹异常。第二天早晨孩子们醒来时，看到的是照顾他们的人砸坏了家具，或是把床上用品扔到了窗外。最终，斯玛特把孩子们送去了寄宿学校，露丝自六岁起就在那里读书。

斯玛特应对工作的方式是一根接一根地抽烟，吸食强力胶和吞她所谓的"超棒药丸"。晚上她不写作，而是和苏荷区男性居多的群体喝酒，听着诗人和画家们议论纷纷地说着女性创造不出真正的艺术。尽管她自己并不快乐，但她试图"去给予，去同情，去逗趣……我觉得，他们可能比我更需要这些。我很痛苦。但我没有勇气去按照我自己的方式来引导事情发生"。

苏荷区是乔治办宴会的地方，斯玛特仍然希望能获得他的友谊，尽管他曾经为她打开的大门已经不再通往一处她的天赋能被认可或产生影响的所在。她与其他男人见面，但只是暂时性的，以避免引起乔治的嫉妒。她与女性做爱，这是她藏在最深处的秘密。她后来写道，这些年里，她"享受爱情、照看孩子、维持生计、结交朋友、对酒当歌。玩过了头，成事不多。沉寂多年。恨到心死"。

20世纪50年代末与斯玛特一起工作的费伊·韦尔登回忆说，在那些年里，"我们根本就意识不到，如果男人行为不端，答案就是不要再与他们有任何瓜葛。'爱情'是个不值得踏入的陷阱。女性当时的反应仍然是去感受更多的爱，生更多的孩子，写更多的诗歌，遭更多的罪"。

时代变了。斯玛特开始给《女王》杂志撰稿。在她的书评专栏里，她盛赞女性作家，说自己很高兴看到"女人在说话；女人敢于讲述真实的自己……袒露最深的心声"。1966年，在斯玛特五十三岁的时候，《我坐在大中央车站旁哭泣》再版，获得了评论界和大众的好评。她的孩子们也能独当一面了。她得到了一笔资助，她因此又可以写小说了。

然后，露丝遇到了麻烦。她聪明又敏感，像是从一幅罗塞蒂画中走出来的脆弱美人。她从学校里进进出出，直到十六岁离家而去。一年后，她有了自己的第一个孩子。不久之后，在任性恣情的60年代，她开始吸食海洛因，从戒毒所里进进出出。这段时间里，斯玛特照顾着露丝的两个孩子，直到露丝在三十五岁时因肝脏衰竭而去世。

时间往往站在母亲－创作者这一边。一个作家或艺术家大概率能在孩子离家之后重新站起来，迎来第二春，或是开始自己的职业生涯。但是，斯玛特等了太久，她饮酒过度，过于依赖药品，且及时行乐，留给自己的时间太少了。在第一部小说面世三十年之后，她才于1978年出版了另外一部小说，《流氓恶棍的假设》（The Assumption of the Rogues & Rascals）。在这本书中，她回顾了自己在诗人圈中的生活，为那些"站不住脚的爱情"摇头叹息。她写了一些关于母性的真实片段，特别是她与自己母亲之间的关系，但她不敢进入那片未被书写的领域。她于1986年去世，没能重拾往日风采。

20世纪70年代，年轻将近30岁的安吉拉·卡特在一个聚会上遇到了斯玛特，看到她和莱辛一样，一边喝酒，一边哀叹着女人的命运。卡特看到的是"自我造成的创伤"，她对此感到不安。受到启发的她摒弃了自己一直在书写的女性苦难的故事，转而寻找其他的路径。在跟她的朋友洛娜·塞奇描述那次聚会时，卡特补充说，她希望"自己的女儿永远不至于沦落到写出《我坐在大中央车站旁哭泣》的境地，尽管这本书或许文词优美（我应该更希望她写出《我在中央车站扯掉他的蛋》之类的）"。那时，韦尔登也已经意识到，男人利用女人的真心，其实是不公平的，她开始构思女人觉醒并复仇的故事。

但是，并非所有的作家母亲都需要打破常规，以赢得自己的创作自由。厄休拉·勒古恩接受的教育里并没有让她牺牲自我，而且，尽管她尝到了心碎的滋味，但她从未真的想过要为爱情吃苦受罪。相反，她嫁给了一个真正支持她写作，并承担起育儿工作的男人，从而使得她可以去从事自己的工作——如果她是在20世纪中叶时把这样的人生写了下来，一切就会听起来像科幻小说里的故事。

"诗歌即家务":书本 VS 婴儿

把("母亲"和"知识分子")放在一起思考……要求我们质疑这两种身份的消耗性,以及这两者间水火不容的矛盾关系,从而抵抗长期以来的传统。

——盖尔·韦斯《母亲/知识分子:双重身份的他异性》
(Gail Weiss, "MOTHERS/INTELLECTUALS: ALTERITIES OF A DUAL IDENTITY")

你应当在男孩和书本之间做出选择,因为对女孩来说,性要求全身心的投入,你的性更多属于你自己,而非男孩的附属,你就是你的性本身,因此,如果你想要有足够的能量、自制和智慧来做其他的事情,那你必须舍弃男孩。

——洛娜·塞奇

20世纪中期,社会普遍认为,受过教育的女性如果想写作就可以写作,但其中存在着一个隐患。她们要想过上精神层面的生活,就必须放弃拥有爱情和家庭的权利。这并非一个可否获得资源的现实问题。在道德的层面上,母亲身份与知识分子的权力、艺术家的自主性是不相容的。

女性无权拥有自己的时间和才智,这一观念和艺术本身一样悠久。诗人罗伯特·骚塞(Robert Southey)曾对夏洛蒂·勃朗特(Charlotte Brontë)说过一段著名的话:

> 文学不能,也不应该是女性的终身事业。女性越是投身于她应尽的职责,就越没有闲暇来从事文学活动,哪怕只是把它作为一种才艺或消遣。

另外一本重要文学刊物在 1862 年评论身为人母的诗人伊丽莎白·巴雷特·勃朗宁(Elizabeth Barrett Browning)的作品时,将这一主题进一步放大:

> 女性最高贵、最丰富的天性能否在其家庭生活及婚姻关系中得到展现,同时又在艺术或文学中开花结果,并表现出相似的丰富性,这是非常值得怀疑的……母亲极致丰富的内心不大可能通过音符和小节得到充分表达,即便是她必须与另外的音乐完全融为一体。

20 世纪,心理学为这种对女性天性的判断确立了其科学的地位:

> 弗洛伊德倾向于从生理-心理学的角度认为女性智力较为低下,同时又从精神-道德的角度判定女性最好将心智弃置一边,因为心智会影响她们的性功能……通过……认定性和智力在女性身上是不相容的,弗洛伊德再次提出自己的观点,即这两种品质在本质上是

相互对立的。

20世纪50年代,当苏珊·桑塔格以她丈夫的名义写下这段文字并出版时,她已经生了一个孩子,拥有高等学位。在她十几岁的时候,她的继父曾经表达过和弗洛伊德类似的观点——如果你还接着读那些书的话,你就永远都嫁不出去了——桑塔格结婚的部分原因就是为了证明他说错了。但是,即便在离婚之后,桑塔格仍然认为她的心智与身体是相互冲突的:

> 我希望我的活力挥洒何方?书本,还是性?抱负,还是爱?焦虑,还是感官享受?两者不可兼得。

正是在她这一代,即20世纪30年代出生的人当中,作家与上述身-心矛盾观(the mind-body problem)造就的道德桎梏、社会影响,以及对二者相互排斥的担忧进行着最激烈的斗争。对于大学里的白人女性来说尤其如此:"象牙塔"建立在知识分子茕茕孑立、英雄般的浪漫形象之上。

> 20世纪50年代的知识女性所面临的身-心问题是……一种激烈的冲突。在那些年里,身体需要性和生育,以及心智极大可能的死亡。我的论文导师海伦·加德纳(Helen Gardner)由衷地认为,女学者应当成为修女,为了更高的追求放弃自己的身体。
>
> ——安东尼娅·苏珊·拜厄特(Antonia Susan Byatt)

不管是在20世纪50年代(美国女性作家)的私人生活还是写作中,她们都将智慧、勤奋、博学和文学事业说成是去女性化的,甚至是畸形的。她们的女主角都因为自恃才高而遭到了无情的惩罚。

——伊莱恩·肖瓦尔特（Elaine Showalter）

我在二十来岁时（20世纪50年代）经历了非常女性化的事情，即努力区分两种自我，一种是能够写诗的自我，另外一种是我被要求成为的那个自我——但在某种意义上，如果我是个女人，我会否认后一种自我。多年来，我实际上因此遭受着极大的撕裂感，有很多诗我甚至都写不出来，因为我不想承认自己有那么强的敌对情绪，有那么强的自我和自我意识。

——艾德里安娜·里奇

如果你是个女作家，你总会在某时某地遇到这个问题：你是先拿自己当个作家，还是先拿自己当个女人？请注意。问出这个问题的人对写作和女性既讨厌又害怕。

——玛格丽特·阿特伍德（Margaret Atwood）

非裔美国女性也看到了书本与婴儿之间的矛盾：和桑塔格一样，格温德琳·布鲁克斯《莫德·玛莎》（Maud Martha）中自传式的女主角也被家人警告说阅读会导致她嫁不出去。但与此同时，在所有的教育层面上，他们又认为这种矛盾是所有走出家门去工作的女性都要背负的。

黑人女性似乎能够把家和冒险结合起来。她们不像白人女性，看不到某些领域的冲突。她们既是安全的港湾，也是远航的船只；既是旅店，也是小径。

——托妮·莫里森

在 20 世纪七八十年代，黑人女性提出，她们的创作与她们生活的其他部分是不可分的。

（在）黑人美学、女权主义美学中，……艺术和诗歌构成了一个人的日常生活、日常表达，是一个人交流的需求，分享感受的需求，以及尽可能发掘自身潜力的需求的组成部分。

——奥德雷·洛德

人们所说的"女性工作"传统上包括养育年轻人、维护房屋、提供必要的支持以保证人们能够继续……我的工作就目的而言与传统工作紧密相关，只是表现为不同的方式。

——琼·约旦

或者，用采访者亚历克西斯·德·沃克斯（Alexis De Veaux）总结约旦的话来说，"诗歌即家务"。

尽管黑人女性摆脱了一些将白人女性禁锢在家的社会压力，但她们所拥有的物质资源和艺术支持往往更少。在这样的境况下，她们努力寻求为人母的开心与快乐。作家、电影制作人凯瑟琳·柯林斯（Kathleen Collins）跟她的女儿说：

我不可能让我自己去爱你们这些孩子，除非我是一个好的看护者，好的抚养人。我，说真的，交付了我的爱，但关上了我的心。我能应付和提供的只有我全部的爱。我正在经历我自己的生活，保持、应付、坚持，努力不崩溃。

但是，莫里森说她所做的对她自己来说是必要的：

> 我生活的全部就是为别人做事……我要么是个好女儿，要么是个好母亲、好妻子、好情人、好老师……我唯一为自己而做的事就是写作。那才是真正的自由之地。在那里，我不需要去回应别人。

最具自我毁灭性的挫折是留给那些才华横溢的女性的，她们受到了鼓励，但在当时的时代背景下，却无法理解自己的艺术愿景或个人痛苦。西尔维娅·普拉斯的朋友费伊·韦尔登认为，这就是发生在普拉斯身上的事情。费伊的姐姐简（Jane）是个诗人，她写下了"同样热切的诗句，描述可怕的无穷无尽"：

> 我姐姐有一个观点，她认为有一些东西在那里，看不见摸不着，但无论如何都要得到。努力去抓住这个东西显得一个女人既绝望，又情感脆弱。在人们不大谈特谈作为欲求之物的"创造力"之前……留给我们的只有关于我们自己的奥秘，混沌而痛苦。我们没有语言来说明什么是错的。驱使艺术家向前的是如性一般强烈的冲动，如果这股冲动被剥夺，如果时代与她背道而驰，如果她找不到语词，找不到自己的听众，那她看向自己的内心，看到的就只有混乱和痛苦，而且对原因不得而知，这足以令一个女人发疯。

在以否定的方式表现天赋的几代非裔美国人中，艾丽丝·沃克写道，女人"被她们体内泉涌般的创造力逼到一种麻木、痛苦的疯狂境地，因为她们无处释放"。

即便是现在，作家们在能够选择的同时也要面对拒绝选择可能带来的内疚感。

写作依赖于权威和信仰,即认定自己所说的话是重要的。但是,当我把早年必然好不到哪儿去的书稿拿出来,将每一段文字和孩子们的需求进行权衡比较,我会觉得这些文字都不重要。恐惧使我怀疑我所仰仗的那股欲求。作为母亲,我无法写作。

——希瑟·亚伯(Heather Abel)

但是,假如创造力与育儿能相互助益呢?

每个人都告诉我说,成为母亲会失去创作的根本性动力——但事实恰恰相反。我从未感到如此充满生机又切近死亡,这使我重生为一个作家……而且,这些持续不断的警世寓言,声称我将无法写作……让我觉得我能有所针对地做出反应,并努力超越。

——凯特·赞布雷诺(Kate Zambreno)

有一天,在我抱着孩子给她喂奶时,我意识到自己正处于诸多男性作家,从托马斯·曼到詹姆斯·乔伊斯,无一不渴望去描述的一种思想和心灵状态——顿悟的奥秘,海洋般的一体感,强烈的,是的,完整的感觉。我还产生了一种自我被淹没的感觉,至少是暂时被抹除的感觉——如死亡一般……或许我们要感谢一些男性,他们并不知道自己想成为养育婴儿的女人,但却写出了一些感人至深的文学作品。

——路易丝·厄德里奇

想象母亲身份为想象每一种力量关系,每一种深刻的联系打开了大门……母亲身份非但没有剥夺我的思考，反而为我的思考提供了新的、不同寻常的对象，以及开展思考这项艰苦工作的动力。

——简·斯迈利（Jane Smiley）

艺术应该是关于这种强烈的生活体验的……而这也完全是育儿给你带来的影响……一切都变得更重要了，体验的范围也更广阔了。你的内心更加开放。在我们思考艺术家的经验是什么时，我们能想到的所有东西都已经体现在生儿育女的想法当中。

——贾斯汀·柯兰（Justine Kurland）

"为人母"是一件奇怪的事情——不仅仅是在非异性恋人群生养或收养孩子并养育长大这样的情况中，而是随时随地，在我们承认改造自身的创造性力量以及我们彼此相连的方式时。因为我们从来都不是为了生存，此时此地，我们是在创造一个充满爱的世界。

——亚历克西斯·波林·甘布斯

我记得我肚子里怀着第一个孩子的时候：在一个书展上，一个和我同龄的作家——我不在此透露他的名字——坐在我的对面，说："天啊，你怀孕了啊？"那人是个男的。他说："我觉得你会失去很多时间，你肯定会担心自己落于人后。"我当时怀孕大概七个月……我说："是的，我想是吧。"然后我又说："你肯定担心自己就快到不惑之年，接着就知天命了，但是还完全不具备什么人类经验吧。"他的脸唰一下就白了。

——扎迪·史密斯（Zadie Smith）

有的人就是抓住了自己的机会。玛格丽特·阿特伍德在20世纪50年代就成年了，但直到1976年三十多岁时才生了女儿。她说：

> 所有的社会历史学家和文学家都会告诉我这代人说，女作家当然要为自己的艺术献身，她们不可能兼得鱼和熊掌。所以我觉得去他的吧。我没觉得为什么非得二选一……如果你白天要工作，那就晚上写作。这完全是个你想为此付出多少的问题。

20世纪50年代，当黛安·迪·普里玛决定生个孩子并保持单身时，她隔空与自己最喜欢的诗人济慈（Keats）激烈争辩：

> 他告诉我，就像他经常跟我说的那样……艺术这个事情，女人做不好，我们对人类世界的要求也太高了。他说，没人做过我想做的事情。即便不是几千年，那也是过去几百年里没人做过。他说，我或许无法成功。
>
> 我告诉他，我知道风险，但我必须尝试。我根本就不确定我是否能够成功，只确定我正在将我的挚爱置入危险的境地。因为某种紧迫性，我无法解释清楚。我们说了再见，但我知道我不确定我们何时还会"再见"。如果我能再见到他。我当时只是无法确定我是否还能成为一名诗人。
>
> 但如果我拒绝尝试，我就完蛋了。

和阿特伍德一样，厄休拉·勒古恩和丈夫共同养育孩子。她回忆说自己不是向一位死去的诗人，而是儿时最好的朋友抱怨这种困境，并得到了一个令她倍感鼓舞的回应：

（生儿育女）是我在十七八岁时就思考的事情。有一次，就像年轻人一样，我说："好吧，我不能结婚，因为你无法做到既写作又照顾好家庭。"

珍说："是吗？有什么不行的呢？"她是约翰·斯坦贝克（John Steinbeck）的外甥女。她看到约翰没能两者兼顾，但这并不让她这么觉得。她就是不信那一套。

Ursula K. Le Guin

1929～2018 科幻作家、儿童文学家

幸福的家庭：
厄休拉·勒古恩

我想，如果我没有度过这个阶段，没有从我自己身为女人的经验中学习如何写作，我可能就停止写作了。

幸福的家庭：厄休拉·勒古恩

艺术包括两件事：寻找道路和找寻自由。

——爱丽丝·尼尔

1964年，一个三十四岁的女人和她的家人为了她丈夫的学术教职，搬到了加州郊区的一座房子里。她的两个女儿上学了，但是她的儿子还在襁褓里，所以她的时间并不属于她自己。她们的小区里没有可以推着婴儿车行走的步道。没有城市公交。她不开车。即使在俄勒冈州波特兰市的家中，她的行动也仅限于向下走十五个街区，去西夫韦（Safeway）购物，再回来——推着婴儿车，拎着几袋子日用杂货，她能做的也只有这些了。在没有尿不湿的时代，带着孩子去任何地方都困难重重。在一个夏天全国自驾旅行时，她和丈夫没有洗干净的衣物了。所以，他们开车穿过得克萨斯州时，就把湿尿布挂在窗外靠风吹干，看起来像是投降的白旗。

上次怀孕，在抑郁和绝望中度过孕期之后，她开始回归到自身。作为一个母亲，她并不快乐：在家庭中，她能更多，而非更少地感受她自己，而且她也没有停止写作。但她并不想要三胎，也担心在她终于找到读者的时候，新生儿会结束她的写作生涯。孩子的出生让她的抑郁情绪有所缓解，她也喜欢这个孩子，但她面临所有新父母都面临的一个问题，就是每天的时间不够用，而且感觉这种状况会永远持续下去。

每天晚上，她的丈夫在他们的出租屋里把孩子们哄睡之后，她就开始写一部新小说，和以往的所有作品都不同。白天，她经受着焦虑与"幽居症"的折磨，但到了晚上，她又去追寻一个年轻人探索陌生星球的脚步。想象他的冒险让她感到轻松，因为她放下了远大的文学抱负，去感受愉悦。骑着一只巨大的飞猫，穿越一个有四个月亮的星球？这是一种走出家门的方式。想象力与日常生活的距离使她得到了解放，给她提供了她所需的"创造性的灵光一现"。

她的丈夫相信她的才华，尊重她的时间，不要求她的关注，知道写作与为人母都能平稳她的情绪。1965 年的夏天，他们在郊区居住快一年时，她的第一部科幻小说《罗卡农的世界》(*Rocannon's World*) 被接受出版。

厄休拉·勒古恩处理为人母与写作之间关系的方式是将两者放在不同的思维领域。当她被日常生活"束缚"时，她在想象中寻求自由。尼尔和莱辛把她们的母亲身份作为素材，但是勒古恩把为人母和写作当成两个不同的事项，只是碰巧发生在同样的时间和地点。得益于家庭带来的安全感，她在作品中离家出走，宣示着自己的权利，描绘身处虚构世界当中的男主人公。她雄心勃勃且骄傲地书写英雄的事迹，同时通过在自己的小说中成为一个男人来限制母亲身份对她的自我身份所提出的要求。

莱辛和尼尔摒弃了"母亲的脚本"，在传统婚姻之外养育孩子，而勒古恩则在其中占据着自己的空间。勒古恩的情况和莱辛一样，当她的孩子离家之后，她也失去了为人母的自我，这使得她想将母亲与作家的叙事结合在一起。但在很长的一段时间里，她不知道如何在一个鲜少以母亲为主题的文类中书写自己的经历。她不知道一个母亲何以能成为一个英雄。

20世纪30年代末，在加州伯克利一栋高大的房子里，一个女孩想要独处，于是从阁楼的窗户爬到了屋顶上。如果她顺着红木瓦爬得足够远，就能抵达她自己的奥林匹斯山——屋顶的最高处。从这里，她可以越过蓝色的海湾，眺望旧金山市，一排排白色的房屋耸立在水面上的山丘。这个城市对她来说是陌生的——她极少离家去这么远的地方冒险——但这片景色属于她，而且异常壮观。她知道在更远的地方是岛屿，它们有一个神奇的名字：法拉隆（Farallones）。在她的想象里，这些岛屿都是"最为孤寂之地，是向西能够抵达的最远的地方"。

在房子里，孩子们的父亲正在工作，思考神话、魔法、歌曲、文化模式——一个人类学教授应当研究的领域。她的母亲说："亲爱的，现在不要打搅他，他在他的书房里工作呢。"但她知道，再有一个小时左右的时间，他就有空陪自己了。她从父亲身上看到了置身丰富的家庭生活，同时保持写作的榜样。她也从父亲身上看到了一个信念，即一个人真正的房间——或者说"逃生梯上的婴儿"——其实在一个人的大脑当中。"你所需要的是一种确信，即自己正在做的事情是真正重要的，也是真正值得去做的，而且必须去做。这种确信会在你的周遭创造出神圣的空间。"

厄休拉·克洛伯（Ursula Kroeber）生于1929年10月21日，是四个孩子当中最小的一个，也是唯一的女孩。与同代人不同的是，她的创作抱负并没有导致她与父母发生冲突，甚至都没有显得她与他们不同。克洛伯家族是一个由学者和作家构成的家族，他们的职业和乐趣就是阅读、记录、讲述和编故事。厄休拉从小就听姨姥贝琪（Besty）讲述开拓者们童年的故事，听父亲——人类学家阿尔弗雷德·L. 克洛伯（Alfred L. Kroeber）——重述加利福尼亚印第安人的故事。厄休拉从这些故事和她读的书中汲取养分，既包括儿童经典书目，还包括北欧神话、爱尔兰民间故事和早期幻想作品。在她父亲的书房里，她发现了浪漫主义诗歌和东方哲学，特别是《道德经》。她和她的哥哥卡尔（Karl）一起阅读科幻小说。她身处于这个家庭之中，而非站在家庭的对立面，让自己成长为一名作家。

直到孩子们都离家之后，厄休拉的母亲西奥多拉·克拉考·克洛伯（Theodora Kracaw Kroeber），也就是克拉基（Krakie，"拉"发长音），才开始写作。但她有着活跃的智识生活，与艺术家和学者保持着亲密的友谊。而和这家人住在一起的伊丽莎白·巴克（Elizabeth Buck），克拉基的姨妈贝琪则做了许多孩童日常照护的工作。克拉基在心理上对孩子们的情感生活保持敏锐与共情，阿尔弗雷德则喜欢在餐桌上提出哲学问题或谜题，抑或是问孩子们最近在读什么书。厄休拉回忆说："我们是一个健谈、东拉西扯、争论不休的家庭，鼓励孩子们参与交谈，对自己所说的话负责。"但作为家中最小的孩子，她很少能插得上嘴。"人太多了，每个人都冲着我喊。"最终，她学会了坚持自己的观点，并进行反驳。

厄休拉在幼年时就开始写作。（她喜欢说："并不是我想要去写，而是我的确确在写。你不会说你'想弹钢琴'这样的话。"）她的父母和她一样严肃对待她在做的事情，并给予她鼓励和帮助。在她十几岁的时候，她父亲就建议她和三个哥哥一样培养自己走上学术道路，这样就可以养活自己，独立生活了。在她二十来岁的时候，她父亲就像是她诗歌的代理人，把她的作品寄给杂志社，而他和克拉基则是女儿作品的首批读者。他们不仅仅支持她，他们的帮助——和艾德里安娜·里奇专横的父亲或西尔维亚·普拉斯好心的母亲所付诸的努力不同——还令她感到自己被看到，得到了认可。

不过，她也从父母那里认识到，在关系紧密的家庭中维持和谐并不容易。《安娜·卡列尼娜》(Anna Karenina) 开篇这样写道，"幸福的家庭彼此相似"。但是，回望自己的童年与为人母的岁月，厄休拉并不同意这样的说法。"难道引起人们兴趣的家庭都是不幸福的吗？去他的吧。托尔斯泰说的不对。不幸的家庭才一模一样。但是，一个幸福的家庭——这并不意味着每个成员始终都感到'幸福'——所谓的幸福家庭是很吸引人的。权力、控制、爱、厌恶和沮丧会相互作用：永无止境。"

如果说作为克洛伯家最小的孩子有时并不容易，那么，在一个不看重学究气和差异性的大千世界里，这个家庭也是一个获得安全与认可的岛屿。走出这个家让厄休拉觉得自己像是"被流放到有着原初社会习俗的西伯利亚"。在伯克利高中，重要的东西似乎就只有运动和人气。对女生着装的要求很严苛——宽裙短袜——对她们的期望则很低。"你被扔到这个可怕的地方，没人解释为什么，也没人告诉你该做些什么。"

她把公共图书馆当作避难所，在那里遇到了奥斯汀、勃朗特姐妹、屠格涅夫、狄更斯和雪莱。因为外文区通常是空的，所以她开始阅读法语书籍，默默哭泣，为《西哈诺·德·贝热拉克》(Cyrano de Bergerac) 和波德莱尔的诗歌落下青春的热泪。20 世纪 40 年代的加利福尼亚让人感觉很偏远，对于厄休拉和苏珊·桑塔格——另外一位在洛杉矶但同样沉迷于经典作品的早熟青少年——来说，欧洲似乎才是知识分子的乐土。厄休拉爱上了《战争与和平》(War and Peace) 中的安德烈王子。有一次，在十三岁的时候，她把劳伦斯·奥利弗 (Laurence Olivier) 扮演的达西先生的剧照从图书馆的书中剪了下来，并带回家一个人看，感到又开心又内疚。在现实生活中,她饱受单相思之苦,定然感到受挫和孤独。多年后,当她在《地海古墓》(The Tombs of Atuan)中写到一个少女的情感觉醒时,她让她的女主角成为沙漠中一个地下迷宫的女祭司。

厄休拉认为,自己青少年时期的不快乐是一种"失衡",就像她"在高空走钢丝。如果我的脚打滑了,我就完了。我就死了"。平衡将会成为勒古恩描写青少年的伟大作品——"地海系列"——中的核心隐喻。在第一部《地海巫师》(A Wizard of Earthsea)中,一个天生具有法力的孤独少年认识到,真正的魔法师必须选择平衡而非权力。"地海"系列中的巫师学校与"哈利·波特"系列的霍格沃茨几乎全然不同。但是格得(Ged)这个肩负重任的外族男孩与厄休拉·克洛伯,这个1947年来到拉德克利夫学院(Radcliffe College),穿着牛仔裤的加利福尼亚人之间有一些相似之处,这就是厄休拉,看过很多书,满脑子想法,但此前从未离开过自己的家乡,渴望去证明自己是个诗人。厄休拉在拉德克利夫的朋友珍·泰勒(Jean Taylor,后来成了厄休拉的嫂子)回忆说,在她和厄休拉通过笑话和文字游戏结识彼此之前,她觉得厄休拉"有点吓人。不是她这个人吓人,而是她所表现出来的样子。你知道的,她这人很聪明,不管对话说到了哪块儿,她都极有可能已经想在了你前面。所以,她一句相当简短但尖锐的话就可以让你张口结舌"。厄休拉意识到,自己并不适合文学圈的文化。她当时和一个朋友报名为拉德克利夫的一本新文学杂志——《标志》(Signature)读稿,该杂志的本科生撰稿人有爱德华·戈里(Edward Gorey)、哈罗德·布洛基(Harold Brodkey)和艾德里安娜·里奇。但编辑们不接受厄休拉的任何作品,厄休拉觉得他们"小圈子抱团,不友好":"他们对我们自己投的稿件的评论,甚至是对我们评论的评论,往往都是极其粗鲁和轻蔑的。我们又出局了,幸运地回到了我们不被看见的状态。"

拉德克利夫是哈佛的女子学院,有自己的校园,处于独立但附属的地位。学校提供优质的教育,但学生们都注意到:她们来这里学习知识,这只是母亲的故事中的一个插曲。当厄休拉开始大学生活时,她和她的同学都被学院的院长告知,"我们在那里是为了学习一种优裕的生活方式"。但厄休拉弃之不顾,兴致勃勃地直奔图书馆。她的同学艾德里安娜·里奇回忆说自己在校期间"从没看到有任何一个女的站在讲台上,或者教室前":学术女性不受重视。英语系的性别歧视尤其严重。在厄休拉离开拉德克利夫四年后,一位哈佛英文教授跟研究生苏珊·桑塔格说,他认为女性不应该接受研究生教育。桑塔格于是转到了哲学系。厄休拉则主修法语。

为了强化"先读书,后生子"这一观念,各大学对女生的性行为进行监督。在拉德克利夫,女生必须在晚上11点前回到自己的宿舍,而男生则可以自由出入。情侣们经常在大门口缠绵拥抱,彼此告别,这种做法被称为"自立门廊"(vestibuling)。对厄休拉来说,在她大学生涯的大部分时间里,身-心问题就仅仅只是"在晚上10点半到11点间看着其他人吻别,感到孤独又没有人爱"。

与此同时,她撰写小说初稿,都是同一个人物,但以不同的身份出现——一个有艺术天赋,被世人误解的年轻人。大四那年,她在现实生活中遇到了这样一个人——一个有音乐天赋,学习数学的研究生。厄休拉对诺曼(Norman)一往情深,尽管她的朋友们都告诫她不要和他在一起。珍说,他是个纽约人,你觉得那是矜持,实际上,那是傲慢。厄休拉听不进去。那个秋天,两人去了她家的度假屋,第一次发生了性关系。

但是,即使是思想开放的克洛伯夫妇也从未告诉过他们的女儿如何避孕。而且，诺曼认定的一点是，如果你一个晚上做两次爱，那第二次就不需要戴避孕套了。圣诞节的时候，当厄休拉和她的父母一起住在曼哈顿时——阿尔弗雷德那年在哥伦比亚大学教书——她发现自己怀孕了。她去找诺曼，希望能嫁给他。这就意味着她要离开拉德克利夫，因为那里不接收已婚学生。但如果被发现怀孕，她就会被开除。

诺曼当场就和她分手了。他说自己还没准备要安定下来，也不想和非犹太裔结婚。厄休拉在父母家哭了好几天，拒绝告诉阿尔弗雷德和克拉基发生了什么事情，直到他们最终猜到了原因。他们跟她说，如果她想生下这个孩子，他们支持她，尽管这也将意味着她无法继续接受教育。但如果她不想，他们也会帮助她去堕胎。在厄休拉担心终止妊娠是不是不道德的时候，阿尔弗雷德回答说，即便如此，和"牺牲你的学业、才华，以及你想要生下来的孩子"比起来，把一个本不想要的孩子带到这个世界上要更为罪恶。

一直以来遵纪守法的克洛伯夫妇在他们的圈子里谨慎地打听，拿到了下东区一位堕胎医生的电话号码。他的收费是 1000 美元——拉德克利夫一年的学费和食宿费——而且要求现金支付。克洛伯夫妇愿意支付这笔费用，克拉基和厄休拉一起坐上了出租车。诊所很干净，程序很专业，全程没有提及"堕胎"二字。厄休拉回到了拉德克利夫，在震惊与痛苦中完成了她关于法国文艺复兴时期诗歌的毕业论文，申请了研究生院。她从此不会再为傲慢或一个哈佛大学的男子而倾倒。

作为毕业礼物，也是为了让厄休拉开心起来，她的父母在 1951 年的夏天给她和她的哥哥卡尔安排了一次欧洲之旅。当克洛伯家的孩子们参观城市、教堂和城堡时，厄休拉开始写一部历史小说，背景是她想象中的东欧国家，名为奥西尼亚（Orsinia）。

1930 年左右出生，20 世纪 50 年代成年的美国作家们——里奇、洛德、托妮·莫里森、西尔维亚·普拉斯——在摸索中前进，不确定自己的方向，也没有榜样可以效仿。美国文学仍然笼罩着海明威、福克纳、理查德·赖特（Richard Wright）的阴影；男性气概和现实主义占据主流地位，人们对戏剧或幻想毫无兴趣。在回顾自己最初的写作岁月时，厄休拉说："我所走的方向与批评所认可的文化是不同的。我永远都不会成为诺曼·梅勒（Norman Mailer）或索尔·贝娄（Saul Bellow）；我不知道谁是我写作上的同伴。似乎没有人在做我想做的事情。"

但是，她知道自己需要把内心的一些东西说出来，而且她觉得，如果可以的话她需要听从内心。1952年春天里的一日，她住在纽约，在哥伦比亚大学学习中世纪法国诗歌的时候，看到了一扇打开的门。穿过这扇门，她进入了未知的世界。这标志着她的改变，接受了自己作为作家的使命，并决定相信自己的直觉。几年后，她在一个笔记本上写道，想到这扇"打开的门，我不问大风将带我去哪里，只要它吹了过来，只要我可以，我就会接受它，感受/创造我的自由，或者我的必须，我的所有"。

对她来说，"自由"是个强大的词语。在第二次女权主义浪潮之前，政治参与似乎给有创造力的女性赋予了能量。那些有过激进活动背景的人，如莱辛和洛德，就要比斯玛特和桑塔格这样一些作家和艺术家更能理解自身的处境——后者试图纯粹从情感和智识的层面阐释自己的生活。厄休拉当时在政治领域尚不活跃，但她对智识领域受到的压制十分关切——无论是在铁幕正在倒塌的东欧，还是在自己的国家。在与一位历史学家结婚之后，她开始热衷于法国大革命和19世纪的政治自由运动。她写道："我在寻找我自己生活的所需之物。它和思考、存在相关，在一个似乎真的要紧锁门窗，变得更为封闭和窒息的社会之中。我内心的想法是：放我出去！让我喘口气。"

婚后的两年里，从 1954 年到 1956 年，她住在佐治亚州，丈夫查尔斯（Charles）的家乡。她之前就对种族隔离有所耳闻，但每天都目睹这种情况的发生，她感到难以接受。她不知道如何书写美国政治，于是转而创作一部以奥西尼亚为背景的小说，讲述一个年轻人在 19 世纪 20 年代为平等和思想自由的理念而奋斗。她写道，阅读和书写 1830 年欧洲革命失败的故事，提供了"我所需的距离，或许是我一直以来都需要的距离——在我和目前正在发生的不公且无法消解的事实之间。我从未真正地面对过。如果它就发生在我眼皮子底下，那我就很难不太能看到它"。

在她把现实主义"狭隘又冷漠"的背景换成一个不存在的国家之后，她的想象力开始勃发。她仍然在写男人，但在她的小说里做一个男人是有优势的。这使得她能够将自己的写作与私人的自我在大脑当中分割开来。和孩子们在一起时，她是个母亲，有着母亲共有的身份和兴趣。在她的小说中，她可以写那些孤独的、追寻中的、被排除的、学习着去做自己的人。

然而，她之所以在小说中成为一个男人，也是因为她无法想象一个女人的自由可能具备些什么。她不知道如何赋予每一个女人——特别是母亲们——她梦想为自己赋予的强大命运。

1953 年 9 月，一名学习法国文学的研究生站在"玛丽皇后"号邮轮（Queen Mary）的甲板上。她的客舱里放着她永远都不会完成的博士论文的笔记。因为当她在勒阿弗尔（Le Havre）靠岸时，她漫长的心灵流放将会结束。她之所以人在那里，是因为拿到了一笔富布赖特的资助，要在法国花一年的时间来研究勒梅尔·德·贝尔热（Jean Lemaire de Belges），一位不知名的 16 世纪诗人，也因为她对学术生活感到厌倦，想要脱身而去。她的哥哥卡尔来送她，觉得她独自站在那里，显得脆弱又悲伤。她之前的确如此,但就在那天晚上,她陷入了爱情。

查尔斯·勒古恩是另外一位富布赖特学者,一位帅气的历史学家,操着温柔悦耳的佐治亚口音,正在写一篇关于法国大革命的论文。厄休拉被他的"外国"口音吸引。他评价她"非常傲慢且害羞"。但他们一旦没有了最初的误解,立刻就变得形影不离了。在巴黎,他们和两位富布赖特新朋友搬进了拉丁区的一家旅馆:厄休拉和她的室友住在一层,查尔斯和他的室友住在另外一层,走廊尽头是公用厕所。他们一起去看戏剧、听音乐会、去博物馆,享受巴黎的浪漫。在他们的房间里,四个朋友一起玩游戏,换装打扮,上演歌剧中的场景,发现彼此都喜欢幻想。在厄休拉和查尔斯抵达那里的几周后,他们听完一场音乐会,步行穿过杜乐丽花园时,在拱门下停了下来,查尔斯向厄休拉求了婚。

深陷爱河的厄休拉开始想象她和查尔斯即将共同组建的家庭。在从普罗旺斯艾克斯寄出的一封信中,厄休拉给查尔斯写信说,自己去乡下拜访了朋友,看着他们的小女儿和一只猫在花园里玩耍,这"让我想象在一个秋日的下午,在我们的花园里,有一个小家伙和一只小奶猫,等等。我必须要说,这个画面一直萦绕在我的脑海里。查尔斯,你不知道我是个多么根深蒂固的资产阶级"。

但她也写道,她梦见自己和查尔斯乘坐着书本飞行。他很有把握,而她则担心遇到下沉气流。他善于掌舵,而她则不断"大笑且往下掉"。这并不难做到:"你只需要把一本书固定在类似冲浪板的前端,双脚大大张开,踩到边上,小跑一下,呜!你就开始滑翔了。书是用来保持平衡的。"

如果你所成长的家庭如同一座岛屿,那么,拥有自己的孩子也能带来同样的避难感。1953 年 12 月,当厄休拉和查尔斯在巴黎结婚时,他们相知相识才三个月,却都觉得想要属于他们的孩子。查尔斯还是个身无分文的研究生,尽管如此,厄休拉还是开始了自己的婚姻,但决心不再意外怀孕。起初,他们有很多避孕套,是别人送给他们的结婚礼物;后来,与厄休拉身材差不多的克拉基寄来了一个她自己尺寸的避孕膜。厄休拉的婚姻在开始时还有所隐瞒。为了不伤害查尔斯的感情,她没有告诉他自己早先怀孕的事情——在接下来的三十年里,她都将对此保持沉默。

对于厄休拉那一代的女性来说,如果她们还没有准备好对自己的雄心壮志抱有信念,那她们要面临的一个陷阱就是,通过嫁给那些高高在上且不好伺候的男人来追求替代性的成功。但厄休拉选择查尔斯,是选择了一个在天赋和兴趣上与自己互补的男人。查尔斯愿意让厄休拉追求她的学术梦想。他来自一个农民家庭,在坚强女性的抚养下长大,觉得自己没必要看起来像个男人。他的性情更居家,喜欢看孩子、做蛋糕。厄休拉忧虑重重且喜欢争辩,查尔斯则平易近人且情绪稳定。他们都热爱历史和文学,我行我素但毫不张扬。

厄休拉羡慕她拉德克利夫的同学艾德里安娜·里奇在早年就获得的成功。里奇在大学刚毕业的时候就出版了两本诗集,且备受赞誉。但里奇嫁给了一个哈佛的经济学家,虽然他帮助照顾三个孩子,但在20世纪50年代,里奇仍然觉得他的职业生活"在我们家庭中才是真正重要的",而她的写作则是"奢侈的,是我的一种怪癖"。厄休拉嫁给了一个不同类型的男人,她在婚姻中能够保持自己的界限,并要求平等的角色。回想她那个野心勃勃的哈佛男友,她会意识到自己没跟他在一起是多么幸运。

一和查尔斯结婚,厄休拉就放弃了自己的学术前途。"我有时和查尔斯一起去法国国家图书馆(Bibliothèque Nationale),翻阅研究勒梅尔。我喜欢那些旧书,以及以前的语言,等等。但我并不严肃。查尔斯在做真正的研究,构思他的论文。我已经放飞自我了。"她将勒梅尔放回了架子,这个诗人继续无籍籍名下去,等待未来某位研究生的慧眼。厄休拉开始阅读与革命相关的书籍,并通过查尔斯来了解和学习。她全身心地投入到了诗歌和小说的写作。

在接下来的几年里,她投稿的一部小说收到了多封促使她成长的退稿信,但查尔斯和她的父母则读了她的作品并肯定了她的才华。三年后,在爱达荷州的莫斯科——那里冬天很冷,查尔斯书房里的书都冻在了墙上——厄休拉有了第一个孩子,她的女儿伊丽莎白,并继续她的写作。

在跨过分水岭,成为新手父母后的最初几天和几周里,他们会做些什么?厄休拉和查尔斯换尿布、洗尿布。他们学会了清洁、喂食、穿衣和抱着一个斗鸡眼的、身子扭来扭去且比猫大不了多少的生物,并以不可思议的爱意注视着她。他们进入了一种时间缓慢、情绪高涨的状态。他们的心弦紧绷着,在爱与痛苦,愤怒与喜悦中歌唱。他们是脆弱的,但他们也体验到了一种全新的、身体的亲密感与参与感;厄休拉说照看婴儿是"用全部的身体去思考"。没人帮助的话,养育婴儿如同地狱。有人分担的话,则是片刻的天堂。

为人母并未将厄休拉从她的生活中逐出,而是让她成为了自己生活的中心。部分原因是她和查尔斯喜欢一起来做这件事情。她后来写信跟一个朋友说,他们的三个孩子"如果没有他,永远都不可能穿好尿布。我清晰地记得,面对又小又脏、只有一周大的伊丽莎白,我试图把这么一大块布安置在跟大仓鼠一般大的小东西身上。而查尔斯过来说,应该这么弄。他一下就弄好了"。厄休拉补充说,查尔斯很喜欢他们刚出生的女儿,父女二人注视着彼此,"完全是一种相互喜爱又自我满足的感觉",就像是文艺复兴时期的圣母与圣子一样。

查尔斯实打实地承担起了父亲的责任,这给厄休拉提供了继续工作的可能——反过来也使她逃脱了莱辛的"单调、乏味和难熬",以及里奇的挫败感。厄休拉后来回忆说：

> 查尔斯整天在外面工作，但我可以依赖他：他在这里的时候，他就是在这里。因此，我没有体会过女人独自做这些事情时所感受到的那种绝望。即便是有丈夫的女人。即便是现在。
>
> 没谁能做两份全职工作：写作是一份全职工作，照顾孩子也是。但两个人可以做三份全职工作。因此，尽管我做了很多工作，但想到还可以指望他，我就能松口气。这并不总是奏效，我们当然也会向对方发火。但总体而言还是可以的。
>
> 而且，当孩子们在一个合适的时间上床睡觉时，因为我这个年龄段精力尚可，我会上楼从8点工作到半夜。这不是我选择的时间，但我有的就是这段时间，而且我做了很多事情。

她认为，自己的孩子不需要额外的照护，这也有运气的成分，而天生注意力集中也是一种幸运。她没有像阿尔弗雷德那样关上书房的门，"因为我是母亲，而非父亲"，但当她工作时，她会心无旁骛。

她认为事业和家庭是两个不同的领域，因此，她说："我对写作不觉得愧疚，生孩子也是，显然很多女的都有孩子。我认为，这是一件不折不扣的幸事。"

随着伊丽莎白逐渐长大，不再是个小婴儿，厄休拉又开始写作。二十七岁的她精力充沛，写诗并寄给她的父亲。她的父亲设法将其中几首刊登在了小杂志上。1958年，她完成了一部当代小说。J. R. R. 托尔金（J. R. R. Tolkien）在霍顿·米夫林出版公司（Houghton Mifflin）的编辑拒绝了这部书稿，但敦促她寄去更多作品，称赞了那些在后来的所有作品中所彰显出的品质："优美的散文风格，对人的道德关系的深刻认知。"

她感谢这种鼓励,但写出的书稿都封存在书桌抽屉里,这让她越来越觉得沮丧。"写作一直是我在这个世界上最重要的存在方式,也是唯一让我确信自己作为一个个体(而非作为一个妻子、母亲、社会人)而存在的证据。因此,除了几首诗,我什么都没发表过,这让我越来越痛苦,以至于我知道写作是我的天职,同时又无处证实这一点,这种矛盾令我饱受折磨。"

那一年,也就是 1958 年,厄休拉的第二次怀孕大约在十二周时流产了,这是一次"可怕且非常令人沮丧的"经历。她回忆说,一开始是少量流血和痉挛,然后"它就那样发生了:孩子没有了,你就这样失去了它。就这么简单。太简单了"。后来,她和查尔斯重新布置了家中的所有家具,当作"重新开始"。1959 年的夏天,在伊丽莎白两岁的时候,厄休拉再度怀孕。

那一年是一系列变化的开始,这些变化塑造了厄休拉的作家身份。查尔斯接受了在爱达荷州的工作,部分原因是为了离开南方:虽然他们都爱查尔斯的父母和佐治亚州的自然美景,但他们选择不与种族隔离或那些维持种族隔离、思想狭隘的人一起生活。但爱达荷大学有它自身的狭隘之处,而且厄休拉也很怀念西海岸。查尔斯去找工作,被一所新城市大学,波特兰州立大学录用。1959 年 10 月,厄休拉和查尔斯在大学附近的小出租屋里庆祝了她的三十岁生日。两周后,他们的女儿卡洛琳(Caroline)出生了。

几个月后,勒古恩夫妇搬进了一座维多利亚式的大房子,位于工业区上面的一座山上。从楼上的窗户可以看到山,阁楼上有足够的空间放两张桌子。当查尔斯的一个同事跟他们说,他们的新社区"不被社会接受"时,他们认为这是一个加分项。这将会是他们未来六十年的家。

1960 年 10 月,在厄休拉三十一岁的时候,她的父亲因心脏衰竭突然去世，享年八十四岁。她后来写道："他的死亡是一种丧失——一种纯粹的、完全的、巨大的丧失。生命因这一丧失而变得不那么重要了。"母亲的身份是一种获得，不再是父亲的女儿，感觉像是一种新的、痛苦的成年。

厄休拉的母亲西奥多拉·克洛伯开始见证自己艺术的蓬勃发展。她借鉴丈夫的笔记，刚刚出版了一本重述加州印第安人传说的书，《内陆鲸鱼》(*The Inland Whale*)。这之后，她写了一本关于一个给她丈夫提供咨询的印第安人的书，雅希族（Yahi）最后的幸存者。这本书名为《两个世界的伊希》(*Ishi in Two Worlds*)，出版于1961年，立刻就取得了经久不衰的成功，这是一本关于土著民文化及其已几近毁灭的启示性作品。

随着克拉基继续写作和出版，母女俩成了文学圈的盟友。厄休拉把她的手稿寄给母亲阅读，给她写信描述自己女儿的成长近况，并与她分享"写作的乐趣和痛苦，智力带来的兴奋以及对行业的评论"。在《两个世界的伊希》出版后不久，克拉基因厄休拉最新收到的退稿单而泪流满面，哭着说她不在乎自己的事业，只关心女儿的。她不可能是这个意思，厄休拉想，但她为什么要这么做呢？但她还是为母亲对自己的支持而感动。

在这前后，一个朋友借给厄休拉一些科幻杂志——她已经多年没读过这种东西了。1961年，厄休拉写的两个故事在同一周被接受出版。其中一个故事发生在奥西尼亚，讨论艺术家的艺术所背负的神圣使命，发表在一本小型文学期刊上，但没有稿酬。《奇幻》(*Fantastic*)杂志的编辑花了十美元把另外一个故事买了下来，他希望读到更多的故事。这个故事名为《四月巴黎》(*April in Paris*)，讲述了一个二流学者放弃对文艺复兴时期诗歌的研究，转而在一个雨夜，在他的阁楼上通过施行魔法进入了一个向他敞开的世界。

魔法是在勒古恩近来的作品中遗失了的元素。幻想给了她足够的想象空间，而科幻小说则给她提供了谈论政治的背景与权威，以及所有作家都想要的距离感。尽管当时写作科幻的几乎都是男性，但这也是一个小的、开放的、包容的领域，有一个由写作者和读者构成的活跃群体。

科幻也是一个邀请读者去共情的文类，共情那些此前于他们而言陌生的生命与概念。1962 年至 1963 年，即古巴导弹危机的那一年，查尔斯在亚特兰大的埃默里大学（Emory University）任教，勒古恩夫妇又回到了佐治亚州生活。埃默里大学只招收白人；而在城市另一端的传统黑人大学史贝尔曼学院（Spelman College），艾丽丝·沃克正在争取民权。厄休拉不得不把女儿们送去种族隔离学校，这让她感到自己比以前更易受到种族主义的影响。这一年，她几乎没有写日记，但在 1963 年的春天，她写道：

> 为什么我想要的东西和我的人民、我的同胞想要的东西之间会有如此之大的差异，让人感到越来越痛？……或许是因为这条鸿沟已经成了一个深渊？然而与此同时，因为我的孩子们和我现在所处的这个地方，所有的反艺术和伪艺术、思想和感觉，所有的错乱，都通过一条桥梁跨过深渊通向我，并围困着我和我的孩子们。也因为对仇恨和战争气氛的煽动。也因为我害怕政府，而非信任它——就像它仿佛是一个外国政府一样。也因为我完全没有地方可去。无处可去，只能进去。

如果"进去"意味着堕入她自己的想象力，那么，那里就是她寻求庇护的地方，但也是她能够思考种族与差异的地方。她摆脱了早期的欧洲中心主义，将很多角色都塑造成黑人，邀请读者认同有色人种主人公。在一个所有科幻小说的人物几乎都是白人的时代，即使是如此微不足道的表现也有其重要的影响——特别是对写作及阅读科幻小说的一代年轻黑人和棕色人种来说。

在意外发现科幻小说之后，厄休拉写出了更多此类作品。到1963年底，她已经把几个故事卖给了《奇幻》杂志。但是，就在她的事业刚刚开始起步的时候，她发现她的避孕膜失效了，她又怀孕了。她的两个女儿分别是六岁和四岁。只要再过个一两年，她们就都到了上学的年纪。厄休拉渴望找回自己的生活，不想因为再生一个孩子又从头开始。她没有寻求堕胎：这种做法仍然是非法的，而且对她而言，她的不开心并不能作为结束一次婚后怀孕的正当理由。但是，她沮丧了好几个月。原本该令她感到宽慰的地方却成了无法控制的所在。

她对女儿卡洛琳的分娩方式仍然耿耿于怀，对女儿的护理她也没有发言权。她要求自然分娩，但当她到达医院时，没有一个值班医生愿意协助她自然分娩。查尔斯无法为她争取，因为他不被允许进入病房。分娩时，厄休拉几乎全靠自己，而且她还很害怕，因为她在流血，但没有人告诉她这是为什么。"我想我可以大喊大叫，但我没有，我从小就不会大喊大叫，也不会说，'谁来看一下我啊，我好害怕！'我无法告诉任何人……唉，那是无法形容的。"

在她的儿子西奥（Theo）于1964年6月，也就是查尔斯生日的那天出生时，她的抑郁相比最严重的时候有所缓解。"他生出来了，一个有点吓人的小家伙，他是我的孩子当中最大的一个，但还是也只有7磅重。我说，好吧，我会留下他。"尽管她爱上了她的第三个孩子，就像她爱其他两个孩子那样，但在接下来的几年里，她陷入了抑郁，进入了"必须努力度过的黑暗期。然后，走出来之后，或许也不会迎来大胜，看到光明的迸发。经历这样一个阶段，会有得也有失"。

她重拾了自我，她的写作也在光明与阴影中都获得了力量。为人母并没有使她的写作变得温和，而是起到了相反的效果。（谈到她在筹划伊丽莎白十四岁生日派对时所写的一个暴力异常的故事，她这样说道："你可以生活在好几个维度里，这很有趣，不是吗？"）但讽刺的是，即便是她为人母的经历，也是通过男性视角在她的故事中得到表达的。她把自己的抑郁症写进了"地海传奇"系列的《地海彼岸》(*The Farthest Shore*)，把巫师格德送进了死寂黑暗的地下世界，在那里，他回溯了一场艰难的旅程，即克服自己难熬的单调与乏味——极度的痛苦。后来，当厄休拉想在那个世界塑造一个女性角色时，她却做不到：她不知道一个成年女性在地海世界会做些什么。但就当时而言，她的策略是有效的。从西奥还是个婴儿起，厄休拉就进入了她一生中最富成效的写作期。

随着厄休拉接连不断地发表使她成名的作品——1968 年的《地海巫师》、1969 年的《黑暗的左手》(*The Left Hand of Darkness*)、1971 年的《天钩》(*The Lathe of Heaven*)、"地海传奇"系列的两个续篇、短篇、中篇，以及 1974 年的《失去一切的人》(*The Dispossessed*)——她以有趣、朴实的私人生活来平衡日益高涨的文学声誉。在她写给朋友的信中，她描述自己的猫、孩子［1977 年的一封信："卡洛琳（十七岁）刚才唱着一首圣诞颂歌从地下室里钻了出来，她弟弟（十二岁）踢了她一下，嘟囔了一句：'上帝，别挡我的路，要不我跟你没完！'(Quem pastores laudavere screw you！)"］。她四周围绕着孩子们，忙于写一篇故事，"在我可怜的家人们经过时，我微微眨眼看看他们，嘴里嘟囔着'稍等会儿，我写完这句'(jussamint lemme finshssentence)，四个小时后才昏昏沉沉地站起来去做晚饭"。"资产阶级"的厄休拉非常享受她的家庭生活，但当她觉得自己作为一个母亲，一个西海岸的作家，或科幻小说写作者不被重视时，她就会据理力争。正是因为这种挑衅的态度，她称自己为"波特兰家庭主妇"。

虽然60年代并未像改变卡特、洛德等年轻作家的生活那样改变了厄休拉，但却创造了一个让厄休拉的作品在其中产生意义的语境。在20世纪60年代，科幻小说作为文学正趋于成熟，厄休拉的想法——包括她所持的解放政治的理念——都找到了愿意改变的读者。从前不知道自己该走向哪里，现今，她却发现自己走在她所在文类的最前沿，拓展着政治、哲学和文学的视野。《失去一切的人》是一场重要的思想实验，讲述在一个无政府主义的社会中，工作——包括育儿——由人们自愿且共同完成。短篇小说《离开奥米勒斯的人》(The Ones Who Walk Away from Omelas)向读者提出了一个问题：他们是否接受一个以排斥他人为前提的社会。《黑暗的左手》的故事发生在一个人类居民没有固定性别的世界。他们仅在每月短暂的克慕期时做爱，在这个时候，他们可能成为女性或男性，可以怀上孩子或成为孩子的父亲。这种安排，以及其他等等，似乎为厄休拉自己的策略创造了空间，即在私人生活中为人母，在写作中做男人。

在他们的个人生活中，勒古恩夫妇的确随心所欲*——在查尔斯的头发长过衣领时，真的把头发放下来。20世纪70年代，查尔斯和他的学生们在波特兰市中心的公园街区（Park Blocks）一起设置路障，建立了一个自治区来抗议战争。厄休拉示威反对核试验，自愿做反战候选人，并在艾伦·金斯堡来波特兰州立大学演讲时与他一起跳康加舞。在她把一个短篇故事以2000美元的价格卖给《花花公子》(Playboy)时——这和《黑暗的左手》收到的预付款一样多（尽管杂志坚持署名为"U. K.

---

* 原文为 let hair down，字面意思是"把头发放下来"。

Le Guin"以隐瞒其女性作者的身份）——查尔斯卖掉了家里的旅行车，购置了一辆新的大众牌公共汽车。厄休拉远离毒品——她说，"我的意识不需要拓展，而是相反"，但她欣欣地收下了这十年提供的"青春发酵剂"。

西奥上幼儿园后，厄休拉"飘飘然了一段时间，因为我是个在早上工作的人，而我又拥有了早上的时间。我写作的方方面面都取决于孩子的需求的时期结束了"。她进入了从早上9点工作到下午3点的节奏。精力旺盛、精神集中且带着紧迫感的她完成了很多工作。然后，她就去购物、做家务、做饭。但因为她不开车，因此不需要带孩子们去上音乐课，这项工作由查尔斯完成。如果说其他母亲原以为她会花更多时间参加学校活动，那她则根本没放在心上。她的心思没用在母亲团体这边。

起初，她也拒绝接受演讲或担任公共角色的邀约，部分是出于内向，部分是担心打破她已经取得的平衡。她写信给经纪人弗吉尼亚·基德（Virginia Kidd）拒绝一次演讲活动，并补充说："我行走在一条非常狭窄的路上，一边是我家人的需要，一边是我自己崎岖不平、深渊遍布的内心。如果我不过多地试探他们或我自己，那就一切安好，书也能写出来，彼此安心，合作顺畅。"

她仍然不能全职写作，特别是在暑假期间，孩子们都在家的时候。她有时对夏天的"七零八碎"感到不耐烦，喜欢可以回到桌前，一连数小时写作的9月。她通常在秋天的时候有一个构思，在春天前完成小说初稿。如果她没有在写作，她极可能会陷入忧郁。1971年3月，她向作家友人埃莉诺·卡梅伦（Eleanor Cameron）抱怨说，她正在写的一本书走进了死胡同，而她暂时也没别的可写。"唉，烦人！恼火！该死！还有我可怜的家人。我文思泉涌的时候对他们冷若冰霜，冥思苦想的时候就只剩下刻薄和暴躁了。"

一方面,她觉得自己受到了其他人的影响。"我对奥斯汀、盖斯凯尔(Elizabeth Gaskell)、欧丽梵(Margaret Oliphant)、斯托(Harriet Beecher Stowe)这样一些对生活没有太多掌控的作家感觉很亲切,因为我们的情况一样,在客厅或厨房工作的同时,身边的家庭生活也照常进行。我总是设法找到某个角落,我想奥斯汀也是如此。但是……孩子不满七岁的话,你几乎是无法掌控时间的。或许,没有掌控本身就很重要?你能受得了吗?这一点真没多少人写过。"

另一方面,她否认写作应该在孤独中进行的观点。"一些男性作家会保护自己不受他人影响到何种地步,答案总让我感到吃惊。这在我看来完全错误。是的,你希望有时间来完成你的工作,而且时间是宝贵的。某种程度上,时间的确很难得,但通过把自己和其他人隔离开来以获取时间——这毫无意义。"

她曾经表示,为人母给她提供了一个可以回去的地方,从而让她能够承担想象力带来的风险。"一个艺术家可以转身进入他们创造的私人世界,而且或许并不总能再找到出去的路。这可能是我一直感谢有家人要照顾,有家务要做,以及那些不得不做,无法放手的愚蠢日常琐事的原因。"

1968年至1969年,以及1975年至1976年间,查尔斯休学年假,他们夫妇二人在伦敦过了一个学年。这两次,厄休拉都丧失了写作的动力。在第一次旅行中,装着她新小说笔记的箱子在途中消失了。她的孩子们记得她特别不开心,直到箱子再次出现。虽然那一年她精力足够集中,写了一部长篇小说,《世界的词语是森林》(*The Word for World Is Forest*),但大量照料孩子的工作也落在了她肩上。送孩子去新学校上学,在异国他乡买日用品,周末去观光,没有自己的书桌,这些都分散了她写作的注意力,以至于"没写出小说,显然是因为我缺少自己所需的某种根本性联系"。

有空的时候,她喜欢和孩子们在一起:有音乐天赋的伊丽莎白;卡洛琳,爱马也能读懂马;早熟的西奥,六岁时喜欢穿着白色礼服衬衫和可夹戴的蝴蝶领结,九岁时出门会说:"暂时再见,我亲爱的过度保护我的妈妈!"西奥保护着厄休拉:她仍然容易焦虑,作为一个小孩子,他能够提供宽慰,告诉她不要担心。母子二人一直很亲密。

如果说有什么问题的话,那可能就是在勒古恩家很难做个普通人。如果说厄休拉想重造为自己的工作提供了安全之所的克洛伯空间的话,那么勒古恩家族的性情并不适合。首先是查尔斯,他不喜欢争论和高声讲话。伊丽莎白尤其因为母亲全身心投入艺术的热情信念感到压力重重。她每次都要练习几个小时的大提琴,计划从事音乐事业,但她内心深处觉得这并非自己真心所愿。她后来获得了音乐学的博士学位,和卡洛琳都进入了她们家的术业专攻所在:学术领域。

后来,厄休拉在女儿们的伴侣选择上和她们产生了冲突。她回忆说:"在卡洛琳结婚那段时间,她不得不暂时离开我。我们一直都相处得很好,所以当她不得不打破这种关系时,其实很难。我不得不坐在哪儿,心里想着,好吧,她必须这样做。你只需要等待,希望她能慢慢回到我们亲密、轻松的关系当中。这需要很长的时间。"

厄休拉痛苦地感到,随着孩子们逐渐长大,她失去了自己的角色和他们的陪伴。关于长女伊丽莎白,厄休拉回忆说感到和她"有一种真正的身体联结。我们之间在某种意义上被脐带连接着,密不可分。当她十二三岁开始离家过夜时,我感到太痛苦了"。当伊丽莎白十七岁去上大学时,四十五岁的厄休拉感到哀伤。1974年5月,《失去一切的人》的第一批书到了。这本书讲述的是物理学家谢维克(Shevek)研究共时性这一革命性理论的故事。厄休拉通常拒绝将自己的小说与孩子相提并论，但现在她却跟弗吉尼亚·基德抱怨说："我所有的孩子都长大离家了，今天是谢维克，一个月后是伊丽莎白，唉，还有更年期、迷乱、震颤、困惑……"

十年的时间里，厄休拉一直紧迫地同时写作和育儿，无法脱身。她说："在我四十来岁的时候，我感觉巨大的洪流裹挟着我——生活的洪流——我能做的就是努力把脑袋伸出水面。"1971 年，在她以最高速运转的状态工作时，她写信跟一个朋友说，她觉得自己工作的速度有点太快了："既然我现在有 9 点到 3 点这个难以置信的超长工作时间段，我就奔到书桌前，急急忙忙开始工作，就跟以前我只有午睡时间的一个小时工作时间那样……这在某种程度上是个好习惯，但某种程度上也是坏习惯。强迫性地完成工作和抗拒完成工作都是一样糟糕的心理障碍。"

但在完成《失去一切的人》之后，她抱怨说自己的灵感正在枯竭。一开始，这似乎只是一种工作结束后的抑郁——在她"文思枯竭"，也没有新小说的思路时。她引用德国艺术家凯绥·珂勒惠支（Käthe Kollwitz）的话，即当她的孩子离开之后，她可以"像牛吃草一样工作"：稳定、投入，但不再"感性"或"对一切有满腔热情的兴趣"。

她想念自己的母亲，她不再是至诚的写作盟友。1969 年，七十二岁的克拉基再婚。她的新丈夫约翰·奎因（John Quinn）二十九岁，是个英俊的双性恋，或许是看中了她的钱——克洛伯家的孩子们这么觉得，但克拉基似乎认为他值得这些。厄休拉的作家友人哈兰·埃里森（Harlan Ellison）记得在 20 世纪 70 年代去拱门街（Arch Street）赴晚宴，看到厄休拉美丽的母亲和她一头金发的丈夫从楼梯上走下来，显然他们刚起床。约翰看起来很疲惫，哈兰觉得"就好像她骑在他身上狠狠地搞，然后把浑身是汗的他晾在一边……她看起来容光焕发，绝对光彩照人"。

他问厄休拉是不是他想的那样，她的表情意味深长。尽管如此，克拉基始终都坚持亲密一家人的理念，而她的孩子们则感到了背叛。

也许，厄休拉在写作中面临的最大问题是她感到越来越大的压力——来自批评家的、读者的，以及她自己的——得把女权主义纳入自己的作品，特别是要从一个女人的角度来书写。从她自己的经验出发写作，创作出像《金色笔记》那样真实的、讲述个人真相的作品——这是女权主义者的要求。但对厄休拉来说，这意味着要打破她所保持的原则，即写作与为人母的分离，以及由此而来的对真相的间接讲述，还有生活与工作间生产性的平衡。

讽刺的是，一定程度上，正是她从父亲、兄弟以及查尔斯那里一直感受到的支持，让她很难接受女权主义。女权主义的愤怒让她感到不舒服，女权主义对母亲的批评亦如是。受西蒙娜·德·波伏娃（Simone de Beauvoir）等人的影响，一些女权主义者认为母亲是女性受压迫的根源。舒拉米斯·费尔史东（Shulamith Firestone）在她的《性的辩证法》（*The Dialectic of Sex*）中同意社会主义者的观点，认为传统家庭是一种压迫机制，但她更进一步，怒吼道"怀孕是野蛮的"，理想情况下，婴儿应当在瓶子里孕育，共同抚养长大。瑞秋·布劳·杜普莱西斯（Rachel Blau DuPlessis）断言："父权制下的母亲意味着自我的死亡。"母亲是有罪的，她们允许自己被剥削；任何享受传统母亲身份的女人都是在欺骗自己。

这些言论令厄休拉感到沮丧，对自己产生了怀疑。如果像一位女权主义学者所说的，女性的写作在"一个没有孩子的空间"才有可能发生，那么，她"当时在一个全是孩子的空间里持续写作必然是错误的"。在她看来，女权主义者把母亲看作"无脑奴役的范式，这并不能唤起一个育有三个孩子的女人的团结与自信，而且她发现给他们当母亲这份工作令人恐惧，能获得力量，且对自身智力要求很高"。

在女权主义的第二次浪潮中,女性赖以生存的情感策略——伊丽莎白·斯玛特的自我否定,莱辛策略性地出入情场——分崩离析,类型小说的传统情节亦如是。厄休拉有这种丧失感,以及不得不重新创造新的恐惧。1977年,她跟弗吉尼亚·基德说自己不能再回到男性视角的写作了,但也不知道接下来该怎么走。"毫无疑问,我必须重新探寻如何写作,因为我身处一个全然不同的国度,这里说着异国语言;我还不会说这种语言。弗吉尼亚,这真的令人发狂,因为我现在知道如何用原来的语言写作,我的确掌握了我这个行当,却又不得不放弃这一切,重新开始……!但我没得选。"

厄休拉在别的地方写道,讲述不熟悉的真相,就是"在你自己的国家里感觉自己是个外国人,对所见之物感到讶异和困惑,不确定方向,无法以权威的口吻说话"。然而,一些年之后,厄休拉说她无法继续以男性的视角来写作了。"我想,如果我没有度过这个阶段,没有从我自己身为女人的经验中学习如何写作,我可能就停止写作了。"

1978年的圣诞节,克拉基打电话说她患了绝症白血病。她在六个月之后去世了,享年八十二岁,厄休拉陷入悲痛,且对母亲最终将她遗弃感到莫可名状的愤怒。厄休拉把这段怀疑和失落的时期视作"暗苦之地"。

她某种意义上是通过质疑自己对孤胆男英雄的叙述找到了出路。用女性代替男性塑造同样的角色,她觉得不够。相反,她试图把群体和家庭关系作为新小说的模型。她写道:"英雄和战士是青少年成为负责之人在人生道路上必经的一个阶段,父母与子女之间的关系不能永远都从孩子的角度来评价,还包括母亲的现实经历。"她写了一系列以俄勒冈州海岸为背景的短篇小说,现实地描述女性的生活。她在她有趣而精彩的短篇小说《苏尔》(*Sur*)中调侃了集体英雄主义,讲述了一个全女性南极探险队的故事。她回头去重写"地海系列",观察其中的女性如何生活。

为了在高度幻想的传统中重新找回母亲的经验,勒古恩选择"从外部和底层",从那些此前不曾拥有声音的人的角度来审视它。"那些不会魔法的人。那些不拥有闪亮法杖或利剑的人。女人、孩子、穷人、老人、无权无势之人。不是英雄的普通人——我的人民。"但是,在摒弃"英雄"的同时,她也抛弃了更广泛意义上的英雄,即在故事的进程中获得能动性或自我认知的中心人物。尽管她了解为人母——那是"能获得力量,且要求很高的"——她在"地海系列"中并没有把女性描绘成因为人母的工作而获得权力的人。她选择不将为人母和会魔法集于一人。

在自己的生活中,厄休拉确实选择进入公众视野。她拓展了自己身为作家的涉猎范围,出版了诗歌、现实主义小说、新的奥西尼亚系列故事、评论文章,这些作品给她带来了新的读者。在她职业生涯的早期,读自己的作品让她觉得不舒服,但她现在克服了自己的内向,开始读作品、做演讲。她发现,教学工作坊会带给她灵感。她做书评,让小时候习得的善辩派上了好用场。她对现实主义流派——她称之为"郊区功能失调的家庭小说"——尤为批判。她说:"如果家庭只是你想抨击和逃避的功能失调之物,那你就丧失了小说存在的大部分理由。"

2014年,美国国家图书基金会(National Book Foundation)授予厄休拉年度美国文学杰出贡献奖。在面对听众构成皆为出版商的一次演讲中,她谴责他们把书视为商品。她跟他们说:"我们生活在资本主义之中,它的力量似乎不可避免,但国王的神权同样如此。人可以反对和改变任何一种人的权力。反抗和改变通常从艺术开始。很多时候就从我们的艺术开始,文字的艺术。"

即便是在那个时候,从男性的角度来考量自己的为母之道,对厄休拉而言可能还是更容易些。1993年,她写了《另一个故事,或〈内海渔夫》》(Another Story, or, A Fisherman of the Inland Sea)。故事发生在 O 星球，那里的婚姻由四个人构成，两个男人和两个女人。在这则故事中，一个年轻人决定放弃婚姻，成为一名时空物理学家，探索共时性的理论及其瞬间传输的潜能。他过着茕茕孑立的生活，致力于自己的工作。后来，他把自己作为一个测试对象。有一天，他发现自己并没有在空间中转移，而是被拉回了时间。他无法返回，决定结婚并投身家庭，过他此前不曾拥有的另外一种生活。如果身为父母，时间是你无法控制的，那么时间旅行就提供了答案：主人公通过生活在两则连续的故事中解决了工作和育儿的难题，这两则故事"全然不同，绝对真实"。

1987 年，一个五十来岁的女人站在一所大学的讲台上，吸引着观众的目光。她仍然住在俄勒冈州山上的那座房子里，不断写作，但她现在也到全国各地去授课和演讲。她的孩子都离开了家，长女的孩子也让她成了外婆。在出版了这么多书，获得了这么多奖项和荣誉学位之后，她的"波特兰家庭主妇"伪装已经不足以掩人耳目。而且，很多地方都需要她去授课。年近六十的时候，她已然在公共领域游刃有余。

近些年，她常常说起女权主义。几年前，当她受邀为一个争取堕胎权利的团体发表演讲时，她公开谈及自己的堕胎经历，打破了三十年的缄默。在此之前，她打破了私下的沉默，向丈夫讲述了自己的故事。

今天，她将发表名为《渔妇的女儿》(The Fisherwoman's Daughter) 的演讲，内容关于身为人母，且拒绝在创作与生育之间做出选择（据她所说）的作家们。她警告说："为了孩子的健康，为了写出杰作，要日复一日、时复一时地担负起责任，需要付出巨大的努力。"但是，她说，这也并非全无可能。

她总结说，作家必须掌控的并非时间或地点，而是在可用的时间内所做的工作。作家不一定要有自己的房间,也不一定要有伴侣的善举,尽管这二者都会有所助益。她所需要的是一支铅笔、一张纸,以及她自己:认识到"她,也只有她才是那支铅笔的主人,并对……它在纸上写下的东西负责。换句话来说,她是自由的。并不是完全的自由。从没有完全的自由。或许非常的不完全。也许仅在这一行动之中,在坐着的短暂一瞬作为一个女人去写作,在脑海的文思中垂钓。但在此,是负责的;在此,是自主的;在此,是自由的"。

不适区：幽灵

> 面对（母爱），在它成为我们的长期困扰及不可逃避的现实之前，我们勃勃的野心、绝望、私人的崇拜、冲动就已然化为梦幻的泡影。
>
> ——路易丝·厄德里奇

20世纪40年代末期，法裔美国雕塑家路易丝·布尔乔亚（Louise Bourgeois）三十来岁，事业有成，有三个年幼的儿子，创作了一系列作品。她将其命名为 *Femme maison*："家庭主妇"，字面意思是"女性的房子"。每件作品都描绘了一座建筑，就像神话里的野兽，拼合了裸体女性的躯干及双腿，就好像这座房子占据了女人的思想，并将她的身体暴露在外。其时，策展人已然对布尔乔亚失去了兴趣，她的事业正在崩塌。她试图将她的家庭生活与她艺术的情感强度结合起来，然而却失败了。"我在那里，是一个妻子和母亲，我害怕我的家庭。我担心无法满足期待。"

1951年，在她深爱又憎恨的父亲去世之后，她"失去了平衡"，实实在在的：她头晕目眩，无法站立。抑郁变成了愤怒：她对家人大发雷霆，又为身为人母的失败感到更加内疚。当一位艺术家朋友称她是"家庭主妇"时，她在日记里怒不可遏："我可以扭断世界的脖子。"有一次，她儿子不得不堵在她的工作室门口，以防她毁坏里面的东西。尽管她的丈夫努力照顾孩子，以便她能够工作，但焦虑发作仍然导致她在将近十年的时间里都停止了创作。"我感觉艺术圈属于男人，而我某种程度上是在侵犯他们的领域。我创作出了作品，但却被雪藏了。"

有时候，有创造力的母亲会陷入沉寂，这与育儿的日常需求有关：黛安·迪·普里玛"等待时光的幕布出现裂缝"。有时候，艺术家会静静地谛听灵感。但是，如果说为人母是一场英雄之旅，那也就存在这样的时刻：母亲进入森林，迷失方向，进入一个"暗苦之地"，无法回到白日，进入一个被黑暗包围的城堡。世纪中叶的母亲们用房子和里面幽灵般的住户来隐喻忧郁、自我丧失，以及毫无创造力的灵魂的死亡。

作家母亲们在二战后循规蹈矩的年代遭受的损失最大。她们感到越来越大的压力，要放弃自己的兴趣以满足家庭主妇这一角色对她们的期待，同时，她们的事业则因为被他者化和被拒绝而受阻。这种转变对20世纪前十年出生的女性来讲最为艰难。当沉寂降临时，她们刚好进入创作的成熟期。那些待在家里的人有时会在那里迷失，就像多丽丝·莱辛的短篇小说《到十九号房间去》(*To Room Nineteen*)里疏离的女主角一样，有着看似完美的婚姻，但却在家中徘徊，无法填补自己的空虚。

布尔乔亚、雪莉·杰克逊和格温德琳·布鲁克斯都描绘了一种被家务事禁锢，被出于母性的判断打乱，被一套否定她们真实自我的期待"附身"的生活。她们身上的母性幽灵是被动的、毁灭性的、报复性的、危险的，但都源于失去自主性、想象力与欲望的臆想。

雪莉·杰克逊是一位成功的作家，她似乎努力坚持着写作并养育四个孩子。她在家庭生活中获取思路：她在收放杂物的时候想出了著名的故事《抽奖》（*The Lottery*），然后用几个小时的时间把这个故事写了下来——当时她的女儿还在护栏里玩耍，儿子还在上幼儿园。但是，作家母亲这个身份也让她显得"与众不同"，且容易遭到攻击。《抽奖》是一个关于小镇仇恨的故事。雪莉住在一个远离外界的社区里，她觉得自己就暴露在这样的仇恨中。雪莉最深的感受是，她孩子学校的其他母亲，这些心胸狭隘的人结成小圈子，在雪莉的孩子遭到欺负时，她们视而不见，但却对雪莉没打理的头发说三道四。

雪莉出生于 1916 年，在成长的过程中，她的母亲常针对她发表些有害无益的批评，希望她打扮得有吸引力，找个丈夫，养育好孩子，同时又不鼓励她发挥天赋。这让雪莉像伊丽莎白·斯玛特一样感到困惑、叛逆、贫穷，并为要符合理想女性的形象而在不知不觉中堕入丧失身份的境地。她曾经写道（用安全的第一人称复数形式），我们都被恐惧缠身，恐惧"成为别人，做别人希望我们做的事……一些深怕他人责备的内疚感一直萦绕在我们心头"。

雪莉的丈夫斯坦利·海曼（Stanley Hyman）一开始站在她这一边。斯坦利是一位评论家和学者，交友广泛。他们家能成为一个活跃的知识交流场所（也包括那些年司空见惯的饮酒无度），他出力不少。但当他的成功不及雪莉时，他就心生嫉妒，在家里显得既专横又无用：雪莉照顾孩子，还要做饭，有时还要花钱请人帮忙，而他则从不迈进厨房半步，甚至连泡杯咖啡都懒得动手。他还是个性骚扰者——他们家的一个朋友说他就像个"压路机"一样扑向她——他出轨，还特意让雪莉知道。雪莉不想要开放式的婚姻，也不想为爱受苦，但她觉得自己不够强大，无法站出来反抗他。相反，她给他写了很多倾诉衷肠的信，但都没有给他看，而是在那些被绝望和自我厌恶侵袭的时刻精神崩溃。雪莉觉得自己孤立无援，有时候她甚至生怕自己疯了。

雪莉应对这些精神刺激的一种方式是把它们变成喜剧。在她的畅销书《野蛮人的生活》(Life among the Savages)中——这是一本育儿编年史——她讲到自己分娩时候的故事。这是一件需要集中精力，全神贯注在自己身上的身体事件，而她的丈夫和孩子们当时却希望她能继续照顾他们。她还讲了自己试图做完早餐，然后独自乘坐出租车去医院（斯坦利不会开车）的故事。在这个故事里，她将自己被弃置不顾的经历演绎成了痛苦的笑料。

当她在医院办理住院手续时，前台服务员询问她的姓名和职业，对自我的抹除仍在继续：

"作家。"我说。

"家庭主妇。"她说。

"作家。"我说。

"我就填家庭主妇好了。"她说。

迷失了自我的女性幽灵寓居于雪莉的作品当中，包括她1959年的小说《邪屋》(The Haunting of Hill House)。这本书读起来像是她自身处境的隐喻，并有所延伸。主人公是一个没有孩子的母亲，牺牲了爱情和婚姻来照顾自己生病的母亲。在母亲去世之后，她下定决心必须要为自己而活，并在书名中的屋子里寻求庇护。但这所房子释放着大量的情感虐待，试图勾引和诱骗她，把她变成一个"家庭主妇"(femme maison)，同时又因为她没"满足"要求而大为光火。

在诗人格温德琳·布鲁克斯的小说《莫德·玛莎》中，莫德·玛莎·布朗（Maud Martha Brown）居住在单间小厨房大小的阴森公寓里。

这间公寓既是一种隐喻，也是对芝加哥廉价公寓的现实主义描绘——见证这一切的是一个年轻的黑人妇女，她的自我意识正在被婚姻和家庭义务所消解。在这本关于种族、阶级、家务和渴望超越的书中，莫德·玛莎在家中感到的困扰并不是心理力量造成的，而是白人至上主义的现实经济及社会压力造成的。

布鲁克斯出生于 1917 年，是一个像雪莉·杰克逊一样的女孩——太聪明，太害羞，不够漂亮——她唯一的小说《莫德·玛莎》记录了童年时期因遭到排斥而感受到的痛苦。在她职业生涯的早期，她能出版一本书的机会似乎非常渺茫，以至于她考虑把手稿藏起来，希望在一个更加宽容的未来，它们能被阅读并得到重视。

然而，黑人的部分反抗就表现在家庭和社区鼓励支持有智力天赋的女孩。雪莉的母亲在拆女儿的台，而布鲁克斯的父母则站在女儿这一边，很早就认可了她的才华。她还在芝加哥文艺复兴时期（Chicago Renaissance）与多种族写作者群体中的其他诗人建立了富有成效的联系。她和丈夫小亨利·布莱克利（Henry Blakely Jr.）于 1938 年结婚，当时他们都二十一岁，并于 1940 年生了一个儿子。亨利也写诗，但他觉得布鲁克斯更有天赋，所以他做着机械师、工厂工人和卡车司机的工作，让布鲁克斯有时间写作。

芝加哥通过画红线拒贷以及实打实的种族隔离驱逐黑人，使得他们只能住最糟糕的房子。在这样一个城市里，布莱克利一家从一个窄小、漏水的公寓搬到另一个。沉郁的居住环境使得他们的婚姻关系趋于紧张，让布鲁克斯感到"灰头土脸"。后来，在布鲁克斯三十三岁的时候，在她因为公寓欠费停电而准备带着他们九岁的儿子去看电影时，她接到了一通电话，说她的最新诗集荣获了普利策诗歌奖。

五百美元的奖金或许带给了他们希望：他们的女儿诺拉在一年后的

1951年,也就是他们的儿子出生十一年后呱呱坠地。但是,买房子——"一个木制结构的小房子,小厨房,堆满书的小客厅"——仍然要等到1953年。

莫德·玛莎,布鲁克斯笔下不起眼的女主人公,是一个不显山露水的爱美之人。她住在一栋满是他人痕迹的楼里,被周围的丑陋环境折磨:邻居们炒洋葱时飘散的烟雾,他们扔在门厅里腐坏的垃圾,他们在公共浴室里长时间的徘徊,入侵厨房的蟑螂。她丈夫的麻木与缺乏想象力挫败着她的文化意趣。书里描绘了这样一个滑稽的场景:她的丈夫在床上阅读爱情指南,她在读《人生的枷锁》(*Of Human Bondage*)。她看着他,看到他捧着书,看着看着就睡着了,嘴还大张着。"《婚后性事》(*Sex in the Married Life*)就快掉到地上去了。她没伸手去接。"

正是因为成了一个母亲,她开始觉醒并重归自我。她为孩子的第一声啼哭而欢笑,为"听到部分的莫德·玛莎·布朗·菲利普斯在用自己的声音表达自我"而高兴。她怒火的最终爆发也是为了孩子。当她在圣诞节带女儿去百货商店,圣诞老人对她冷眼相向时,莫德·玛莎在大脑里对圣诞老人进行了谋杀式的攻击,她极度想要"从钱包里抽出修剪用的剪刀,不断戳向那只逃避的眼睛"。这个情节没有任何搞笑的成分:这件事促使她去面对一种"她既不能解决也不能视而不见的"怨恨。"她内心充斥着这些无法化解的仇恨,但这些仇恨没有眼睛,没有笑容,而且也没有什么声音——她对此深为遗憾,称之为她最大的缺憾。"

当这本书于1953年出版时,玛丽·海伦·华盛顿(Mary Helen Washington)写道,批评家们将其视作"一个勇敢的黑人女孩"的肖像,而非"一部讲述了痛苦、愤怒、自我憎恨的小说,还有压抑的愤怒所导致的无言……评论者们眼中辞藻华丽的抒情诗实际上是一个女人断续的口吃,她的愤怒使她无法说话"。

至少，莫德·玛莎意识到了自己的真实感受，而杰克逊的女主角却没有。但是，莫德·玛莎的孤独，以及因缺乏机会与能动性而产生的挫败感，只是读者无法得见的幻影。尽管如此，布鲁克斯还是决定保证自己的女主角不被抹除。其时，女性角色表现出独立和质疑是有问题的，因此，女作家们常让这些角色胎死腹中。在这样一个时期，莫德·玛莎顽强地继续追寻着有意义的生活。

布鲁克斯提议续写她的小说：莫德·玛莎的丈夫死于火灾，活着的她期待新的自由。这样的情节令她在哈珀（Harper）的白人编辑伊丽莎白·劳伦斯（Elizabeth Lawrence）感到不安。（劳伦斯还阻止布鲁克斯发表过于批判白人的诗歌，或是与她自己对非裔美国人所处现实的狭隘认知不相符的诗歌。）劳伦斯拒绝了这个提议，说她没看出来续篇和上本书之间的联系。然而，布鲁克斯很快就再度拥有了自己的声音，部分原因是受一个著名美国母亲恐怖故事的启发：1955 年，芝加哥儿童埃米特·蒂尔（Emmett Till）被处以私刑的事件激发她创作了一些最冷静的破坏性诗歌。长久以来，被谋杀的儿童一直如幽灵般存在于非裔美国母亲作家们的作品当中，其中最著名的就是托妮·莫里森的《宠儿》（Beloved）。

60 年代初，布鲁克斯出版了她的一些最著名的诗歌，包括《我们真的很酷》（We Real Cool），以及她对年轻黑人男子早逝问题的评论。激进黑人艺术运动为她的作品注入了活力，她开始关注黑人读者，而非努力吸引白人读者。她离开了哈珀，去了一家属黑人所有的出版社。1968 年，当她的儿子长大成人，女儿也十几岁时，她离开了丈夫。

她说："婚姻是一种艰难的、苛求的关系。特别是如果你是个女人，你就必须始终把自己放在一边。虽然我在婚姻期间做到了这一点，但我不会再如此了。"布鲁克斯和亨利在分开五年之后又重新走到了一起，部分原因是亨利接受了布鲁克斯的新政治观念。在后来的诗歌中，布鲁克斯通过自己对语言的声调及节奏的掌控来表达愤怒和紧迫感。她写道："文字可以创造奇迹。它们敲打、怒吼。它们可以激励，可以欺骗、鞭挞、哀号。它们可以歌唱、讽刺、嘲弄。"

20 世纪 60 年代初，当布鲁克斯的事业重新焕发生机的时候，雪莉开始宅在家里。她不敢离开斯坦利，因为孩子们不太需要她，她为失去了母亲的角色而苦恼，还患上了广场恐惧症，无法写作。她一直认为自己的写作是对家务和焦虑的一种逃避："只要你定期写作，就没有什么能真地伤害你。"现在，她的身体和想象力都困在了家里。

她一直酗酒并服用处方药，包括镇静剂和安非他明。最初，她服用这些药物是为了减肥。（她与自己身体之间的关系并不愉快，她的身体也常是她母亲批评的对象。）安非他明有助于写作，但后来就不是了：几乎可以肯定它导致了雪莉产生心理障碍和焦虑发作。在发现斯坦利的一桩风流韵事后，雪莉大闹了一番，把孩子们都吓到了。最小的巴里（Barry）记得自己抽泣着说："我不要妈妈疯掉！我希望妈妈和其他人一样！"

努力工作和治疗帮助雪莉恢复了行动力，她开始写一本小说，讲述一个女人离家开始新的冒险。1965 年的一天，小说还没有完成，她的女儿去叫醒正在午睡的她，发现她死于心脏衰竭，享年四十八岁。她踏上了新的征程，但为时已晚。

在同一年龄段，随着儿子们几乎都已长大，路易斯·布尔乔亚坠到了人生的最低谷。1959 年，她写道：

  我是失败的，身为一个妻子
  一个女人
  一个母亲

一个家庭女主人

一个艺术家

一个女商人

我四十七岁了——

身为一个友人——

一个女儿

一个姐妹——

我不失败，身为一个

真理追寻者

在人生最低谷——

大约在同一时间，不清楚她具体指的是什么，她在一个笔记本上这样写道："如果我再遭遗弃，我就放火烧掉这个家。"

但是，她曾经说过，她通过"一次又一次地证明她不会被淘汰"，才成为一个赢得自己艺术家地位的女人。她从未完全停止过工作。到了五十来岁的光景，她的持续创作开始得到回报。她创作雕塑，玩弄身体部位，通常是性方面的；其中一件雕塑是比实际尺寸还大的阴茎，她称之为 Fillette，即"小女孩"。在罗伯特·梅普尔索普（Robert Mapplethorpe）为她拍摄的一张照片中，她调皮地笑着，把这件雕塑夹在腋下。她说，她知道拍摄男同性征的摄影师喜欢给阴茎大的人拍照。所以，她来拍照的时候就把自己的阴茎带过来了。

1973年，丈夫去世之后，她在年届六十一岁的时候，事业开始腾飞，好像父权制在当地的代表，无论多么心善，在她能够思考自己的想法之前，也不得不给她让道。第二年，在一件名为《父亲的毁灭》(The Destruction of the Father) 的装置作品中，她对小看她的父亲和侵蚀她大脑的家庭理念进行了想象性的报复。她声称，作品中抽象的乳胶和石膏块再现了一场弑父的家庭剧：“在餐桌上，我的父亲会没完没了地自吹自擂，抬高自己。他越是炫耀，我们就越觉得他渺小。突然之间，气氛紧张到可怕的地步，我们抓住了他——我的弟弟、我的姐姐、我的妈妈——我们三个抓住了他，把他拉到了桌子上，把他的腿和胳膊拽了下来……我们把他吃了。"

她做了一条满是乳房的围裙，并穿着它表演。因为母亲是一位织工，她开始创作巨大的蜘蛛雕塑，她称这些蜘蛛为 Maman，即"妈妈"，并声称这些可怕的形象是她的守护者，仿佛是要把她的愤怒注入到仍然能够养育和保护孩子的母性当中。她搬进了一个更大的工作室，在那里她可以用现成材料组装巨大的作品。她还雇用了一个助手，叫杰瑞·高罗威（Jerry Gorovoy）。在三十年的时间里，杰瑞帮助她，让她在职业道路上走得更加顺利。将恐惧注入作品，这帮助布尔乔亚缓释了生活中的恐惧。她从未停止过时不时的焦虑、内疚和愤怒，但她把它们作为艺术的创作动力和主题。时间站在了她这一边：她在七十岁的时候埋头苦干，全力以赴，不断创作出杰出的作品，直到九十八岁时去世。

有时候，在孩子们离家之后，或是伴侣离开或去世之后，就像是深泉涌出泉水一样，所有用于维系家庭的能量、智慧、洞见、耐心和时间都回到了自我身上，让被幽灵附身的创造力有了新的生命。这似乎发生在勒古恩的母亲西奥多拉·克洛伯身上——她的写作生涯始于六十二岁。这也发生在小说家佩内洛普·菲茨杰拉德（Penelope Fitzgerald）身上——她在六十岁时开始发表小说，成为她那个时代伟大的英国小说家之一。她也是个"家庭主妇"，而她的职业感得以复苏，部分原因是借由布尔乔亚艺术作品直接表现出的象征意义，她真正的家分崩离析了。

不适区：大器晚成

1960年的某个时候，身无分文且为钱争论不休的作家佩内洛普·菲茨杰拉德和她不成功的律师丈夫德斯蒙德（Desmond Fitzgerald），带着三个孩子搬进了他们能找到的最便宜的住房：一艘停泊在泰晤士河上的半废弃的运煤船。在潮水退去之后，"格雷斯"号（Grace）就微微倾斜地停驻在泥里。潮水上涨，她就浮了起来，船进水了，得把水舀出去。佩内洛普在厨房里给家人做煎土豆、煎鸡蛋、煎面包和罐头炖菜。德斯蒙德酗酒，有一次晚上外出回来后，他在跳板上失足，撞到了头，如果不是佩内洛普听到了他摔倒的声音，他就被淹死了。一天早上，他们的两个女儿发现她们卧舱里的地板都是湿的。等放学回家后，她们看到格雷斯被水淹没，她们所有的东西都漂走了。

佩内洛普·诺克斯（Penelope Knox）于1916年出生在一个看重智慧和成功的家庭，一个由知识分子和（主要是男性）出类拔萃者构成的家族——包括她为人景仰的父亲，他编辑了极具影响力的幽默杂志《笨拙》（*Punch*）。佩内洛普也满腔的文学抱负，在牛津大学追随他们的足迹，在那里成了一个社交和学术明星。但是，尽管她从家人那里获得了坚定的权利意识，得到他们的祝福，鼓励她追求创造性的生活，但幸运的童年并没有赋予她实用的或情感上的技能。然而，这些技能正是她在缺乏庇护的战后世界所需要的。

在成年早期，她的自信遭受了一些痛苦的打击。她的母亲在她刚进入牛津大学时就去世了；在战争期间，她因为爱国去了BBC工作，和她的上司发生了一段关系——她的传记作者赫尔迈厄尼·李（Hermione Lee）将这段关系描述为单相思，但佩内洛普在她的小说中却说这段感情是情感剥削，导致了她的脆弱。在沮丧消沉之时，她嫁给了牛津大学的毕业生，爱尔兰卫队的新任军官德斯蒙德·菲茨杰拉德。

她的写作计划是怎样的，我们不得而知，因为她的私人文件和"格雷斯"号一起消失了。但似乎很明显，婚姻在现实层面和情感层面干扰着她的文学追求。某种程度上，这可能是他们二人都未曾预料到的。德斯蒙德从的黎波里（Tripoli）、安齐奥（Anzio）、卡西诺山（Monte Cassino）带着一枚英勇勋章，和严重的创伤后应激障碍回来。此时的佩内洛普发现，自己要照顾一个会从噩梦中惊叫着醒来，并越来越多地用酒精来麻醉自己的男人。怀孕给他们二人带来了更多的创伤：虽然佩内洛普最终有了三个她非常想要的健康的孩子，但她多次流产，而且他们的第一个孩子还在出生时因心脏缺陷而死亡。

女性在战后突然变得无足轻重，她们被迫离开工作岗位，把位置腾给从战场上回来的男人们，这对佩内洛普打击很大。德斯蒙德曾是一名律师，后来成了一家小型文学杂志的编辑。佩内洛普协助并鼓励他，尽管她可能会做得更好。他们住在超出他们能力范围的汉普斯特德（Hampstead），直到杂志社倒闭。随之结束的还有与其他作家的聚会；房子没有了；家具也被拍卖了。最终，德斯蒙德因酗酒问题失去了他的律师执照。

我们不知道是佩内洛普太过不切实际，导致她无法应对灾难，还是她不想抢德斯蒙德的风头，或者只是拒绝应对，以表示对自我奉献及自我牺牲隐晦的抗议。她是一位强势但爱得深沉的母亲，她要确保让自己的孩子受到良好的教育。孩子们还小的时候，她是 BBC 的自由撰稿人，撰写书评脚本和做儿童教育类节目，为《女性时间》(Woman's Hour) 节目策划专题，如"做图书馆管理员是什么样的感觉"。然而，她自己的女性时间与新闻工作的截稿日期相冲突，BBC 的工作就停止了。到了 50 年代中期，她在一家儿童杂志发表关于一个农家女的连载故事。有一次，她带着孩子里面的老大去墨西哥，为了拿到一笔遗产，但没能实现。除此之外，她似乎经历了漫长的滑向财务危机的过程。她在此期间所表现出的被动性可以看出她抑郁、否定，且失去了自我。夹在"母亲的脚本"和自己的职业之间，一个女人可能很难了解自己的想法——她认为这种犹豫不决的状态就像生活在驳船上一样，是"离岸"的。

她的第二部小说《书店》(The Bookshop) 于 1977 年出版，这是一个碎片式的鬼故事，关于为人母或为人女，以及悲伤与愤怒。在小说最温柔的场景中，一个没有孩子的中年寡妇和一个十岁的女孩亲密地待在一起。此时，一个恶灵猛烈地袭击这个房子，似乎要求她们为短暂的幸福付出代价。女人下定决心不被赶出家门。她勇敢地说："别管它。"受惊的孩子回答道："它并不想让我们走。它只是想让我们留下来受折磨。"

船屋的沉没似乎代表了作为必需的父权制的消失，也带走了菲茨杰拉德从小养成的阶层习惯，以及她对无私、理想的婚姻模式寄予的希望。（在《书店》中，她以叙述者的口吻这样说道："男人和女人并不适合彼此，这有时候令我感到震惊。"）在此之后，她振作了起来，投身于一种不那么循规蹈矩的生活。

菲茨杰拉德夫妇搬进了公共住房：伦敦南部一个普通但舒适的市政

公寓。孩子们去私立学校上学,和父母一样去了牛津。德斯蒙德不再被期望所累,停止了酗酒,找了份旅行中介的工作,开始分担家务劳动,去洗衣店洗衣服、熨衣服。尽管佩内洛普现在睡在客厅的沙发上,她仍然会说自己爱着德斯蒙德,但部分原因是她能理解德斯蒙德的无能,还有部分原因就像爱丽丝爱山姆·布罗迪一样:"德斯蒙德始终认为我所做的一切都是正确的。"

那时,佩内洛普已经开始教书养家,指导那些需要帮助才能通过A级考试的中学学生。五十岁的时候,她以超乎寻常的形象出现在她的学生面前:衣衫不整,穿着奇怪,在一件自制的罩衫外套着她父亲的旧斜纹软呢外套。她沮丧地给女儿写信说:"我曾尝试用茶叶袋染发,但染完后并没有太大不同。"而且,她觉得自己不被看见,也没什么影响。(她的女婿说她"只对自己可怕的艺术正义感有信心"。)她不喜欢假装关心自己的学生是否完成了他们的论文;她鼓励那些胆小但不愚蠢的人。她和比她年轻得多的老师A.S.拜厄特互相挑刺,都讨厌那些不起眼的冒犯,但两人或许又暗地里互相竞争。拜厄特回忆说佩内洛普是个好老师,但也给了她这样的评价:她是个天才,但"天才都不友好"——同样的话可以用来形容这本书中的每一位女性。

随着孩子们离开家,佩内洛普以前的抱负开始复苏。五十来岁时,借助德斯蒙德在研究上提供的帮助,佩内洛普写了两本非虚构著作,一本是艺术家爱德华·伯恩-琼斯(Edward Burne-Jones)的传记,一本关于她的父亲和兄弟们——对比他们辉煌的人生,她显得黯然失色。但是,正如她曾经写道的:"帮助他人是一剂危险的药物,除了完全放弃这种做法之外,没有任何治疗方法。"德斯蒙德在近六十岁的时候患上了癌症。在他接受治疗期间,佩内洛普开始创作一部惊悚的漫画著作,原计划是"在他生病期间逗他开心"。德斯蒙德于1976年去世,这本书——佩内洛普的第一部小说——于次年出版。此后，在她的丈夫去世，孩子们安定下来之后，她站稳了脚跟。一年后，她第二本杰出的原创小说《书店》出版了。然后，她写了一本书，故事发生在泰晤士河上的一个停泊处，刻画了一个个与社会格格不入、命数已定，但带着英雄色彩的角色。《离岸》(*Offshore*，1979 年）获得了布克奖。

失败成了佩内洛普的伟大主题。她的主人公遭受失败，他们的计划化为乌有，但他们秉持着自己的正直（和不合时宜），不屈不挠地走下去。晚年的佩内洛普仍然藏身于邋遢的外表之后：关于她不事雕琢的着装以及尖锐的言论，一位朋友写道："老了的佩内洛普像刀一样尖锐，并且不遗余力地假装自己并非如此。"她或许治好了自己帮助他人的毛病，但却没有治好隐藏自我的毛病——不仅仅是隐藏她自己的聪明才智，还有在为人妻、为人母期间，她不允许自己发挥出来的原创性。

Audre Lorde

1934～1992　作家、女权主义者

母亲、诗人、战士:
奥德雷·洛德

如果我记得我,我就记得
我身体里的孩子
我爱着的身体

母亲、诗人、战士:奥德雷·洛德

> 母亲是我所知道的最有趣又最令人困惑的词语。黑人亦如是。
>
> ——亚历克西斯·波林·甘布斯

> 白人父亲告诉我们:我思故我在。我们每个人体内的黑人母亲——诗人——在我们的梦中低语:我感受,故自由。
>
> ——奥德雷·洛德

1962年怀上第一个孩子时,奥德雷·洛德为创造新生命的魔力感到开心。她出门去纽约郊区的芒特弗农(Mount Vernon)做图书馆员的工作,回家后又回到律师丈夫埃德·罗林斯(Ed Rollins)的身边,写她的诗歌,感受体内的胎儿在夏天"绽放",在冬天的寒风中"猛长"。她想象自己的女儿——她确信肚里的胎儿是个女孩——如何在她的体内发育:她的双手长成形,她的牙齿要顶出来,她的头发开始卷曲。

在当时那个时代,奥德雷和埃德是超前的父母。他们一起参加分娩课程,并确保分娩时埃德可以在场。之后,奥德雷坚持让孩子和她在一起生活,而不是送去托儿所。能够和参与其中的伴侣一起做决定,得到她所希望的照护,无须放弃自己的需求,这让奥德雷得以享受怀孕的过程,喜欢自己新生的孩子。

她的怀孕并非意外:她结婚是因为她想要孩子。但她和埃德的婚姻是他们自己设计的:一个黑人女同性恋和一个白人男同性恋之间的多角婚姻,两个人都寻求家庭的温暖和亲密。在那个男女伴侣是唯一安全选择的时代,他们做了他们认识的其他人也在做的事:他们共享一个家庭,有孩子,同时又生活在"现实中"。

奥德雷是一个有浪漫情怀的顽固的纽约人;一个有远见的诗人、回忆录作家、种族和性别平等评论文章的写作者;一个知识分子、梦想家、情人,以及在身怀六甲,因为腹痛在地上走来走去的时候,就已经想好了如何赋予"母亲"重要性的人。她是一个通过滋养她所爱的人来获取力量,情感充沛的人,因此养育贝丝(伊丽莎白的简称)和第二年出生的儿子乔纳森(Jonathan),让她感觉自己获得了力量。

虽然她觉得自己"受困于一个哺乳期母亲的茧房",但想到写作,她越来越有紧迫感。贝丝出生时,她已经二十九岁了,开始为自己的诗歌寻找出版商;而且与菲茨杰拉德不同,她没有靠等待来敷衍了事。她写道:"我身体里的某些东西/告诉我耐心/不是美德。"她花了很多时间在犹豫和自我探索,而一旦她最终确定了自己的职业——她的女儿贝丝回忆说——她就"风风火火地在生活中开展了起来"。

回忆过往,奥德雷称抚养两个孩子并非陷入自我丧失的境况,而是

> 一个漫长,有时艰难的走向自持的过程……令我开心的是,我愈发能够突破一些边界,远超我以前认为可能的——无论是理解能力,还是从新角度看待普通的事件,抑或是相信自己的看法。这是

一个激动人心的旅程,孩子们在街上的笑声以及他们睡觉时可爱的身形也让人觉得甜蜜。

她也意识到,作为一个女同性恋母亲,她面临被排斥的风险;而作为一个非裔美籍母亲,她的养育方式与主流文化相悖,这种文化不支持黑人母亲获得的主流文化。如果母亲首先处于一个缺失或不可见的主体地位,那黑人同性恋母亲则处于各种不可见的交叉点上。学者亚历克西斯·波林·甘布斯写道,在这种情况下成为母亲完全是打破常规的。相反,这是一种同性恋行为,"同性恋意味着,外界对我们身体的解释与我们对自己身体的感觉之间存在着严重的脱节,同性恋意味着'我不应该存在',但我又确实存在"。

正如奥德雷所说的,"作为身处跨种族婚姻之中的黑人女同性恋母亲,我的某些部分通常保准会触犯每个人对我应该是谁理所当然的偏见"。她的反击方式是把母亲身份重新定义为一个既安全又富有挑战的场所,同时将孩子们的自我交予他们作为礼物。

她关于怀孕的诗《现在我将永远和孩子在一起》("Now That I Am Forever With Child")以女儿伊丽莎白·洛德-罗林斯在1963年3月的出生收尾:

> 在春日将至的一个清晨,我生下了你
> 我的大脑像灼热的活塞般响着
> 我的双腿是塔,中间
> 正在经过一个新世界。

自那之后

> 我只能辨出
> 流淌时间中的一个脉络
> 你，从自我中穿流而过
> 流向你。

在奥德雷成为母亲之前，她是一个学生、一个活动家，也是纽约女同性恋酒吧里可爱的小年轻，有着与生俱来的吸引力和灿烂的笑容，其他"喜欢同性的女孩子"说她"令人神魂颠倒"。友人觉得她无论在做任何事情的时候——不管是写作、八卦还是爱情——都极其投入、性感，且生气勃勃。当她在男同性恋酒吧里跳慢舞时，她知道自己"没有同类，也不属于某群人"。

但要找到实现母亲身份与事业的道路，奥德雷首先要找到她自己。爱丽丝·尼尔在艺术家那里找到了归属，多丽丝·莱辛在政治中找到了归属。但是，在20世纪50年代，对一个黑人女同性恋诗人来说，找到自己是另一种困难。十来岁、二十来岁的时候，奥德雷都在研究自己是谁，以及要如何成为自己。她在格林威治村进行探索，和一个女情人住在那里，勇敢地把两人的名字写在信箱上。她在哈莱姆作家协会（Harlem Writers Guild）探索，该协会培养年轻的黑人人才，给她提供了探索自己种族身份的空间。在她只身前往墨西哥并与一位年长的女性相恋时，她便在二十出头的年纪找到了了解自己的线索。

她在十四岁的夏天就尝试做不同的自我。那时，她和她最好的朋友珍妮（Genny）打扮得漂漂亮亮，在东村附近游荡，假装另类；或是穿上紧身裙和高跟鞋，跟穿衣打扮很体面的男人走在第五大道上，说着她们认为淫荡的话。有时候，她们待在家附近，手牵手在哈莱姆走来走去，分不清她们是伙伴还是情侣。

在她还是个扎着辫子、戴着厚眼镜的小女孩时，诗歌就是她的一部分。她的父母喜欢把她带到公司跟同事炫耀。她在当时要表演的是把记下来的东西背诵出来：瓦尔特·德拉·梅尔（Walter de la Mare）的《倾听者》（"The Listeners"），埃德娜·圣文森特·米莱浪漫、狡猾的诗句。她觉得自己不善言辞——五岁前，她几乎不怎么说话——因此，她用别人的语言来交流。她回忆说，当有人问起有关她自己的问题时，"我就背一首诗，那首诗的某一处就是我的感受，传达着重要的信息"。她最终开始写作，"在找不到别人的诗时，我这样说出那些我说不出的话"。

在某种意义上，奥德雷的写作——她为自己的经历寻找文字——和她所结成的家庭，似乎都是她父母自我重塑之旅的延续。当拜伦和琳达·洛德于1924年从格林纳达（Grenada）来到纽约时，奥德雷的父亲抛弃了他的第一个父亲身份：他有一对双胞胎女儿，是他和另外一个女人生的，但他从未向奥德雷或是她的姐妹提起过她们的存在。他也抛弃了他的名字。既为了表示对自己出身的自豪，又为了表达自己的野心与自我创造，他在移民表格上写下的是弗拉菲乌斯·巴尔戈文·洛德（Flavius Balgoven Lorde）这个名字，但在美国却选择成为弗雷德里克·拜伦（Frederick Byron）。

琳达·贝尔马·洛德（Linda Belmar Lorde）从未停止过幻想自己一家人居住的地方：卡里亚库，一座格林纳达的小岛。在那里，她和她的丈夫说方言，奥德雷认为那是他们夫妇的"秘密诗歌"。根据家族历史所载，琳达的父亲是一个消失在海上的葡萄牙白人渔民。她一开始到纽约时，冒充白人在餐馆工作，后来被发现并解雇。

洛德夫妇一起经营房地产业务，在哈莱姆管理公寓楼、卖房子，一边长时间工作，一边努力与纽约为阻止黑人成功所设置的障碍做斗争。他们把自己的家庭变成了一座陌生世界中的孤岛，教导自己的女儿们既不要相信白人，也不要相信非裔美国人，家是唯一安全的所在。奥德雷接受了她父母的排外意识，尽管她所听到的是一则混杂的信息："你是洛德家的一个孩子，因此你是特殊的，世上任何其他人都不如你。但你又跟我们这些洛德家的人不一样，所以你何时才能改邪归正？"

在成长的过程中，奥德雷感到格格不入，就像她名字中去掉"y"上的尾巴一样：一个尴尬的事后想法。1934年2月18日，奥德雷·杰拉尔丁·洛德（Audrey Geraldine Lorde）在哈莱姆出生。她一开始给自己改了个女孩名字，当时她刚学会写字，喜欢"AUDRELORDE的平均感"。她的两个行为规矩的姐姐——父母工作时，她们经常被留在家里照顾奥德雷——觉得奥德雷是个"野姑娘"，"老是闯祸"，而奥德雷却觉得自己近视、笨拙，是最不招人待见的丑八怪。

你最爱的人会保护你免受世界的愤怒与排斥，然而，家庭也可能是怒火燃烧最旺盛的地方，那里的冒犯和恐惧像是一堆油腻的破布日积月累，等待被点燃。在别人眼中有所成就的一天，也可能是以对伴侣的怒吼而告终。无力保护或帮助孩子可能会对他们造成伤害，而洛德姐妹不仅仅经受了这些，还因贫穷和被歧视而受惩罚。奥德雷渴望得到父母的爱，以及对她天赋的认可。然而，她的母亲却因为一些小错误打她，比如晚回家了，或是在商店丢了一枚硬币。在她虚构的自传《扎米》（Zami）中，奥德雷写道：即便是她的安慰都是粗暴的，"好像她的严厉可以赋予我脆弱。在她看来，似乎在真理的火焰中，我最终可以被锻造成她的复制品，一样耐痛。"

不仅仅是洛德夫妇：在布鲁克林的意大利移民家庭中，黛安·迪·普里玛也在自己身上感受到了父母的恐惧所引发的暴力。当这两个朋友成为母亲之后，奥德雷很严格，黛安更放松，但两人都警惕地保护自己的孩子不受他人和自己愤怒的侵扰。

琳达·洛德也试图用谎言和隐瞒来解决种族歧视和贫困的问题。当她买不起手套时，她就告诉自己的女儿们说自己不喜欢戴手套。当白人向她们吐口水时，她用风恰好吹错了方向来打圆场。奥德雷后来写道："她不得不采取这些防御措施，并通过这些防御措施生存下来，也因为这些措施，部分的她也死了。"奥德雷试图让自己不因为这些措施而死去。当奥德雷抱怨说自己在全白人的天主教学校中没有朋友时，她的母亲呵斥道："你不需要朋友。"

奥德雷花了很长时间来摒弃这些信息。面对父母的不认可，她后来写信给治疗师说："我一直都很害怕。因为如果权力不喜欢你的样子，那它就会伤害你。或是打击你，或是不爱你。所以，你要么成为他们想要你成为的人，要么假装你就是那样的人，把自己隐藏起来。我选择了后者。"

她或许一直都想要躲藏，但她一生也都在勇敢地与之斗争。她了解恐惧的滋味，所以学会了说出内心的恐惧。因为曾经被欺骗过，她努力讲述真实的自己。因为曾经孤独一人，她在自己周围建立起了一个互相支持的群体，保持着亲密的友谊，并确保享有生活的乐趣。正如她所写的——这是她最常被引用的评论之一——"如果我不为我自己定义自己，我就会被他人对我的幻想咬烂嚼碎，生吞活剥。"

在通过严格的考试，成为纽约女子精英院校亨特高中（Hunter High School）少数的黑人学生之一后，奥德雷开始学习界定自己的不同之处。另外一位黑人学生是她在九年级时一起玩扮装游戏的玩伴，吉纳维芙·约翰逊（Genevieve Johnson），一个有天赋的舞者，她有一个鼓励她实现艺术抱负的单身母亲。除了珍妮，奥德雷的亲密好友和同盟是一群来自亨特高中的女学生。除了奥德雷，其他人都是白人，但她把不服从与社会的排斥转化成了荣誉的象征。她们自称"烙印"（the Branded），宣称她们自己是作家,用羽毛笔蘸着彩色墨水写诗,举办降神会,召唤浪漫主义诗人的灵魂做她们的缪斯。和勒古恩一样,奥德雷也遭到了学校文学杂志的冷落〔尽管当编辑拒绝的一首爱情十四行诗在《十七》(Seventeen)上发表时,她觉得自己得到了平反〕。"烙印"教会了她做一个局外人,她们在一起"写晦涩的诗歌,珍惜我们的怪异之处,将其视为默认的奖励,并在这个过程中……了解到痛苦和拒绝是有伤害的,但并不是致命的,而且……无动于衷要比感到受伤更糟糕"。

朋友们认为奥德雷戴上眼镜后显得威严、机智、内敛,需要在开口前觉得局面在自己的掌控之中。黛安·迪·普里玛,另外一位在未来会成为诗人的"烙印"成员,回忆说奥德雷"很凶,在那些日子里常常叫人看不懂。她的眼神和沉默总让我们猜不透。有点觉得自己无所不知,又有点不屑一顾"。黛安不知道在白人朋友的父母家不受待见,给奥德雷带来了多大的伤害,也不知道她的感受给她带来了多少不安全感,她和其他人想的不同,不是在逻辑上"循序渐进",而是像"混沌中冒出的气泡,不得不用文字来固定住",因此"一切听来都像是一首诗,有不同的曲线,不同的层次"。

在那条显得她"叫人看不懂"的防线之后,奥德雷是一个浪漫的人,她在笔记本上写满了关于爱和死亡、绿色树木与寒冷山谷,以及树精在其中跳舞的诗句,夹杂在拉丁作业以及向英语老师米里亚姆·伯斯坦(Miriam Burstein)表达爱慕的字里行间。作为科幻小说的读者,她写了一个关于有感知能力的光年的故事,他希望自己除了携带光之外,还能在存在的同时得到更多。最后,当它撞上地球的大气层时,它化作流星消失在一片光亮之中。

想要更多就会显得脆弱。洛德的朋友珍妮当时十五岁了,她与母亲发生了争执,搬去了父亲那里——一个富有个人魅力,但不靠谱的人。

不久之后，出于奥德雷不得而知但可以想见的原因，珍妮自杀了。奥德雷在医院里坐在珍妮的床边，但珍妮已经吞下了老鼠药，医生也无能为力。奥德雷在日记中痛苦地写道："我如此爱她，却无法阻止她。"

此后，奥德雷每年都会在日历上标注吉纳维芙的死亡，对她的朋友长久地表示深沉的哀悼。她从《纪念之二》（"Memorial Ⅱ"）这首诗开始了她第一本书的写作，想象吉纳维芙以讲述者的视角观看世界。黑人和同性恋的生命处于危险之中，在能够保护他人的时候，奥德雷才觉得自己是最强大的。在不能保护他人的时候，她会为他们感到悲伤。几年后，当黛安的同性恋好友弗雷迪·赫克（Freddie Herko）自杀时，她打电话给奥德雷。尽管工作忙碌，孩子还小，但奥德雷知道黛安的痛苦，开着她的大车来接她，送她去了中央公园，让黛安靠在自己的肩膀上哭泣。

脆弱使奥德雷学会了寻找盟友，特别是在这个时期，她彼时还没有一个家庭可以依靠。她希望自己能像她那些在亨特的朋友那样上大学，并被精英的、艺术的莎拉·劳伦斯学院（Sarah Lawrence）以全额奖学金录取。她的父母鼓励她接受白人中产阶级的教育，但在需要踏出合理的下一步，也就是让她真的离开他们时，他们又不允许了。他们被拜伦日渐恶化的健康状况吓坏了——两年之后，他就因中风去世了——但待在父母家，奥德雷感觉自己被抛弃了，那里没有故事。

当紧张的气氛变得难以忍受时，奥德雷向"烙印"寻求帮助。她们帮助奥德雷在布鲁克林找到了一间出租屋。在从亨特毕业一个月后，十七岁的奥德雷找到了一份护士助理的工作，对当下感到不安，但对未来充满希望，她开始了自己的独立生活。她骄傲而固执的父母很长时间都没找她，这让她感到很受伤，但她知道，自己已经不再属于那个家了。

在1951年，任何一个女人都需要巨大的想象力——更不用说一个贫穷的黑人女同性恋者——来处理童年时期的创伤。自己能养活自己就已经很不寻常了：对于奥德雷那一代的大多数女性而言，大学和婚姻是仅有的通向独立的选择。在接下来的十年里，她经历了"一个战争期……暗无天日，没有人可以信任，也没有几个同伴。我们是被认定为女人的女人，是我们在与整个世界对抗"。她补充说："我认为自己很幸运。我们每个人在那个时期都是靠运气和爱情活下来的，有很多人要么运气不够，要么没有爱情。"

一开始，当她知道自己喜欢女人，但却不知道该怎么做的时候，她和一个年龄相仿的犹太男孩约会。他们是通过青年劳工团（Labor Youth League）认识的。她深深地爱上了格里（Gerry），或是她眼中的他，并和他上床，因为他想和她上床。之后，她在日记中抱怨他们在床上对彼此的"误解"："我很爱他，但我不能——就是不能接受在我们的性关系中做顺应的那一方。"那年秋天，格里并没有走进她生活的空白，而是和她分手了。这让她很痛苦，而且——虽然她当时还不知道——她还怀孕了，大概率就是格里的孩子。

她离开医生诊室的时候害怕又坚定，因为"知道我不能生下这个孩子，而且还非常确定地知道这一点，这点醒了我可以放下其他任何事，但这件事无论如何都要完成"。她知道一个朋友的朋友死于堕胎，于是做起了噩梦，"梦见自己躺在手术台上，子宫里冒出一口锋利如幼狼般的牙齿，把医生的手给咬掉了"。她不可能负担得起厄休拉·勒古恩头一年在纽约找的那种安全但昂贵的医生。但最终，她找到了一个护士，愿意以四十美元的价格给她做流产，这差不多相当于她两周的工资。做完痛苦、血腥和恐怖的手术之后，她觉得自己很勇敢，也很自立，"这种感觉甚至比我离开家时还强烈……这是一种从安全朝着自我保护的转变"。

在接下来的一年半里，她开始组建多样化的朋友圈；接受心理治疗；搬去了康涅狄格州，在一家工厂找了份工作；并遇到了她的第一个女性恋人。心理治疗将是她自我发现的重要一环，尽管开始时并不顺利：在第一位治疗师敦促她不要和"同性恋鬼混"之后，她离开了这位治疗师。相反，她与金杰（Ginger）做爱——一个"非常漂亮的胖子"且甜美妩媚——"就像是回归了注定属于我的快乐，我不禁暗自思忖，我之前怎么一直都不知道人生可以是这样的呢。"

1954年在墨西哥库尔纳瓦卡（Cuernavaca），奥德雷在一群逃避国内迫害的美国侨民中遇到了另外一位年长女性，她帮助奥德雷，让她敢于承认并说出自己的性取向。记者尤多拉·加勒特（Eudora Garrett）教会了奥德雷如何做爱以及如何去爱，教会她说出自己女同性恋的身份并以此为荣，教会她"如何保有天分地爱和活着，并讲述故事"。

她从墨西哥回到了纽约，对群体以及如何找到群体有了更多的了解，也掌握了更多自己养活自己的生活和工作技能。现在的她二十岁了，与母亲和姐妹们又取得了联系。她决定重新开始她曾经放弃了的教育。黛安从大学辍学，以打字员和艺术家模特的身份从事自由职业。但奥德雷并不想过一种混乱的生活，而且，能选择相信机会，这是属于白人的特权。她开始在亨特高中相应的大学，即亨特学院（Hunter College）上课。

正是在那里，她认识了学生会主席布兰奇·维森·库克（Blanche Wiesen Cook）。她俩成了恋人以及一生的盟友。布兰奇是学生争取民主社会组织（Students for a Democratic Society）的创始人之一，后来成了一名历史学家，也是埃莉诺·罗斯福（Eleanor Roosevelt）的传记作者。她被将智慧、勇敢和有趣集于一身的奥德雷所吸引。她曾经这样描述她们之间的友谊："我们在一起有过你死我活的时刻，但我们会在你死我活的那些时候唇枪舌剑，争个淋漓尽致。但当我们在一起开心时，我们也淋漓尽致地享受其中，乐此不疲。"

20世纪50年代，奥德雷和她的女友玛丽恩（Marion）有两年在一个公寓同居，并许下了"爱到海枯石烂的誓言"。但她们对对方的需求要比她们能给予对方的更多。奥德雷在《扎米》中写道："我们俩都如此长久地渴望着爱，以至于我们想要去相信，一旦找到了爱，那它就是万能的。我们想要去相信，爱可以安抚自己不成熟的痛苦和愤怒；……爱可以解放我们的写作，解决种族主义，终结对同性恋的恐惧以及青春期的痤疮。"

因此，和玛丽恩分手时，奥德雷的失落感也更强一些。在1958年的日记中，她不加掩饰地表达了自己被抛弃之后真实的感受：

> 我感觉像是陷入了一个水坑，一直哭泣，直到被淹死……在之前漫长的岁月里，我体内有一个黑暗、空寂的洞穴。有时，呼呼的狂风在那里来回穿梭；有时，真空将所有扼杀在寂静之中。但这个洞穴缺乏将它确定下来的定义。如今，它为人所知，并已最终确定，它的名字就是孤独，那是一种无尽的死亡。

她让自己振作了起来，但是，孤独仍然是一种威胁。在日记里，奥德雷将做爱描述成她的某种防御措施，她"安全地游戏人间的方式……在通常情况下不会给予的领域里放纵地给予，但又紧紧守住通往更为根本的自我的大门"。她是很多女性的初恋；奥德雷的传记作家亚历克西斯·德·沃克斯写道，奥德雷"经常会爱上那些在遇到她之前，从未感到真正被爱过的人"。

在这些年的旅行、实验、心碎和反省中，奥德雷获得了自我认知，这将赋予她后来的评论文章以深刻的洞察力。她看到，只有更真实地面对自己，才能减少内心的恐惧。她最终学会了通过跟自己说这样的话来对抗她想要隐藏自我的冲动："坚强的唯一方法就是做需要力量的事。做自己的唯一方法就是做需要做自己的事。去感受我自己。不是我的形象，而是我。"

她部分的力量感也源于知道能够养活自己。到1961年时，她获得了英语学士学位，在哥伦比亚大学获得了图书馆学硕士学位，并在芒特弗农（Mount Vernon）图书馆工作。她搬进了那里一间舒适的公寓，公寓里有一个大浴缸（她曾经这么建议："有疑问时，就去泡澡。"），享受着她新的独立生活。没过多久，她遇到了埃德·罗林斯。

埃德温·阿什利·罗林斯（Edwin Ashley Rollins）是一个来自新英格兰古老家族的律师和社区组织者。奥德雷二十七岁的时候，他三十岁。他对政治很严肃，但也是个开心果。布兰奇回忆说，他可以穿身西装，看起来很职业，也可以做肯尼迪竞选活动的志愿者，穿上斗篷时显得光彩夺目，而且看起来"非常同性恋"。奥德雷觉得他绅士，很会照顾人，和她一样是个局外人。他们是通过共同的朋友认识的，这些朋友在政治领域很活跃，并试图超越传统的性角色。介绍他们认识的已婚女性友人和他们俩都上过床，当时的奥德雷与好几位女性以及至少一位男性有过亲密的友谊。但她厌倦了独自生活，埃德也希望过上家庭生活。

在他们的婚礼上，奥德雷穿着黄白交织的中式紧身旗袍，她纤细的腰身一览无余，这要归因于她和她圈子里的所有人在进行日常工作、谈情说爱以及艺术创作或激进活动的同时，也服用安非他明。（她并没有长期使用，也最终不再努力控制自己圆胖的体型。）但并非所有的事情都完全如她所愿。尽管琳达·洛德自己既有白人血统也有黑人血统，也并不介意奥德雷嫁给一个白人，但埃德的整个家族都待在家，不出席婚礼以表示反对。布兰奇回忆说，除了前女友玛丽恩之外——玛丽恩嫉妒地说埃德"轻浮""不真诚"——奥德雷的朋友们都为她感到高兴，而且那场婚礼办得特别棒。"我们都在庆祝。"

这场婚礼是为这样的女性举办的：她们时常觉得自己处于"最边缘的位置"，想弄清楚"为什么尽管极端难以保持，有时还很痛苦，但总比站在风平浪静的中立位，并顺利地推行计划来得更为舒心"。

1963年8月，在贝丝五个月大的时候，奥德雷给她断了奶，这样她和埃德就可以把孩子留给她的姐姐菲利斯（Phyllis），去华盛顿参加游行。他们和另外两个朋友开着他们的漫步者（Rambler），在巴尔的摩接上在那里读研究生的布兰奇，驱车前往首都，车上坐满了活动家。

奥德雷的心思并没只放在马丁·路德·金（Martin Luther King Jr.）的演讲《我有一个梦想》上，也没放在那天的其他演讲者身上。她在一份草书的回忆中写道："由于天气炎热，人群熙攘，我很高兴我们没把孩子带来，但我还是忍不住担心她。这是我们第一次把她留给别人，而且我的乳房胀痛。"此外，她忙于在咖啡蓬里帮忙，并没有看到或听到太多演讲——不像十九岁的艾丽丝·沃克，她坐在广场的一棵树上，试图获得更好的视野。奥德雷对华盛顿特区的抗议活动持怀疑态度：在一次难得的家庭假期中，她第一次去华盛顿，但洛德夫妇因为种族原因在一家餐馆被拒绝入座。但即便如此，她最后还是被感动了，当"我们与其他陌生的黑人和白人手拉手，双脚浸在华盛顿纪念碑的水池中，被最后的兄弟情义所笼罩时，我们如彩虹般闪闪发光"。

作为一名家长，奥德雷感到自己更为强大，更有目标。现在，她觉得自己的生活是一种"诗意的兴奋"。在其中，她的母亲身份、婚姻和政治参与都是她关注的重点。因为缺乏时间，她把图像和短句写在碎纸片上，藏在贝丝的尿布袋里。写完的诗歌发表在非裔美国诗歌集和主流杂志《黑人文摘》（*Negro Digest*）上。1964年，诗人兰斯顿·休斯（Langston Hughes）将她的作品收入他的文选集《美国新生代黑人诗歌》（*New Negro Poets U.S.A*）中，这对她的事业有重要的推动作用，特别是在《时代》杂志单独赞扬了她的作品之后。

奥德雷认为,"与一个诗人,特别是一个黑人女诗人打交道更容易,当你把她归类,狭隘地理解她,这样她就能满足你的期望。但我一直都觉得,我不能被归类"。她在文学界和在生活中一样,从未完全地融入过一个群体——无论是黑人主流、多种族的垮掉的一代、白人女权主义学术圈,还是激进黑人艺术运动。格温德琳·布鲁克斯把自己的出版商,隶属于黑人艺术的侧面出版(Broadside Press),推荐给了奥德雷。奥德雷将会在那里出版两本书,但因为他们不愿意让她写一首女同性恋的诗,她又离开了这家出版社。和很多伟大的作家一样,她将不得不通过自己的写作来创造她所需要的读者。

她可以归属的群体是她自我创建的母亲群体,以及支持她做母亲的朋友们所构成的群体。奥德雷被社会学家帕特里夏·希尔·柯林斯(Patricia Hill Collins)所说的"其他母亲"所包围,即帮助彼此照顾孩子的朋友、邻居和亲属,这种情况在非裔美国群体中尤为普遍。布兰奇一直想要孩子,并曾短暂结婚,希望能生个孩子。尽管没能成功,但她和她的生活伴侣,剧作家克莱尔·考斯(Clare Coss)都是溺爱孩子的教母,会和奥德雷一家庆贺节日,夏天会与奥德雷和孩子们一起去海滩玩耍。尤兰达·里奥斯(Yolanda Ríos)既是朋友又是情人,她已婚有子,搬到了洛德-罗林斯夫妇的楼下,和奥德雷共享育儿工作以及性伴侣,对彼此表示支持。另外一位邻居伊丽莎白·梅班克(Elizabeth Maybank)是奥德雷的救急保姆,有时候在奥德雷和埃德都要工作时,她还会帮他们做家务。

在朋友们生儿育女时,奥德雷总是为她们加油打气,特别是像诗人帕特·帕克(Pat Parker)这样的女同性恋友人——她和她的伴侣收养了一个女儿。当她们的收养行为遭到质疑,理由是她们无法提供足够的"家庭支持"时,这两个女人和她们女儿的其他母亲——她们身边的全部女同性恋者挤满了法庭。当奥德雷得知她年轻的苏格兰诗人朋友杰基·凯(Jackie Kay)将以单身母亲的身份生下一个孩子时,她叮嘱她要享受怀孕的过程,并寄了一张英国出版商支付给她的小额英镑支票,建议杰基给孩子设立一个账户。

黛安·迪·普里玛成为奥德雷的盟友,她们同为家长和诗人。在黛安不断往来于纽约和西海岸之间的那段时间里,她和奥德雷交换信件、快照,以及一箱箱孩子穿过的旧衣服。在黛安的孩子回东海岸看望他们的祖父母时,奥德雷也会去看望他们。黛安培养了奥德雷爱与和平的一面——一个烤面包、收集珠子、制作首饰、研究占星和《易经》的女人。在 20 世纪 70 年代,作为对女权主义的回应,她们交换诗歌,这些诗歌构成了黛安产生极大影响力的"女神"系列《洛巴》(*Loba*),以及奥德雷在《黑色独角兽》(*The Black Unicorn*)中为西非女性神灵写下的感性且发自内心的祷词。

在 1968 年这一年的时间里,黛安出版了奥德雷的第一本书,奥德雷帮助黛安生下了第四个孩子。正如奥德雷所说,当黛安请她担任助产士时,她在一本医学指南中查询"家中分娩"词条,书上写着"不建议"。但她并没有气馁,当这个时刻来临时,她戴上了一个银色的护身符,驱车前往黛安、她的伴侣和孩子们落榻的公寓旅馆,回忆她从小说的分娩场景中习得的知识:"我知道其实并不必须得是开水,我知道真正需要的是无菌剪刀,我只能随机应变了。"黛安分娩的过程很顺利。当黛安的女儿塔拉出生时,她就在场,这样的喜悦让奥德雷感到自己与生命最深层的奥秘相联结。"婴儿,在他们出生时,仿佛来自另外一个世界……是人类又不完全是。他们是如此美丽,又完全是他们自己。能看到并参与这个过程是件非常美妙的事情……神秘、灵性、色情又给人能量。"

尽管埃德鼓励奥德雷写作，同时也是一位愿意奉献的父亲，但他最终没能成为奥德雷所希望的一个情绪稳定、养家糊口的人。埃德脾气暴躁，容易抑郁；贝丝后来认为他可能患有双相情感障碍，但未能得到诊断。在成为父亲的那一年，他失去了在律师事务所的工作。尽管他转而从事自由职业且持续不断地有工作可做，但他的情绪受到了影响。肯尼迪总统遇刺更让他深感沮丧。在 1963 年圣诞节的第二天，当他们去看望奥德雷的母亲时，他把一支点燃的香烟没有灭掉就放在孩子房间的梳妆台上，并因此引发了一场火灾，严重损毁了他们的公寓。在他们找到新住处时，奥德雷又怀孕了。

如果你既要照顾两个小孩，还要努力写作，那你在别的事情上就没有多少出错的余地了——你伴侣的工作，你孩子或是你自己的健康。洛德-罗林斯家的儿子乔纳森生于 1964 年 8 月 31 日，他们住进了河滨大道与 140 街交叉处曼哈顿一座新高层建筑的第 20 层。但是，厄运并没有结束。当乔纳森十个月大，伊丽莎白两岁的时候，奥德雷因为一次小车祸颈部受伤，这影响了她好几个月，她甚至都不能去接孩子；埃德不得不把孩子们抱起来搁在她腿上。在她康复之后，埃德承认自己没有足够的能力来支付账单。为了养家糊口，奥德雷在一所护士学校做一份图书馆员的工作，上四点到半夜的班。

上夜班、打理家务、维持朋友圈以及和情人的关系，帮助母亲处理洛德家的房地产业务，这让她连睡觉的时间都很少。她靠吃安非他明强撑着。她完全是出于一种决心去写作。不管奥德雷什么时候去工作，乔纳森都会哭，这让奥德雷因为不得不离开他而感到"痛苦和愤怒"。她责备埃德不负责任，但随着埃德越来越靠不住，她也变得更有控制欲。她希望埃德说出自己的感受，但埃德不觉得一个男人有交流的必要。她想知道埃德晚上去了哪里；她怀疑埃德勾搭陌生人，而不是像她那样带情人回家，但她认为他应该像她这样做。她为他感到担心：他发现很难接受自己同性恋的身份，她劝说他寻求治疗。但安非他明让她变得易怒，她会大骂埃德，有时候甚至打他。

1967年，当奥德雷三十三岁时，城市学院（City College）的一个学生问她是否可以给她做个采访，作为自己的一个课堂作业。在最终完成的文章中，这个学生问道："为什么这位很早之前就前途一片光明的诗人停止了写作？"他的设问令她感到悲伤，继而是愤怒。然后，她准备重拾自己的职业生涯。她重整旗鼓，开始严肃对待自己的作家身份。她把自己分别四岁和三岁的孩子送去上东区进步的新林肯学校（New Lincoln School，苏珊·桑塔格和费斯·林格尔德的孩子都在那里上高中）上幼儿园。黛安给了她一张桌子，奥德雷把它放在自己的卧室，为它所占据的空间感到开心。埃德同意在周末带三个小时的孩子，这样奥德雷就可以写作了。她也学会了把孩子放在旁边玩耍，自己在一边工作，屏蔽他们的噪声，品味"完全沉浸于工作的珍贵时刻"。

那年冬天，奥德雷接到黛安的一通电话，说她自己开了一家小出版社。她说她从一家新的政府机构——国家艺术基金会（National Endowment for the Arts）——得到了一笔资助，并且告诉奥德雷是时候出版一本书了。在奥德雷选编的文集《首批城市》（*The First Cities*）中，她展开了自己在整个职业生涯中将会不断折返的那些主题：她与父母及孩子之间的关系，她的种族身份，她通过身体与浪漫之爱所获得的快感。和很多非裔美国作家及科幻小说家一样，她认为自己是在用将来时态书写希望与变革。

> 我认为正是在我们的诗歌中……我们开始打开我们的内在视野，开始创造此前从未出现过，但有可能出现的视野。诗歌不是一

种奢侈品。我们的诗歌和我们的梦想是我们的延伸,让我们的知识超出我们的理解范围,并开始以一种我们能够企及的方式为混乱勾勒出轮廓……

我觉得,外在的种种在我们的诗歌中得以实现,如同我们的梦境。

对奥德雷来说,从私人领域走向公共领域并不容易。她仍然感到害羞和"不善言辞":"想到有人拿我当个诗人,我就感到非常害怕。"但当机会不期而至时,她也会抓住机会。全国教育协会开始资助作家在传统黑人大学驻校。1968年1月,在奥德雷把她的手稿寄给黛安之后,她得到了一个为期五周的驻校机会,自下月开始,地点在密西西比州杰克逊市的陶格鲁学院(Tougaloo College)。

她的第一反应是想到了危险。对她来说,密西西比州是埃米特·蒂尔被害的地方;梅加·埃弗斯(Medgar Evers)在他位于杰克逊市的家门口被枪杀;芬妮·洛·哈默(Fannie Lou Hamer)因试图登记投票而差点儿被打死。1968年2月8日,南卡罗来纳州奥兰治堡(Orangeburg)的警察在传统黑人大学南卡州立大学向正在进行民权示威的人群开枪,打死了三名学生,打伤二十八人。除了对性命的担忧,作为一个作家,她觉得教书是有风险的。她想,为了做好,她至少得跟她的学生部分地公开自己的生活方式。

她也不愿意离开孩子们这么久。但埃德说自己会照顾他们,并劝说奥德雷抓住这个机会。既然她已经不得不"每晚离开家,听到(乔纳森)的尖叫,才能去图书馆工作",她决定不妨做一些她在意的事情。

在她于陶格鲁学院做的诗歌工作坊中,除了一个学生之外,其他人都是黑人,且大多数都致力于民权运动和黑权主义(Black Power)。他们对她的短非洲式卷发印象深刻——他们从未见过天生这样一脑袋头发的老师——但对她的跨种族伴侣关系并不满意，他们认为这是不忠诚的。甚至连奥德雷自己也很矛盾，因为她与埃德相处得并不融洽。但是，当别人对她表示不满意时，她反而觉得自己"出柜"是最安全的。因为她想主张的即便不是关系本身，也是"审视与尝试这种关系的权利"。经受住了他们的挑战，让她知道，自己有足够的力量捍卫爱情的选择。

对作为诗人的奥德雷来说，工作坊是一次与自己新的相遇。教学促使她从形式上思考自己的创作，也赋予她一种使命感，她称之为"写诗与成为一个诗人的自觉"。工作坊让她认识到，她的写作是她应对和改变自己及世界的方式，"作为一个诗人，与我过去的一切，与不同的我建立联系，这是我必须要做的事情"。工作坊还让她认识到，"我要给予他人的最好的东西必须来自我自己，否则它就不存在——你在路上可以顺手捡到；你可以在伍尔沃思超市（Woolworth's）顺手捡到，除非它源于我所知的最深重的力量——也就是我自己"。

回家后，她斗志满满，准备迎接那一刻的到来。她的书当时已经出版——她还在陶格鲁学院的时候，第一批书就已经送到了——她开始被邀请去读书会。她也得到了自己的第一份教职，在城市大学的创新、理想项目"求索"（SEEK）中教授语法和作文课程，帮助第一届学生向大学转型。从那时起，她在城市大学系统中任教，最后，在20世纪80年代时，她去了自己的母校——亨特学院。

教书不仅给她带来了收入，让她有了公众身份，还帮助她理清了自己有关种族与差异的思考，特别是在她于约翰·杰伊刑事司法学院（John Jay College of Criminal Justice）为警察开设了一门关于种族主义制度的课程之后。通过"求索"项目，她认识了其他作家，包括托尼·凯德·班巴拉（Toni Cade Bambara）、琼·约旦和艾德里安娜·里奇。她与艾德里安娜的关系尤为密切，将其当作盟友，也为其提供健康食谱和家庭疗法。她写道,她在友谊中最喜欢的是"食物、笑话、逗乐、音乐和快乐"。

不过,陶格鲁学院之行带来的最大改变是让奥德雷坠入爱河。在邮船上见到访问教授弗朗西斯·克莱顿(Frances Clayton)之后,奥德雷或许是好奇职业外表背后的克莱顿,或许是被与她同样令人神魂颠倒的笑容所吸引。有一天,她跟弗朗西斯说她班上似乎有个女孩对自己有好感,她不知道该怎么办。弗朗西斯回答说:"你不该来问我,因为我也对你有好感。"

弗朗西斯是来自罗德岛普罗维登斯布朗大学(Brown University)的实验心理学家,那学期在陶格鲁学院教书。她是一个来自贫困家庭的白人女性,在学术圈闯出了自己的一条路。她四十一岁,单身,致力于民权,看到也珍视奥德雷准备好要成为的那个人:一个"黑人、女同性恋者、女权主义者、母亲、诗人、战士"。

安吉拉·卡特认为,1968年就像是"元年",所有旧的社会习俗都被打破了。奥德雷已经长大了,也知道是谁的辛勤付出换来了这样的结果,以及付出了怎样的代价。那年春天,马丁·路德·金被谋杀,这让她有了一种新的紧迫感,一种"生命如梭,今日事今日毕"的感觉。她开始考虑和弗朗西斯成为伴侣,一起生活。

埃德希望奥德雷能留下来。但身在普罗维登斯的弗朗西斯希望得到一个承诺。两年来,奥德雷来回奔波,直到1970年的夏天,她终于要求埃德搬出去。这次分开对每个人而言都很艰难,特别是贝丝和乔纳森。他们事先没有任何准备,而埃德则极度想念他的家人。一开始,奥德雷和孩子们住在他们的旧公寓里,她希望能有自己的时间,于是把孩子交给梅班克夫人帮忙照看。布兰奇回忆说,在困难时期,奥德雷并没有轻易地失去自我;相反,"她重整旗鼓,直面自己的选择,明白生活就是斗争"。当她承诺与弗朗西斯在一起生活时，她进入了她后来所说的"我生命中最混乱也最具活力"的一些年份。

在 20 世纪 70 年代的家庭照片中，奥德雷和弗朗西斯是光芒四射的一对儿。她们身型健壮，穿着实用的运动衫，在正式场合佩戴首饰。她们与孩子或友人在节日里合影——宽扎节、圣诞节、冬至和夏至。她们俩人一起合照，弗朗西斯凝视着奥德雷的眼睛，奥德雷也微笑回应。她们把照片放在新房子的咖啡桌上：这个高大、古老、美丽的房子有飘窗，后院有花园，还有足够的空间给她们一家四口一起生活。

她们真的生活在了一座岛上。弗朗西斯希望有宽敞的空间和一条绿树成荫的街道，所以，1972 年的时候，她们在纽约五个区中最远郊的斯塔滕岛（Staten Island）买了一栋房子，乘坐渡轮可以往来曼哈顿。厨房里有一个石头桶（奥德雷和弗朗西斯收集石头）、贴着家务清单的冰箱（弗朗西斯喜欢东西摆放有序），以及一部电话，奥德雷用它和朋友们保持联络。她喜欢喝着咖啡，翻着《纽约时报》开始一天的工作，如果孩子们不在旁边的话，就和弗朗西斯亲吻一下，然后给尤兰达和布兰奇分别打个电话，问候情况。朋友们的支持是她应对性别歧视、恐同以及她口中的"每天都会上演的白人种族主义"的方法。布兰奇回忆说："没有什么能阻止她，但这是有代价的。抬头挺胸地面对这些情况，需要强大的性格和情绪力量。"

她觉得家庭生活带给她很多滋养，她和弗朗西斯喜欢让她们的同性恋家庭显得尽可能正常。奥德雷记得十五岁的贝丝抱怨说："你以为就因为你是个女同性恋，你就跟别人大不同了。但你并没有什么不同，你和所有其他父母没什么两样。"贝丝回忆说，她指责奥德雷和弗朗西斯是"伪君子，全世界都觉得她俩是革命者。但我知道她俩其实是奥兹和哈里特（Ozzie and Harriet）。要么就是哈里特和哈里特"。

在三十多岁、四十出头的时候，奥德雷在弗朗西斯的陪伴下，努力塑造和打理她生活的各个方面：教书、写诗、家务、爱情。在回顾过去时，她在一篇关于女同性恋为人母的评论文章中写道："一起抚养两个孩子……在跨种族的四人家庭中平衡错综复杂的关系，教会了我对自我、能力，以及真正的目标做出非常重要的衡量。它也就差异、权力以及目的给我上了真实可感、有时痛苦的一课。"

她的孩子们带给她联系，也带给她快乐。在一首1973年的诗稿中，她写道：

> 如果我记得我，我就记得
> 我身体里的孩子
> 我爱着的身体

她可能是个严格的母亲。家务就是做饭、洗衣这样的现实，一遍遍做起来并不容易。作为要工作的父母，奥德雷和弗朗西斯希望贝丝和乔纳森可以在家里做比他们大多数朋友所做的都更多的家务——清洁、吸尘、修剪草坪。她还希望他们能取得好成绩，说正确的英语，旅行时记日记（她付钱让他们做的作业），以及在感恩节时能想到那些贫困的孩子们。她鼓励他们要意识到自己的黑人身份，避免让性别的刻板印象束缚自己。她希望他们能拥有她觉得自己所缺乏的：能帮助他们在一个种族主义、性别歧视的世界闯出一片天地的知识与技能。

她是一位喜欢身体接触的母亲，她的直觉和同理心使她成为一个足智多谋的人：她很开心能够让她的孩子们得到她所不曾拥有的认可与独立。她仍然在诗歌的字里行间思考。贝丝回忆说："当我遇到数学上的难题时，她引用了（米莱的）《只有欧几里得见过赤裸之美》（'Euclid

Alone Has Looked on Beauty Bare'）……；当初中女生嘲笑我，我特别难受时，她透过眼镜片看着我，背诵道，'我是无名之辈！你是谁？'*。"

贝丝回忆说："我认为，为人父母最难的事情之一就是，发自内心地希望自己的孩子是自由的……不要把他们看作你的延伸，而是他们自己，并据此来做自己：你只是他们的监护者，直到他们不再需要监护，并给予他们你所能给予的。这是我母亲从一开始就采取的育儿之道。"

奥德雷同时处理所有这些项目的能力是有限的，有时候，写作和育儿会彼此干扰，这两个故事拒绝成为一个叙事。1974 年，奥德雷带着家人去西非，这次旅行满是诗意的灵感和人际交往带来的刺激，非常充实。他们前往加纳、多哥和达荷美（现在的贝宁），在这次为期五周的旅行中，奥德雷寻求与祖先建立联系，同时也鼓励她的孩子们从他们的体验中学习。结果，孩子们在大巴和酒店的房间里感到无聊，弗朗西斯唠叨着让他们听话，奥德雷在他们相互竞争的需求与自己的需求之间左右为难，对每个人都脾气暴躁。但是，对她的诗意想象而言，这趟旅行是一个启示——特别是达荷美，因为其国王曾经由一支女战士组成的传奇军队守护。在维达（Ouidah），奥德雷看到了一座万神殿，里面有约鲁巴（Yoruba）、丰（Fon）和达荷美的诸女神，她把她们都融入了自己的精神实践，并加工成为一则非裔美国女权主义的神话，收录在 1979 年的作品集《黑色独角兽》中。

家庭，尤其是融合家庭，其关系最终都是松散的。一个是埃德，他断断续续地出现在孩子的生活中。他曾一度威胁要起诉奥德雷要求监护权，理由是奥德雷是个不称职的母亲。幸运的是，他没有坚持下去。相反，在他拖欠孩子的抚养费时，奥德雷把他告上了法庭。此后，他有四

---

* 这句诗来自埃米莉・狄金森（Emily Dickinson）的《我是无名之辈！你是谁？》（"I'm Nobody! Who Are You?"）。

年的时间都没给孩子打过电话,也没看望过他们——当时,他们还是十来岁的青少年。

在写及自己女同性恋伴侣关系中的育儿时,奥德雷不曾提及埃德。有多个父母,有不止一个家庭,这样的育儿方式的时机尚未到来。奥德雷显然也没有兴趣让时机更快到来。但孩子们有他们自己的想法,也坚持埃德是他们的父亲——特别是十六岁的乔纳森在与弗朗西斯和奥德雷大吵一架,搬去和埃德住了一年之后。

埃德坚持签订监护协议,父母双方都不得搬离本州。这意味着弗朗西斯不得不搬到纽约,去和奥德雷住在一起,放弃她在布朗大学的终身教职。她没能找到同等级别的新职位,部分原因在于她不能告诉未来的雇主,自己之所以离职是为了和一个女人生活在一起。她花了好几年时间才重新找到了自己的立足之处。

弗朗西斯也为奥德雷的事业奉献出了自己。她对家人的照顾给奥德雷提供了成长的空间,使她成为一个诗人、一个老师,以及一个成功的艺术家和作家最终必须成为的公众人物。她从未想过要有自己的孩子,但她比奥德雷做了更多为人母的日常工作。而且,在这段关系结束之后,她仍然和继子女保持着密切的关系。和奥德雷一样,弗朗西斯觉得为人母是她人生的快乐之一。

对奥德雷来说,不把每天与种族主义打交道的压力带回家是个挑战。因为她对母亲的惩罚记忆犹新,所以从未对孩子们进行过体罚。但奥德雷对他们很严格,而且,据贝丝回忆说,她会"非常生气"。"她紧紧地拥抱我们;她热情地给我们做饭喂食;但她也会异常恼火。"

直面自己的愤怒,这是奥德雷为人母的重要一面,也是她与艾德里安娜·里奇的一个共同之处。在《女人所生》中,里奇写道,当她试图为他人付出过多时,她的内心就会产生挫败感和愤怒感。她用一个理想的母亲形象来衡量自己，即不断地照顾丈夫和三个儿子，所以，当她希望能满足自己的需求，哪怕就只是一次时，她就觉得自己是个"怪物——反女性的怪物"。里奇节选了自己20世纪50年代的日记并收录在这本书中。她在日记中写了与压抑自我感受之间的斗争："我怎样才能学会化解暴力，弄明白唯有关心才是最重要的？"

艾德里安娜担心自己的愤怒是对理想母亲形象的亵渎，但奥德雷却认为，愤怒是一种已知的危害。她写道："美国的每一位黑人女性都会在由来已久，且不曾说出的愤怒中过完一生。我作为黑人女性的愤怒是我内心深处的熔炉，是我最强烈守护的秘密。"她的策略是通过写作和政治组织将感受外移，远离自身和家庭："我需要学习的并非克制，而是如何利用我的愤怒来促成行动。"

她也将愤怒注入她的诗歌当中。在养育孩子的那些年里，她在作品中一直表达着自己对非裔美籍儿童被害所感到的悲伤与愤怒。她最著名的诗歌之一，也是她经常在公开场合朗读的一首诗，就是《力量》（"Power"）。1973年，纽约一名白人警察枪杀了十岁的克利福德·格洛弗（Clifford Glover），且被宣告无罪。这件事情发生后，奥德雷写了这首诗，她是在路边的车里写下来的——她在收音机里听到了这个消息，愤愤不平地把车停在了路边。《一个女人／致被糟蹋的孩子的挽歌》（"A Woman/Dirge for Wasted Children"）是写给格洛弗的另外一首诗。格洛弗就比乔纳森大一岁。在这首诗中，奥德雷对白人统治下黑人母亲"徒劳的付出"（爱丽丝·尼尔的说法）这一残酷的现实提出质疑：

在行凶作恶的人行道上
我永远地
屈服了

擦干本应是你

流下的

血液

奥德雷将情绪倾注于作品以求变革,她越来越多地讲述和书写身为黑人和女同性恋,这两种身份如何彼此影响,她所处的境遇如何为人所见。作为女权主义早期的拥护者,她敦促黑人男子重新思考他们的性别观念,同时也向受过大学教育的白人女权主义者指出她们在种族、阶级及性方面的盲点。她们之间的姐妹情谊是否会囊括那些打扫房屋和照顾她们孩子的女性?在她们的组织当中,有色人种女性可以平等发声吗?她的儿子会受到她们的欢迎吗?(她和弗朗西斯曾经拒绝参加一场女权主义活动,因为组织者说她们不能带着十一岁的乔纳森。)在发表她最著名的声明之一,即《主人的工具永远不会拆除主人的房子》(*The master's tools will never dismantle the master's house*)时,洛德就呼吁一种包容的女权主义。如果说交叉性干扰了根深蒂固的思维模式,那么,洛德终其一生都希望能看到不一致的东西,并通过拥抱差异探寻解放的力量。

20世纪70年代,奥德雷开始与黑人女同性恋激进分子来往,参加黑人女权主义团体波士顿康比河公社(Combahee River Collective)——其成立是致敬领导了传奇性内战突袭的哈莉特·塔布曼(Harriet Tubman)——组织的静修。奥德雷与该群体的创始人之一芭芭拉·史密斯(Barbara Smith)一起参与创立了"厨桌:有色人种女性出版社"(Kitchen Table:Women of Color Press),出版了包括著名的女权主义文集《家庭女孩》(*Home Girls*)和《此桥名为我的后背》(*This Bridge Called My Back*)等著作。

然而,集体行动以及不可避免的利益及性格冲突,并不完全适合独立思考的奥德雷。(她、爱丽丝·尼尔和艾丽丝·沃克都是水瓶座,这或许是巧合,或许也并非巧合。)当她能成为年轻女性的导师或同龄人讨厌的人时,她就觉得那才是她。20 世纪 80 年代,当贝丝和乔纳森在大学读书时,奥德雷开始定期去欧洲旅行。在那里,她与西德、荷兰和英国的流散的非裔女权主义者及女同性恋建立了联系,并找到了一个自己擅长的角色——激励与肯定他人的人。荷兰学者格洛丽亚·维奇(Gloria Wekker)是荷兰黑人女同性恋团体中的一员,她们以洛德极具影响力的评论文集将自己命名为"局外姐妹"(Sister Outsider)。在奥德雷应她们的邀请来到阿姆斯特丹时,维奇惊讶于她的"热情与专注",以及"她如此地充满生命力和快乐……当她遇到一个人时,她给人的感觉是她真的想要去了解这个人,而且是现在就了解,她就像是在说,'跟我说说你的故事,我们别浪费时间'"。

  奥德雷大胆拥抱自己的身份,这一举动吸引了杰基·凯,英国示巴女权主义出版社(Sheba Feminist Press)的小组成员,让她觉得作为一个女同性恋者和诗人可以不那么孤独。"后来,当我们成为好朋友时,她告诉我,拥抱看似矛盾的东西是一种强大,不要害怕与众不同。"奥德雷信仰"多重及复杂自我",这让来自格拉斯哥、觉得自己既是黑人又是苏格兰人的凯感到自由:奥德雷坚持认为,她不必去选择。这个群体中的另外一员,普拉蒂巴·帕尔马(Pratibha Parmar)回忆了她们如何"被她身为女性,特别是有色人种女同性恋者的这种坦诚与赋予女性权力的激进意志所浸润和滋养"。

  虽然奥德雷并不需要通过随意和人上床来避免专属关系,但她选择与弗朗西斯不做彼此的唯一伴侣。诱惑仍然是她感到被重视和获得安全感的方式。或许,在为建立她想要的自我与家庭付出如此多的努力之后,她也觉得受到了禁锢。弗朗西斯要求做彼此的唯一伴侣,奥德雷也同意了,但她继续秘密地与尤兰达·里奥斯保持关系,并在参加读书会和会议的旅行中恋爱约会。情人刺激新想法:在参加了FESTAC之后——尼日利亚政府于1977年举办的著名黑人艺术文化节——奥德雷与另外一位参与者,美国黑人画家米尔德丽德·汤普森(Mildred Thompson)开始了远距离的异地恋。汤普森基于自己对物理学、数学和宇宙力量的解释进行抽象创作。她欣赏奥德雷对神话及奇幻的感受,与奥德雷有思想共鸣。汤普森给奥德雷写了很多封情书。在其中一封中,她写道:"你有我喜爱和钦佩的全部,我想成为你的一部分,与你相连,心有灵犀。"

奥德雷与弗朗西斯的伴侣关系受到了影响。在共同生活了十七年之后,她们于1985年分开了。那时,奥德雷已经在与人生最后几年的伴侣,也就是格洛丽亚·约瑟夫(Gloria Joseph)交往。约瑟夫是一名出生在加勒比海地区的黑人学者。她们一起在圣克雷克斯(Saint Croix)建立了一个家,那是她母亲在这个世界上一直想去的一个地方。奥德雷与弗朗西斯伴侣关系的结束或许部分也因为孩子们离开了家——贝丝去了哈佛大学,后来去了哈佛医学院;乔纳森在瓦萨学院(Vassar)学习,后来成为了一名海军情报人员。她们曾作为伴侣抚养孩子,如今,这项把她们连接在一起的事情正在消失。在乔纳森去大学的那年夏天,奥德雷找茬和弗朗西斯吵了一架,指责她想把她们一起的生活抛到脑后,但这或许是奥德雷身处空荡荡的家中,表达内心悲伤的一种方式。

无论如何,她的感性是她不可分割的一部分。杰基·凯回忆说,在她去纽约时,奥德雷把她带到后花园,那里有一棵奥德雷和弗朗西斯一同栽下的黑无花果树。奥德雷问凯是否尝过黑无花果。她说:"'没吃过?那你白活了。'然后,她剥开无花果,站在花园里的无花果树旁喂我吃。"

在一次自我检查中,奥德雷发现自己右乳有一个肿块。那是1977年,奥德雷当时四十三岁。当活检结果为良性时,她松了一口气。她也对自己大为光火，因为她以为自己得了癌症，因为医生让她惊慌失措，因为她陷入了必须面对自己的脆弱的境地。一年后，1978 年 9 月，她发现了第二个肿块，这次是个恶性肿瘤。

她写道："每个女人都要面对一个危机，那就是乳腺癌会让她的生命脱离一个完整的模式，这个模式决定了她是谁，以及她如何生活。"在一个关于疾病的个人书写非常新颖的时代，她通过写治疗日记来面对癌症和乳房切除术。她以《癌症日记》(*The Cancer Journals*) 为名出版了这些日记。她描述了身体上的痛苦、悲伤和抑郁，这些都在后来长期影响着她，还包括她内心的恐惧，觉得自己"就像永远都飞不起来的大黄蜂……我或许本就不该存在"。

同时，她感到自己极度需要在还能动的时候做自己的工作。她的写作对她来说就像一条"生命线"，而且，焦虑和沮丧的她觉得自己无法和两个叛逆的青少年同住在一个屋檐下。随着夏天的到来，她请人帮个忙。一个早晨，她转身对十六岁的贝丝说："你去旧金山吧，我跟黛安谈过了，她说你过去跟她住没问题。"

贝丝不情愿去，抱怨个不停。但最终，她还是飞去了西海岸，黛安迎接她走进一个很像她家的公寓，但以不同的方式"融合了革命性与庄重感"。公寓里有一股温暖的、熟悉的熏香和书香的味道，但她似乎可以自己选择穿着打扮，也不会再有人因为她把脏碗放在水槽里没洗而责骂她。在黛安的帮助下，奥德雷让贝丝学会了换位思考。

换位思考让贝丝重新认识了自己的母亲，并建立了子女与父母的工作之间所需的关系。虽然她曾在奥德雷的办公室帮助母亲起草文件，也知道"诗歌是母亲所是的一部分，也是她为人母的一部分"，但她从未认识到母亲在文学上表现出的重要性。如今，贝丝在黛安的书架上找东西读，然后发现了奥德雷的书，并把它们全部读完了。她开始理解为什么她的母亲从未像其他母亲那样为她打包午餐，"为什么在我们家得不到这样的服务。她有更重要的事要做"。她学会了接受母亲的职业，并这样说道："人才做能做之事，天才做必做之事。"

癌症对奥德雷的影响之一是给了她勇气：在死亡面前，她不再有理由隐藏自己。在第一次罹患癌症，面对恐惧时，她被安排参加一个关于女同性恋写作的学术研讨会，题目是"将沉默转化为语言和行动"。她做了同名演讲，这篇演讲也成为她被引用最多的作品之一。

她说："我开始觉得……必须把对我而言重要的东西说出来……即便要冒着受伤或被误解的风险。说出来对我有好处，比其他任何东西都要更好。"在面对自己必死的命运时，她说："我最后悔的就是我的沉默……我终将死去，或早或晚，不管我说还是不说。我的沉默并没有保住我。你的沉默也不会保住你。"

她说，她认为死亡是"最后的沉默"，它现在可能正向她袭来，"先不论我是否曾经说出需要说出的话，或者只是背叛了我自己，陷入了一段时间的沉默，想着有一天我自己会说，或是等着别人说出来"。她认为，对她来说，唯一的答案就是做自己："一个黑人、女诗人、战士，做着我在做的事。她问你，你在做你该做的吗？"

大概在这前后，她写下了伟大的诗歌《生存之歌》（"A Litany for Survival"），坚持认为孩子的未来不应牺牲父母的梦想。这首诗如此作结：

> 因此，讲出来最好
> 记住
> 我们原本不会活下去。

在 1992 年与布兰奇的一次电台采访中，也就是奥德雷因癌症去世的十年前,五十八岁的她在谈到《生存之歌》时补充说,她所说的"生存"并不只是指活着。"生存隐含了快乐、流动性和有效性。而有效性总是相对的。我的意思是说,我们当中没有人能够改变地球,哪怕丝毫。但是,如果我们做了需要我们去做的事,那我们将会留下一些东西,它们会存续下去,并超越我们自身。这就是生存。"

不适区：心有旁骛

女作家面临的最大陷阱之一就是希望自己被爱，希望自己的作品被欣赏，希望自己既是美丽佳人，又是伟大的艺术家。

——安吉拉·卡特

（成年人）一定程度上掌控着孩子的生活，我们换个角度就会发现，这是一种无法想象也无法言说的暴政。然而，我们大多都把这种权力当作某种神权，认为它不容置喙，不能像为了自己的灵魂而与天使斗争那样去与之角力。

——琼·约旦

她的左乳上长了个肿瘤，是医生检查时发现的。1975年，四十二岁的苏珊·桑塔格被诊断为癌症四期。在切除乳房之后，她又做了一些手术，之后是三十个月的化疗期。和奥德雷一样，她成为最早书写疾病的先驱。和奥德雷不同的是，她写了一本关于癌症的书，名为《疾病的隐喻》(*Illness as Metaphor*)，对自己却只字不提。和奥德雷不同的还有，她战胜了死亡。

桑塔格不认为自己所面临的死亡要求她诚实，或交出全部的自我。相反，她否认自己的脆弱。这是她的恐惧要求她付出的代价，她也一次又一次地付出了代价。

1962年2月，二十九岁的桑塔格穿着她最端庄、职业的服装来到了曼哈顿的法庭：高领的裙子、口红、丝袜、低调的高跟鞋。她的前夫发现她与一个女人有染，并起诉要求完全的监护权。她如此着装是为了说服法官，把九岁的儿子留在自己身边。她不能过着女同性恋的生活，同时又做个母亲；她得做出选择。

保住儿子的代价就是交出部分的自己，她为此付出了代价。她要说着自己不爱女人这样的谎言，直至死亡。

1962年，桑塔格在日记中写道，自己必须在书与性、抱负与爱情之间做出选择，因为她无法全身心地投入每件事情当中。1978年，在谈及自己的离婚时，她告诉采访者说："到了一个时间，你必须在工作和生活之间做出选择。"然而，奥德雷或许会跟她说，同时拥有工作和生活也是可能的。而其他人或许会说，这只是"书本还是婴儿"的花哨说法，构造出了艺术性排斥其他的谎言。

在不同的年龄段，在很多次不同的交易中，桑塔格都拿自己来交换。1939年，六岁的时候，她的父亲去世了。在她开始患上严重的哮喘、发作时就跪在床上大口喘气时，她吓坏了的母亲离开了房间。为了让母亲待在身边，她否认自己患病，掩饰自己的脆弱。

自童年起，她就与疾病和死亡交涉。

十一岁时，桑塔格向自己许诺："我会出名。"她采取了必要的行动。

十五岁时，她在日记中写道："我现在感觉我有同性恋倾向（我是多么不愿意写这个啊）……我感觉到的一切，非常直接地，就是对性爱和精神交流的极度痛苦的需要。"之后不久,她读了雷德克利芙·霍尔(Radclyffe Hall)1928年的小说《寂寞之井》(The Well of Loneliness)。这本书中的同性恋作家主人公得到的建议是要坚忍、秘密行动,并成就辉煌:"工作却是你唯一的武器。你要让世人尊敬你,这点可以通过你的工作做到。"

二十六岁时,桑塔格在日记中回应了霍尔的话:"我想写作的欲望是与我的同性恋有关的。我需要这个身份来作武器,以对抗社会反对我的武器……我才开始意识到我因为搞同性恋而感觉多么内疚。"

十七岁时,在上大学的第二年,桑塔格与她的社会学教授交谈。他是一个瘦削、秃顶、和善的人。桑塔格说她担心自己的性向;她渴望智性的对话;她想走出自己的童年。教授告诉她,她是那种他想要娶回家的女人。桑塔格完全惊到了,"因为这之前还从没人说我是个女人"。

1951年1月3日,婚礼当天,桑塔格在日记中写道:"带着对自我毁灭意愿充分的意识和恐惧,我嫁给了菲利普。"之后,因为他们住在洛杉矶的郊区,一个没有文化、没有故事,一个她试图逃离的地方,她和她的母亲、继父、妹妹以及新婚丈夫只能一起出去吃汉堡。桑塔格的母亲为自己的女儿嫁给了一个教授感到骄傲,尽管他已经二十八岁,而桑塔格只有十七岁。

几个月后,避孕的失败缩小了桑塔格的选择范围。她既缺钱也没有相识的医生,只能给家里打电话寻求母亲的帮助。母亲米尔德丽德·桑塔格(Mildred Sontag)的母亲在她十四岁时突然去世。家人坚持说是食物中毒,但桑塔格的日记表明,她外婆的死亡与性有关:意外怀孕?堕胎致死?这是米尔德丽德惯于否认的根源吗?(她花了半年的时间才告诉桑塔格父亲的死讯。)当桑塔格告诉母亲自己为什么需要钱时,母亲挂掉电话,走出了房间。

堕胎医师没有注射麻醉剂,而是把收音机的声音调大以掩盖惨叫声,给桑塔格做完了手术。不到半年，桑塔格又怀孕了。

作为一个女孩，桑塔格幻想着要重新去履行自己母亲的母职，只不过要做得更好。"我会有个男孩……我会是一个真正的母亲……这是关于脱离童年、真正长大成人的一个幻想；自由……我自己既是母亲（一个好母亲），又是那个漂亮的、满足的孩子。"

1952年9月，经过几个月的否认，十九岁的桑塔格因为肚子疼，在夜里醒过来，以为自己尿床了。菲利普跟她解释说，这是她的羊水破了，她要生了。在生完孩子之后，她的保姆露丝·麦克纳尔蒂（Rose McNulty）来帮忙照顾孩子。桑塔格直到将近五十年之后才说："这是戴维和我如此相像的原因之一。我们有同一个母亲。"戴维喝的是奶粉："我从未想过要喂他奶。"

露丝照顾戴维，桑塔格在家里待了一年，试图理清自己的母亲身份。她爱戴维：一个朋友后来跟桑塔格的传记作者本杰明·莫泽（Benjamin Moser）说，她的宝贝儿子是"她生活中最重要的"。她喜欢母亲与婴儿之间的亲密感。和很多父母一样，她从未停止对孩子的渴望。甚至在她四十岁的时候，她看见可爱的孩子还会开玩笑说自己想绑架他们。

她的智慧也要求她注意力集中。在一段自传文字中，她笔下的自己"觉得自己被锁定在一个角色——当一个贤妻良母——上，她竭尽全力试图逃避这一角色，而非停止扮演这个角色"。

她对戴维似乎有对其他人不可能有的真情实感，或者这至少可以解释她日记中几行备受争议的文字："我几乎从来没有梦到戴维，我不怎么想他。他极少侵入我的幻想-生活之中。和他在一起时，我全心全意、毫不含糊地爱他。我离开时，只要我知道他得到很好的照顾，那么，他很快就退去。在我爱的所有人当中，他最不属于精神上的爱的对象，而是非常强烈的真实存在。"

这对于一位作家母亲来说，听起来像是一种健康的关系，一种逃生梯的关系：与其在他不在身边的时候担心他，不如节省点精力在他在的时候去爱他。然而，在她写下这些的时候，她已经去了牛津和巴黎，不在他身边一年了。她参观了大英博物馆，并在日记中写道："给戴维写了封信，讲埃尔金石雕（Elgin Marbles）。"戴维当时五岁。

1953年1月，戴维出生几个月后，桑塔格在日记中记录了一系列和女人做爱的梦。这些梦的高潮都是她的才赋赢得了认可，同时她自己也被人珍惜，被很多人崇拜，被一个人了解和爱："我穿着某种礼服，站在舞台边上。一大群人等我，但我仍然无所谓，大胆地用我的手的边缘触摸她手的边缘……"

在这个梦里，她是一个特例，一个伟大的女人，通常的规则对她并不适用。在这个梦里，她不必在爱与认可、私人与公共、工作与自我之间做出选择。

醒来的桑塔格，受困于自己的婚姻状态，含泪写道："我努力成为好好的一个人——让我自己放宽心。"

桑塔格不喜欢"母亲"这个词。谈到已成年的儿子，她说："我宁愿他把我视为——哦，我不知道怎么说——他的傻大姐。"她说，她觉得他"更像是我弟弟"以及"我最好的朋友"。这些称谓都意味着一种亲近的关系，但在这种关系中，成年人并不是更负责任，更多付出的那个人。这种关系意味着母亲不必在儿子的需求与自己的需求之间做出选择。

在戴维快两岁的时候，桑塔格开始害怕怀孕。现在轮到她走出房间，让菲利普去接听医生的电话，而她则躲在戴维的床上，捂住耳朵。验孕的结果是阴性，但他们停止了性生活。"以前我和P*经常讨论使用双保险

---

* P指的是菲利普。

避孕法以及重新开始做爱的方式。可从来都没有真的这么做——没对此做任何事情,只是讲讲而已。我们肯定是知道的。"

相反,她在他们的婚床上写作。她点石成金,把菲利普的一堆笔记变成了对弗洛伊德思想的重要评价。当她最终内疚地离开菲利普时,她任菲利普把自己的名字写在他们的这本书上,写在她智慧的第一个结晶上。

1957年,在与菲利普的婚姻仍然存续期间,她申请了去英国学习的资助。她在日记中写道:"我要是拿到牛津的奖学金就太好了!那样的话,至少我会知道飞出国内的舞台这个安乐窝后,我还行不行。"

菲利普计划和她一起去牛津。但后来,菲利普拿到了斯坦福大学一份声望很高的奖学金。他让桑塔格放弃牛津的奖学金,和他一起走,让她在自己的未来与母职之间做出选择。1957年9月,就在戴维的五岁生日之前,菲利普、露丝和戴维去了加州,桑塔格去了牛津大学。

离开家之后,桑塔格无法摆脱玛吉·尼尔森所说的"烦人的二元论,即将女性气质、生殖和规范性放在一边……把性和同性恋的抵抗放在另一边"。

一天晚上,她邀请年轻的美国学生朱迪丝·格罗斯曼(Judith Grossman)来到她的房间。格罗斯曼觉得桑塔格不只是想和她做朋友。但在桑塔格给她看了一张戴维的照片,并倾诉了自己对儿子的思念之后,她猜想桑塔格终究是个直女。"以我当时的理解,不管怎么说,一个母亲不可能是同性恋。"

朱迪丝离开之后,桑塔格给菲利普写了信:每天晚上一封。她会说,在那些日子里,"我不觉得自己是个独立的人"。和奥德雷不同,她不愿意界定她自己。诚实在她看来就像是认命,"事物必须是其实际样子的感觉"。

甚至连桑塔格自己有时候都觉得,和性别相关的事情,她不太能做

得到。她在日记里说:

> 我觉得这就是我不怎么能(或根本不能)稳稳当当地做爱、工作、当母亲等的原因。因为如果我做得到,那我就会把自己称为成年人。
> 但我从来都并不真正是个小孩儿!

但是,1957 年 12 月,她放弃了牛津大学,去了巴黎。在那里,她和她十几岁时的女朋友哈丽特·索默斯(Harriet Sohmers)旧情复燃。哈丽特不太爱桑塔格,对桑塔格很刻薄。桑塔格接受这一点。她不善于平等互爱,从小就没有学会如何被人看见和被人爱。但是,巴黎有一个由外籍同性恋作家和知识分子组成的群体。桑塔格写道:"可以说,是无拘无束的——有女人而非男人对我感兴趣,真是太好了。"

第二年夏天,她回到家,告诉菲利普自己想离婚。

1959 年 1 月,桑塔格和戴维在纽约走下飞机。露丝消失了,也再未有人提起。桑塔格写道:"就像烟雾一样人间蒸发了,我失败的婚姻也不复存在。就好像轻轻一点,如同施了魔法一样,我不快乐的童年也溜走了。"

她喜欢重新开始,回到选择之前的时光。戴维说:"总是有一个新的开始,总是掀开新的序幕。"

在纽约,她不需要去选择。音乐、电影、艺术、第一"现场",情人既有同性恋也有异性恋;她服用安非他明,到处跑,什么都做。她明白自由是她这个时代的问题:思想自由、个人选择、欲望自由。她拒绝成为老派的批评家:做个守门人,保护高雅文化不被坏趣味影响。20 世纪 50 年代流行的一种批评判断是"粗俗",将各种各样的经验都排除在外——女性、同性恋、母性——认为这些都是没有价值的、身体性的、家庭琐事的、不纯洁的。在早年的评论中,桑塔格把这些都囊括了进来。

不到几年,在三十岁出头的时候,桑塔格被誉为一种文化现象:一个非常上相、极富魅力、有明星气质的天才女性。

如果说自由是一代人的糖衣炮弹,那么,如何将这种自由与担负责任的育儿结合起来就成了难题之一。但是,桑塔格和戴维则为彼此安排每天的时间:"吃饭,在家要做的工作,洗澡,刷牙,整理房间,写小说,睡觉。"在这些年里,为人母让桑塔格既有安全感,又感受到了真实的依恋。来为光彩照人的桑塔格拍照的摄影师们都喜欢把她同样上镜的年轻儿子也拍进来,她会深情地凝视着他。

桑塔格不参与妈妈群。她会带着戴维一起去参加聚会,戴维会躺在她的大衣上睡着。

桑塔格1999年的小说《在美国》(*In America*)中的叙述者注意到一个"小男孩,他蜷曲在另一个女人的双膝上,揉着眼睛。他本该躺在家中温暖的被窝里。他肯定是个独生子;在过去两个钟头的晚宴上,母亲一直无暇关注他,但她肯定希望今晚儿子能在自己身边"。

她不再是一个雄心勃勃的作家。在这十年里,她成了一个文学圈名流。赌注在增大。她担心真正天才的代价是孤独。她"对人类的满足已经不再抱任何希望(除了戴维)"。

她写道:"我的力量(我的思想、我的眼光、我对知识所怀有的激情)体验下来,却迫使我永远与世隔离、与别人隔离。"这形成了一个两难的境地:似乎要成为真正的自我,要被人爱——要被牵她手的那个人看到——她就必须放弃对人类的爱。她不愿意付出这样的代价。她更希望和人们在一起。

1967年：

> 我什么时候不再希望别人看我？……不久我就得躲起来，确保他们无法看见我……总是（？）这种对他们来说"太过分"的感觉——来自另外一个星球的人——所以，我想要按所需的尺寸把我自己缩小，这样的话，我就能被他们理解（被他们爱）……第一，我放弃了我的性行为……我放弃了大多数平常范围对自我、对我的感情接近的机会。我放弃了我的自信……我对自己的身体不再感到自在。

由于无法成为真正的自我，她比以往任何时候都更需要戴维，他意味着"安全、庇护、墙"。

17岁的他是

> ——一个我能够无条件地、信赖地去爱的人——因为我知道这个关系靠得住（社会保证这个关系＋我创造了这个关系）——因为我选择了他，因为他爱我（这一点我从未怀疑过）——：我对爱、对慷慨、对关心唯一的全心全意的体验。
>
> ——我的成人状态的保证：——即使在我表现出孩子气的时候，我也知道我是个成年人，因为我是个母亲。
>
> ——条理，一种安排，对任何自毁倾向的一个限制。
>
> ——有他相伴无比快乐——有一个伴儿，一个朋友，一个兄弟。（不好的一面：一个陪伴监督人，一块抵挡世界的盾牌）

在戴维离开家之后，桑塔格去了欧洲，爱上了一个美丽、头脑空空的公爵夫人，通过她来实践失去的艺术。

在把自己交付给情人和其他人之后,她将用自己的余生努力从她儿子那里把自己找回来。

20世纪70年代中期,在桑塔格罹患癌症之后,戴维和她住在一起。他的女朋友西格丽德·努涅斯(Sigrid Nunez)也搬了进来。桑塔格和戴维吵架,又和好。她给戴维在她的出版商那里找了份工作,然后又坚持让他来做自己的编辑。在他出错的时候,她就吼他。在他想要离开时,她又做回那个宠爱孩子的母亲。她不希望他离开。她不想独自一人。

安非他明让桑塔格脾气很糟。癌症让她容易发怒。西格丽德·努涅斯回忆说,桑塔格的抑郁症发作时,像是"充满着暴怒……当她对这个世界感到不满时,她就猛烈抨击……在她亲密的小圈子里,她一直有一个替罪羊,或男或女,而且,她会攻击、攻击、再攻击"。

奥德雷·洛德:"生气比伤害来得更容易……暴怒比企盼来得更容易。"她陷入了严重的抑郁症,并接受治疗。

治疗师问:"你为什么要试图把你儿子变成父亲?"

努涅斯:"苏珊说,一开始她听到这话,很震惊。她不知道治疗师是从哪儿得出这个结论的!可接下来,她回过神来,她说:她确实试图这么做来着。然后我们俩都开始哭了起来。"

桑塔格拥护女权主义,然后又摒弃了它,为女权主义从个人出发的写作感到失望。她在《纽约书评》(*New York Review of Books*)的"信件往来"专栏中和艾德里安娜·里奇就此进行争论:女权主义是一种禁锢还是必要?桑塔格指出,女权主义可能是教条主义的。艾德里安娜(在《女人所生》中将母亲身份理论化的过程中)提出,当批判性思维脱离了个体的生存境况时,就会有所遗漏。

后来,她们在桑塔格的公寓见面,做爱。

20世纪80年代,桑塔格开始了一些项目,不够满意,没有完成,找不到新的开始。她进入了一个人漫长的中年期,痛苦不堪又不去改变。

在为 1993 年的剧本《床上的爱丽丝》写的序言中,桑塔格写到了创作性所要求的"自我中心、积极进取",但这不正是设定边界又取消边界吗?勒古恩说,她工作时把自我放在一边:"如果我能够把自我……统统清理出去……故事会自动地讲述它自身。"桑塔格甚至并不真的认为书写是自我的。"说我写了那些书籍只在某个微不足道的意义上是切实的。我的真实感受是,那些书是文学假手于我而生成的。"

1986 年,米尔德丽德·桑塔格去世了。1987 年,在母亲的生日上——"她的第一个冥寿"——桑塔格把自己的孤独投射在儿子身上:

> 数十年来,作为 D. 的母亲,这令我的身份变得更大——我是个成年人,我很强大,我很好,以及我被爱着
> 全都是正能量……
>
> 现在说说负能量:
> 我和他在一起时,就觉得我的身份被剥夺了。
> 不是作家——
> 只是他母亲
> 还是他的对手
> 我还不被人爱

桑塔格的小说获得各种奖项,尽管褒贬不一。她将永远都是个天才,尽管她后来的评论文章给人感觉更加固执。她结识了对她感兴趣的人,然后在他们能够对她提出任何要求之前又把他们抛弃。她的一些短篇小说非常精彩,有趣,真实。在你不完全是你自己的时候,很难把一部小说写下去。但在故事中,真实的自我可以展现自身,哪怕只是片刻。

桑塔格的思想激励了许多人,但走近她的崇拜者往往会感到失望,或者在她否认自己是个同性恋之后感到被抛弃。1980年,记者林赛·范·杰尔德(Lindsy Van Gelder)直接问桑塔格是否是同性恋。"她滔滔不绝,精心编造了一套说辞,说自己正在找男人,或许她应该登个征婚广告,巴拉巴拉。听起来极其伪善。在她死后,每次看到讣告中说她无畏,有着知识分子的诚实,我都会翻白眼。"

在生命的最后几年里,桑塔格交往的对象是一个女人,也就是摄影师安妮·莱博维茨(Annie Leibovitz)。即便大家都已然知道她俩是一对儿,即便和以前相比把事实说出来已然安全许多,但她依然矢口否认。

当安妮说自己想要个孩子时,桑塔格心生嫉妒。但安妮还是在2001年生下了孩子,并让桑塔格来剪脐带。此时的桑塔格已经六十八岁了,已经了却了自己的心结,很喜欢安妮的女儿。看着她为桑塔格和女儿拍摄的照片,安妮自问道:"哪一个是孩子啊?"

在她还是个年轻女孩的时候,桑塔格最喜欢的小说之一是派翠西亚·海史密斯(Patricia Highsmith)的《盐的代价》(*The Price of Salt*)。在这本书中,两个女人爱上了彼此,并踏上了公路旅行。她们爱情的代价是其中一位,也就是离婚的卡罗尔,失去了她孩子的监护权。然而,海史密斯认为,隐藏欲望就是隐藏一个人的"人性,以及内心与生俱来的温情"。

当桑塔格在2004年再次被诊断出患有癌症时,她拒绝相信自己即将死去。直到生命的尽头,她还把新的开始挂在嘴边:她离开医院之后会遇到新的人,她会以不同的方式写作。因为她不愿意承认自己即将死去,戴维也不能和她讨论这个问题,所以,他们从未和彼此说过再见,尽管戴维陪她走到了最后。

1977年,面对自己将死的命运,奥德雷写道:"我想,我们最担心的是可见度,没了可见度,我们就不是真的活着。"

Alice Walker

1944～　　小说家、诗人，普利策奖得主

自由:
艾丽丝·沃克

她的出生是一个无与伦比的礼物,让我从一个完全不同的角度观看世界,并以远远超出我自然生命的标准来衡量这个世界;距离是必须的,即便是现在。

自由：艾丽丝·沃克

> 我一直在寻找能被真正视作我母亲的黑人女性——她能告诉我，我们在温柔的冬日吞下的谎言是如何被强化、被探究、被抛弃的；她会给我她自己的名字……她会承认她以我为傲，也爱着我。
>
> ——奥德雷·洛德

> 这是怎样的一种爱，要你始终爱着别人，却永远都不爱自己？
>
> ——艾德里安娜·里奇

> 当一个人所代表的，以及其看起来所是的一切都遭到主流文化策略性地破坏或利用时，一个人要如何过上一种英雄式的生活？
>
> ——卡罗尔·库珀（Carol Cooper）

1970年，在密西西比州杰克逊市一个其貌不扬的房子里，一个年轻的作家独自一人坐在房间里，向她的缪斯求爱。这个房间是她自己的，她为了取悦自己做了些装饰，挂了些手织品和艺术品，桌上摆放着鲜花。

她把房间布置得很美，是为了提醒自己所从事的工作是严肃的，让自己远离抑郁，把世界的各种要求拒之门外。

她的书写在她的天赋和抱负中流淌。民权运动所取得的成绩令她备受鼓舞。在北方城市里生活了几年之后，她回到自己的故乡南方，并因此感到激动。她觉得自己满脑子诗歌、短小的故事和关于第二部小说的构思，所有这些都源于她身为南方黑人妇女的经历。对她来说，写作是自我观照，能帮助她治愈童年的创伤。

其他有创造力的母亲在临时空间中工作：尼尔在客厅里，勒古恩在阁楼上，洛德在卧室中，桑塔格在床上。但是，艾丽丝·沃克不善于短时间或在清晨的时间写作。为了向自己展示自己的经历，为了写出她渴望读到的书，她需要长时间的私人时间来思考和想象。她和丈夫目前只能承担每周三个下午请保姆看孩子的费用。他和她一样喜欢他们刚出生的宝宝，但是，他每天都要去做他民权律师的工作，把她留在家里，还不得闲。

她写作的干扰也不全来自孩子。丈夫的工作、她的写作，以及他们是跨种族夫妇这样的事实，都挑战着现实。她处于一种艰难的境地。她坐在打字机前工作时，如果电话铃声响起，这可能是朋友打来的，也可能是匿名人士的暴力威胁电话。邮箱里有来自出版商的回复、朋友留下的字条，也有陌生的种族主义者的辱骂。每次梅尔（Mel）因为工作要远行时，她都担心他会死在外面。有时在他早上出门之后，她就会被绝望吞噬，开始哭泣。

在谈及自己为人母第一年的生活时，艾丽丝说："我发现突然要把自己一分为二，这非常难。"二十六岁时，她已经是一位已有作品出版的诗人、评论家和小说家，才华横溢，自信满满。但在女儿蕾贝卡（Rebecca）于1969年11月出生之后，她花了很长时间才恢复过来。她觉得自己在那一年写的东西"无不像是一个婴儿发自内心的哭喊"。

二十年后，艾丽丝成为文学圈的名人，成为《紫色》(*The Color*

Purple）和《我亲人的殿堂》（The Temple of My Familiar）这两本书的作者，大胆敢言同时又受人喜爱，大家看到并欣赏她的智慧与快乐。亚历克西斯·德·沃克斯这样描述四十五岁的艾丽丝："她不是走进一个房间。她轻轻地飘了进来，如女神般熠熠发光。满脑子都是历史的智慧和部落的故事。浑身散发着迷人又朴实的幸福。"

这种幸福是来之不易的。艾丽丝出生于 1944 年 2 月 9 日，比桑塔格和洛德晚十年，在一个快速变化的世界中长大，并尽自己所能地推动世界发生更快的变化。洛德行事谨慎、小心翼翼，艾丽丝却不怕冒险——即便是去往那些对母亲而言并不容易的地方。

1949 年，一个五岁的女孩和她的哥哥姐姐们一起去佐治亚州伊顿顿市（Eatonton）的集市。天快黑了，他们准备回家时，却发现她不见了。他们疯狂地在游乐场里寻找，直到最大的哥哥抬头看到他最小的妹妹正独自坐在摩天轮的顶部。她说服白人操作员让她不用买票就坐了上去，双腿在空中荡来荡去，欣赏着美景。

艾丽丝曾经写道，"不做谁的宝贝"。但在她还是个小姑娘的时候，她是每个人的宝贝。她的七个哥哥姐姐都很喜欢她。她童年时期的朋友多丽丝·里德（Doris Reid）回忆起她时说："石头都会对她动心。"她周身流淌着"宇宙间生来最自由的物质"，她曾经用这样的话来描述佐拉·尼尔·赫斯顿（Zora Neale Hurston）。她从一开始就决心做自己人生的女主角，做一个践行加缪所提出的存在主义的人："对抗不自由的唯一办法就是变得绝对自由，以至于你的存在本身就是一种反抗。"*

在种族隔离的制度下，在一个黑人父母很少能得到足够支持，他们的孩子很少能得到足够关爱的地方和时代，不接受任何限制是一种难于坚持

---

* 加缪名言，无出处。

的立场。艾丽丝敏感的父亲威利·李·沃克（Willie Lee Walker）是一个佃农，带着家人从摇摇欲坠的小屋搬到风雨飘摇的窝棚，在一个旨在阻止他的佃农制度中努力前进。她的母亲米妮·卢·格兰特·沃克（Minnie dan Grant Walker）也是艾丽丝足智多谋、坚强不屈的榜样——但她的坚强更多的是忍耐，而非建立爱的联系。和很多非裔美国女性一样，沃克夫人很能干、勤劳、有团体心。她为一个白人家庭做饭洗衣，回家也做同样的事情，但在穷人家里，这通常是母爱的表现。当沃克夫人把她的孩子们独自留在家时，艾丽丝"不敢抱怨。然而，我浑身上下每一个细胞都在思念她"。

伊顿顿的黑人居民的确有一个紧密团结的，由"其他母亲"（othermothers）构成的群体。这些女性让艾丽丝感到被认可，她们鼓励艾丽丝去学习。艾丽丝回忆说："你只需要有一个人能注意到你在做事，并且跟你说'我的天啊，这很棒，这很不一样'，或随便说点什么，至少她们看到了。"但是，她的聪明才智成了她与父母之间的隔阂。她的父母都只上到五年级。"我曾经觉得，我只是被恰好丢到了我家，我不知道是谁或者什么东西丢的。我想我开始写作只是为了不感到那么孤独，不那么觉得自己像个外来者。"

尽管艾丽丝喜欢生活在伊顿顿这样一个文化丰富的黑人社区，但她有时也会意识到它的局限性。奥德雷可以在纽约漫步，尝试做新的自我，但艾丽丝无处可去，也没有什么认可感。她写道，在还是个孩子时，她"很少看到个人主义的行为，而在她能看到时，很长一段时间里，我都认为这种行为只是对群体的排斥，而非通常意义上的自我肯定"。

她的差异感还源于她八岁时所遭受的两种暴力行为。她和她的两个哥哥在没人看着的情况下玩耍，拿着BB枪的哥哥们打中了她的一只眼睛。她因为惊吓和疼痛倒在地上，她的父亲走到路边，挥手想要拦下一辆车送她去医院。一个白人司机停了下来，但在听到受伤的是个黑人女孩后，就又开车离开了。

这种由家庭内部伤害和种族主义伤害构成的双重模式，以及黑人所遭受的身体伤害在艾丽丝的世界里太常见了。艾丽丝躺在门廊上看着，感到自己的视力逐渐消失。这次事故在她"茫然"的眼睛里留下了一大块白色疤痕组织，这使她多年来一直对自己的外貌感到羞愧和难为情。

后来，她的父母带她去看医生。医生收下他们借来的钱，然后粗暴蛮横地跟他们说自己无能为力。他还随口说道，如果这一只眼睛瞎了，她的另外一只眼睛可能也会失明。这句无情的话把艾丽丝吓坏了，也导致她从此不再信任医生。当她在一所新学校遭到同学的嘲笑和欺负时，她的父母把她送去了她的祖父母那里，但这让她觉得父亲嫌弃自己。为了放下自杀的念头，她在伊顿顿附近的森林里寻找美和孤独。她阅读和写作，特别是诗歌。

后来，女儿的话语让她感到治愈。在一篇讨论美的文章中，艾丽丝写道，三岁的蕾贝卡第一次注意到她自己非常在意的那些伤疤。她一直在看教育电视节目《蓝色弹珠》(*Big Blue Marble*)。这个节目的片头是一张从太空拍摄的地球照片。她看着母亲，看到了她自认为相同的画面，并仔细观察。"她……像母亲般用她肉肉的小手捧着我的脸……'妈妈，你的眼睛里有一个地球。'"

女儿把自己受到的伤害重新定义为某种完整且珍贵的东西，这让艾丽丝很开心。同时，她用"母亲般"这个词来形容女儿的抚摸，这表明她希望蕾贝卡能够弥补她自己的父母没有能力给予她的东西。

大二结束那年夏天，艾丽丝看起来的确是"走投无路，孤立无援"。在1963年的华盛顿游行中，她爬上一棵树看马丁·路德·金的演讲，他带佐治亚州口音的演讲声响彻了这个国家的首都。在奥德雷倒咖啡的时候，艾丽丝在听马丁·路德·金呼吁正义降临佐治亚州的红土地，呼吁自由之声"响彻密西西比的每一座山丘,每一座山岗"*。艾丽丝觉得,马丁·路德·金把她交还给了她的故乡,南方,并把全部的公民权也交付于她。

60年代,不管是在英国还是美国,大门都开始向那些曾被教育拒之门外的人开放,包括安吉拉·卡特和洛娜·塞奇。然而在美国南方,很多人却试图将这扇大门紧闭起来。1961年1月,艾丽丝在沃克家的电视上看到两名黑人学生,汉密尔顿·霍尔姆斯(Hamilton Holmes)和夏莱恩·亨特(Charlayne Hunter),在佐治亚大学入学。与此相应的是,上千名佐治亚白人进行暴动,朝着亨特的宿舍窗户扔砖头和瓶子。在身体力行方面,十七岁的艾丽丝还没那么勇敢——首先,她害怕另外一只好眼睛失去视力——但当她在新闻中看到黑人学生为争取民权而唱歌、祈祷和游行时,她又感到很激动。那年秋天,她拿到了奖学金,上了大巴车,去往斯贝尔曼学院(Spelman College)——一所位于亚特兰大,历史悠久的黑人女子学院——开始自己的教育生活。

她随身带着一台打字机,这是母亲用当女佣的薪资给她买的。随着大巴车开动,她看到父亲站在路边,手里拿着他的帽子,悲伤地看着她离开。当司机跟她说让她去尾座坐着时,她照做了,但这也提醒她要记得自己为什么离开。大巴之旅带她来到了一个她必须重新创造自己,成为一个作家和年轻母亲的地方:一个介于家庭与外界,归属与变化,爱与自由之间的张力场域。

艾丽丝身穿短裙和毛衣,头发高高束起,来到了学校。她看着那些新鲜的学生面孔,很快就在同学中交上了朋友。她还在临近的男子大学莫尔豪斯学院(Morehouse College)有了崇拜者。但她思想独立,这导致她与斯贝尔曼学院格格不入。当时,斯贝尔曼是一家保守的机构,对性别角色

---

* 马丁·路德·金,《我有一个梦想》。

的认知甚至要比十年前的拉德克利夫学院更为狭隘。这所学校由白人赞助者建立并资助，培养了许多令人印象深刻的女性，但它却认为自身的首要职责是帮助学生在种族隔离的南方步入中产阶级式的婚姻做好准备。民权律师玛丽安·赖特·艾德曼（Marian Wright Edelman）是在艾丽丝入校的头一年从斯贝尔曼毕业的。她回忆说，这里是一个培养"无害年轻女性"的"古板"机构，让她们"嫁给莫尔豪斯的男性，帮助照顾家庭，并且绝不惹是生非"。这所学校不仅仅和拉德克利夫一样有着装规定和宵禁，还有每周六次的强制礼拜以及"熄灯"政策——艾丽丝就因熬夜读诗而遭到训斥。学生们为争取民权示威游行，遭到亚特兰大警察的殴打和监禁，而艾丽丝又要在上述的种种规定下生活，认知上的这种偏差让她感到难以消化。

去斯贝尔曼上学，这是艾丽丝离开家的第一步，就像一些人的早婚一样，它所预示的自由比它能真正提供的要更多一些。作为一个想要成为作家的人，艾丽丝需要其他黑人作家向她揭示过去，需要政治思想家为她指明未来的方向。但在这方面，斯贝尔曼同样是保守的，引导学生去读海明威、奥斯汀、狄更斯。艾丽丝喜欢托尔斯泰和多丽丝·莱辛，但她不觉得自己能像奥德雷那样把济慈或米莱拿来作为己用。尽管她喜欢法语课，但她却拒绝了去法国学习的奖学金，说自己在国外无法快乐地生活，除非她已然能够在美国南方过上自由的生活。

艾丽丝很快就认识到，宵禁和大学四周的高墙标志着女性的二等公民身份，特别是在雇用她做助理的大学社团前辈成员开始猥亵和骚扰她之后。她后来就此说道："或许，这也是我萌生女权主义的诸多时刻之一。"最终，斯贝尔曼给她带来的感受是一种"对想象力的限制……我能够意识到窗户的桎梏，但我不敢打开窗户，走出去"。

艾丽丝记得，大二时，她站在临近的亚特兰大大学的草地上，聆听同辈的学生约翰·刘易斯（John Lewis）和朱利安·邦德（Julian Bond）

有关民权的演讲。然后,她生命中头一回唱起了《我们终将胜利》(We Shall Overcome)这首歌,和示威者们手拉手,勇气油然而生。她敬爱的教授,也是指导她并赞扬她写作的教授,年轻的左派历史学家霍华德·津恩(Howard Zinn)支持抗议者。那年夏天,斯贝尔曼因此解雇了他。艾丽丝听到这个消息后写信给他,说自己感到非常难过,几乎无法写完这封信。她补充说:"等我'振作起来'(微笑——抬头,挺胸!),我会再给你写信的。"

艾丽丝应对愤怒与失望的方法之一是隐忍,而非发泄。她还有一个和尼尔有点相似的方法,就是打破每个人对她的期待。1963年的夏天,她在波士顿与她的哥哥比尔(Bill)以及他的家人住在一起。她在乔丹·马什百货公司(Jordan Marsh)上班,和一个来莫尔豪斯交换学习的北方白人大卫·德莫斯(David DeMoss)约会。夏天结束时,大卫和她一起参加了华盛顿的游行,然后她把他带回了伊顿顿。在那里,他们一起走在主街上,经过法院和联邦纪念馆,手牵着手,令所有人惊愕不已。沃克夫妇极为不悦,艾丽丝的朋友们感到震惊。比尔·沃克回忆说:"整个镇子的人都被吓坏了……伊顿顿还没做好准备,去给予黑人艾丽丝所要求的那种自由和接受度。所以,我猜她是戳到了他们的痛点。"

1963年在亚特兰大,厄休拉·勒古恩写道:"无处可去,只能待着。""待着",待在书堆里,不要惹是生非,这是艾丽丝的老师们希望她去做的,但她拒绝了。那年冬天,她得以转学到纽约附近的莎拉·劳伦斯学院,一所奥德雷非常想去的女子学院。

在这里,艾丽丝开始获得她所需要的距离来思考自己的想法。在莎拉·劳伦斯,她是一个特例,一个寒冷大地上的异乡人——1月份抵达那里时,她甚至都没有一件冬衣——但是她在那里找到了她需要的东西:"来去自由,悠闲地阅读,走自己的路,爱穿什么穿什么,自己觉得该怎么活就怎么活。"

纯粹的自由很少能长时间地持续下去,特别是在母亲的生活当中。在怀孕时,艾丽丝的自由受到了短暂但剧烈地冲击。大四那年的夏天她在肯尼亚做志愿者,并在那里与大卫·德莫斯不期而遇,而且他们有点开心过头了。回到莎拉·劳伦斯之后,在她意识到发生了什么事情时,她变得非常沮丧。在不呕吐的时候,她就躺在宿舍床上,无法入睡,也无法起床,不知道该做什么。她的大姐玛米(Mamie)在电话里说她是个"荡妇"。她另外一个姐姐露丝(Ruth)无法生育,恳求艾丽丝把孩子给她抚养。大卫提议结婚。艾丽丝觉得"不是我死就是它亡",于是开始制订自杀的计划。

最后,一位朋友给她找了个堕胎医生,收取的费用很配得上他住在上东区的身份:2000美元。她的朋友们动用了他们的紧急资金,大卫也动用了他自己的。当她从麻醉中醒过来时,陪她去的白人朋友站在她的身边,手捧一朵红玫瑰。二十一岁的艾丽丝觉得朋友把她的存在交还给了自己。

和奥德雷一样,堕胎经历是艾丽丝的一个转折点,一种她自己判断自我价值的状态。在她的短篇小说《堕胎》(The Abortion)中,一个在上大学时结束妊娠的女人说,这一事件"全面标志着至高无上的成年,以及对自己生活方向的把握"。在本可以死去的时候活着,这带给了她一种新的紧迫感和使命感。一直到那个秋天,她都在不断地写作。当她于1966年1月毕业时,股票经纪公司的继承人查尔斯·梅里尔(Charles Merrill),她在斯贝尔曼时拒绝的那笔旅行资助的创始人,给她提供了一笔2000美元的私人资助,供她写作。不久之后,她的第一本诗集被接受出版。

莎拉·劳伦斯给了艾丽丝自由,但在她1967年发表的第一篇个人评论文章中,她写道,民权运动让她对自己的人性有了同等意义上的根本信念。她不会让自己父母在白人世界中的不可见在自己身上延续。她写道,自从十几岁时第一次在家里的电视上看到金之后,"我就在拳打脚踢、敦促、祈祷、诅咒和哭泣,直到我自己开始存在。这就像是重生一般"。

时间与支持恰到好处的平衡绝不容易做到,特别是对女性而言,尤其是在婚姻当中。但是,有一段时间,艾丽丝似乎找到了理想的男性。1966年的夏天,在去密西西比州做民权志愿者时,她遇到了梅尔·莱文塔尔(Mel Leventhal)。在为全美有色人种协进会法律辩护基金会(NAACP Legal Defense Fund)执行的第一个任务中,她被派去与来自布鲁克林的犹太法律学生梅尔一起采访那些因试图投票而被赶出自己家门的人。艾丽丝对这位刚从北方来的白人活动家持怀疑态度,因为在她看来,他在亲眼目睹公开的种族主义时,一开始所表现出的那种震惊是幼稚的。但另一方面,她又觉得他很可爱。在遭到当地白人的威胁之后,为了安全起见,他们最后分床住在一家汽车旅馆,梅尔在雷声中大声朗读床头放着的《圣经》中的《所罗门之歌》。

梅尔和艾丽丝一样有政治热情、热爱文学,成为艾丽丝第一个伟大的爱人。她给他看了自己的诗歌,这些诗后来收入了她的第一本书。梅尔后来说:"我第一天见到艾丽丝就被她迷住了。但在我读到《一度》(Once)这首诗时,我就爱上了她。"那年秋天,梅尔回纽约完成法学院的学业,艾丽丝和他同去,一起住在他在华盛顿广场的小公寓里,她把她的打字机放在铺着床罩的桌子上。梅尔教艾丽丝学习开车、游泳,弥补她在童年时期因不被允许进入伊顿顿的公共泳池而受到的伤害。

看到这二人在一起,艾丽丝的朋友们都担心爱情会分散她的写作精力。然而相反,在梅尔的肯定和陪伴下,艾丽丝比以往任何时候都更加认真地写作。梅尔评论、赞美她的作品。那年冬天,新罕布什尔的麦克道威尔作家营接收了艾丽丝,梅尔每个周末都开车过来陪她。在艾丽丝的朗诵会上,梅尔坐在观众席里,"脸上洋溢着最耀眼的光芒。我以前从未有过这样的信念"。

当梅尔在 1967 年的春天毕业时,他们一起回到杰克逊市。但艾丽丝并不想作为梅尔的女友去南方——又一个给白人男子当情妇的黑人女子。无论如何,令人高兴的是,他们的婚姻将会挑战种族隔离制度:跨种族婚姻在整个南方仍然是非法的。艾丽丝出于爱情、昂扬的斗志,以及冒险精神,认为这会带来可能性,她向梅尔求婚了。梅尔答应了。他们说着要组成一个家庭,但目前他们只是天作之合的一对情侣。

这项重大的声明颠覆了渺小的世界:艾丽丝的父母为她感到焦虑和害怕,因为他们只知道白人意味着威胁,而梅尔的母亲也说她不想再见到他。无论如何,艾丽丝和梅尔还是满怀希望地回到了杰克逊,艾丽丝觉得自己已经做好了再次和南方人打交道的准备:"头两年风风火火地就过去了,我想把每件事都写下来——写在诗里、故事里、小说里、评论文章里……这是一个不断获得启示的时期,我在南方度过童年时没能理解的谜团赤裸裸地出现在我面前,需要我接受。我在密西西比州长大成人。"

她在杰克逊州立大学旁听了一门由诗人玛格丽特·沃克(Margaret Walker)教授的美国黑人文学课,由此发现了文学前辈们:简·图默(Jean Toomer)、拉尔夫·埃利森(Ralph Ellison)、詹姆斯·鲍德温(James Baldwin)。没过多久,她开始为自己在韦尔斯利学院(Wellesley College)开设的一门课程而探寻女作家。在这门课程中,她教授了内拉·拉尔森(Nella Larsen)、安·佩特里(Ann Petry)、葆拉·马歇尔的作品,以及布鲁克斯的《莫德·玛莎》和托妮·莫里斯 1970 年的处女作《最蓝的眼睛》(The Bluest Eye)。在艾丽丝推广佐拉·尼尔·赫斯顿(Zora Neale Hurston)的作品之前,这位作家一直被人遗忘。在艾丽丝寻找路径以颂扬南方的非裔美国人,见证欢乐与悲伤时,佐拉对她有着极为重要的影响。

杰克逊市当时的人口大约为十五万,其中的三分之一都是黑人。艾丽丝在这里的民权运动中找到了自己所属的群体，她给提前教育项目（Head Start）中的老师们教授黑人的历史，和这个群体在一起。她喜欢和梅尔一同出门，梳着高高的非洲头，将粗鲁的目光甩在身后，这让当地人感到震惊。即使是和梅尔一起走在街上或是去看电影，都感觉像是通过公开的爱来发出回应暴力的希望宣言。

他们想要个孩子的选择也是出于爱。但是，在艾丽丝怀上女儿蕾贝卡的两年里，她的情绪发生了变化。1968年4月4日，在艾丽丝到杰克逊市一年后，马丁·路德·金被杀，享年三十九岁。奥德雷是在纽约的卡内基音乐厅（Carnegie Hall）听到这个消息的，当时的她正在一场埃林顿公爵（Duke Ellington）和陶格鲁合唱团（Tougaloo choir）的慈善音乐会上。台上和台下的所有人都哭了。杰克逊市的艾丽丝刚刚怀孕，感到"我世界中的最后一盏灯仿佛熄灭了"。她与梅尔一起去亚特兰大加入金的送葬队伍。一周后，她流产了，她的愤怒和绝望画上了句号。"我甚至毫不在乎。当时对我来说，如果（金）必须死，那谁都不该活，甚至连我自己的孩子都不该活着。"

艾丽丝花了近一年的时间试图再次怀孕，并通过写作来压制自己的情绪。金的遇刺使她对非暴力抵抗的价值产生了怀疑。她写道："我不写作的时候，我想过做些炸弹扔出去，想过枪杀种族主义者，想过杀死……我自己。"她的母亲身份并不完全是她自己选择的：她迫切地想要个孩子，因为这可以让梅尔免于被征召入伍，不用去越南。同时，她又担心自己的写作无法存续下去。"我担心这些经历即便不会压垮我，也会导致我分裂。我觉得我的写作质量会因为做了母亲而大大下滑——生孩子于我的写作而言百害而无一利。"

当她终于怀孕时，她因恶心和抑郁痛苦不堪。梅尔卖掉了他们的红色大众牌甲壳虫，以支付去墨西哥旅行的费用，但这并没有像他们希望的那样让艾丽丝高兴起来。怀孕和分娩的经历——你身体在做的事情不受你控制；医疗服务人员无视你的愿望，忽略你的忧虑；所有的羞辱和恐惧，都感觉像是对来之不易的自主权的威胁。在临产前三天，艾丽丝努力完成了第一部小说的手稿，这大有帮助。

艾丽丝在她的小说处女作《格兰奇·科普兰的第三次生命》(The Third Life of Grange Copeland)中表达了有关生育以及为人母的悲观看法，诸如上述的担忧似乎也有所体现。怀孕也可以是一个回顾自己家庭的时刻：谁养育了你？他们赋予了你怎样的天赋，或者没能赋予你怎样的天赋，让你在即将到来的变化中生存下来？《格兰奇·科普兰的第三次生命》描绘了艾丽丝父母那一代人生活的佐治亚农村，在这样一个时间和地点，压迫、贫穷和家庭暴力交叠在一起，使母亲们变得脆弱。

这部小说部分源于艾丽丝童年时期经历的另一个暴力场景。在她还是个十来岁的孩子时，她姐姐露丝带她到自己工作的殡仪馆，观看一个女人的尸体，她是被丈夫开枪打死的。这个女人是艾丽丝一个同学的母亲，一个辛勤工作、受苦受难，但"坚强"的黑人女性。而现在的她正躺在一张桌子上，面目全非，艾丽丝不忍直视。她转而将自己的目光下移到女人穿着的破鞋上，鞋里甚至还塞着报纸来堵住破洞。

这部小说的主人公是个佃农，他的劳动被剥削，自我意识被佃农制度侵蚀。他感到沮丧、羞愧，害怕雇用他的地主，因而把自己的情绪都发泄在妻子和孩子身上，然后又在绝望中抛弃了他们，逃去了北方。他的妻子自杀了，遭遗弃的儿子长大后成了一个和父亲一样痛苦的人。沃克揭示了男人的暴力是如何在压迫与绝望中萌生出来的。但她也清楚地表明，他们发泄内心恶意的对象是妇女和儿童，这就导致母亲身份成了致命的牢笼。

没得选的母亲身份是艾丽丝在前三部小说的共同主题，包括《紫色》。格兰奇的儿子，布朗菲尔德·科普兰（Brownfield Copeland）与一个名叫梅姆（Mem）的女人步入了一段虐待性的婚姻，怀孕是他用来摧毁她自尊的工具。

> 最开始的晨吐是好的迹象。她的身体会给她带来他无法造成的影响……她不能在恶心、脚痛和牙痛、腿部肿胀、血管膨胀、脑部爆裂的状态下与他抗争；也不能与自我被困、孩子失望这残酷无情、令人不知所措的现实抗争。他会让她沦落到她以前从没想到过的卑贱。

在另外一个场景中，一个怀孕的白人妇女拒绝了格兰奇向她伸出的黑色的援手，随后溺水身亡，"她的大肚子就是她自己的坟冢"。

尽管布朗菲尔德杀死了梅姆，但艾丽丝还是让小说转向了希望。更聪明些的格兰奇·科普兰在书名中所说的他的"第三次生命"中，在回家准备为自己的行为负起责任时，将布朗菲尔德和梅姆的女儿露丝救起并抚养长大。照顾露丝帮助格兰奇"缓释他自己的麻木"，而露丝则在致力于非暴力的民权运动中找到了能动性和目标感。希望在于，对于露丝来说，成为一个母亲将会是安全的，因为她学会了自爱，这将会帮助她抵抗种族主义对灵魂的侵害。

就像她在堕胎后获得新生一样，艾丽丝作为一个母亲的生活同样是从红玫瑰开始的。在蕾贝卡出生后，梅尔带着一大束红玫瑰来到了她的病房。医院刚在近期取消了种族隔离制度，梅尔的礼物让那里的医务人员大吃一惊。对于1969年的密西西比杰克逊市来说，一个白人男子或许会和一个黑人女子一起养育一个孩子，但是他不会满面春风，捧着鲜花。

换作其他情况，面对此情此景，艾丽丝或许会说些什么。但她的分娩过程太吓人了。艾丽丝后来记得,她看到黑人妇女"在走廊里尖叫,每个人都被圈禁在她自己个人的牢房里"。她的白人女产科医生表现得"冷淡且粗暴",显然不赞成她嫁给一个白人男子——一个放下新奥尔良的案件辩论,赶回家陪老婆分娩的白人男子。

艾丽丝和她的宝贝女儿蕾贝卡在一起很开心。蕾贝卡的眼睛并不像陌生人的眼睛,而是"一个老熟人再次走进了一个我们恰好也在的房间"。但她也记得,自己仍然怀疑是否能够同时拥有书本和婴儿。她总结说,"怀抱着我的孩子,我感到更多的是愤怒和保护欲,而非爱",她需要的是"勇于相信"——一个作家母亲的生活——"这个经验或许就是不同,甚至是独特,而不是'更伟大'或'更不足为道'"。

在布拉蒂哈·帕玛(Pratibha Parmar)2013年拍摄的一部纪录片中,艾丽丝说:"我喜欢做个母亲。我们都既开心又惊讶,(梅尔)和我居然对做父母那么乐在其中……我(第一年)把我全部的身心都放在蕾贝卡身上。"尽管如此,她似乎很难塑造一个不让她觉得正在失去自我的母亲身份。她的生活不像她母亲,她也不能采用传统中产阶级家庭主妇的模式。父母都有工作,双方的需求都能得到满足,这样的知识分子的理想婚姻——写作的婚姻——尚未抵达密西西比州。沃克夫人对艾丽丝的感受无法理解:一个婴儿怎么会打扰到人呢?艾丽丝的黑人邻居们也不认可她的做法:他们可以理解一个在外面工作的母亲,但无法理解一个母亲无非就是在书桌前那么一坐,为什么还需要保姆来看孩子。梅尔每天都出门"打倒种族主义和无知的怪物",把艾丽丝留在家里独自熬过"单调、无聊"。

新手父亲也在寻找自己的身份。有时,他们的选择会让他们远离对孩子的看护。为了妻子和女儿,梅尔投入此前双倍的精力争取民权,经常为重要案件工作到深夜。但这令艾丽丝感到孤独,也因为自己希望得到他的关注而感到内疚。她没能享有适度的独处与陪伴——当时，这两者对她来说都太少了——新的母亲身份造成相对的孤立，也缺乏四处走动，这让她感觉自己不仅仅像得了幽居症，更像"被关禁闭……受困于'任务'，以及我的书里。有些日子，我只能发出一声尖叫，又陷入无声"。问题在于，其他人需要梅尔。"我有时候觉得比我更需要。我怎么能说出我也需要他，这样的话呢？"

如果梅尔能够更多地分担育儿的工作，艾丽丝或许会觉得不那么孤立无援。如果美国少一些种族主义者，她或许就没那么抑郁了。但事实是，她感到"忠诚于'他人'，还是忠诚于自己，这样的老矛盾又出现了"。

刚开始时收到了玫瑰花，但或许玫瑰花永远都不嫌多。

一个婴儿的母亲要重新面对自己的身体，一个新的、强大的，但也是新的、岌岌可危的身体，以及一种可能既不会站在她这边也不会站在孩子那边的社会秩序。加缪说，对社会压迫做出反应，这是个体自由，但一个家长如何能"绝对自由"？艾丽丝在她那篇被大量转载的开创性的关于母亲身份的文章《一个自己的孩子》中，毫无保留地讨论了这一矛盾。她写到了自己身为母亲的喜悦与自豪，以及她因这种"有意义的——有些人或许会说是必要的——离题"*而感受到的快乐。她还强调了身处一个既不重视她自己，也不重视她孩子的社会，她对母亲身份极度矛盾的心理——正如她所说的一句名言，这个社会"为孩子所做的准备非常糟糕，不为他们的幸福考虑"。

每个有孩子的女人都会对至少一个人抱有特殊的敌意。在自己怀孕、生产和育儿的过程中，这个人一直评判自己、忽视自己，或拒绝给自己

---

* 《一个自己的孩子》一文的副标题。

提供需要的帮助。在《一个自己的孩子》描述的一个关键场景中，艾丽丝和两岁的蕾贝卡都在一个陌生的东北部城市生病了。孤独和痛苦的艾丽丝拨通了她的一位著名儿科医生朋友的电话。结果这通电话打去了他的家里，他非常粗鲁地接了艾丽丝的电话。第二天在他的办公室里，他表现得仍然很冷漠。艾丽丝过往的经历让她没有理由相信医生，而现在，这位白人医生对她的痛苦——以及她自己和女儿的需求遭受到了种族主义而感受到的双倍脆弱——无动于衷，这让她感到愤怒。

此外，艾丽丝还描述了这样一个过程：她向对黑人妇女的利益及需求视而不见的白人女权主义者，以及将女权主义从其政治议程中排除出去的黑人民族主义者寻求声援，但无功而返。甚至，她母亲让她加快速度生二胎的提议也让她感到受伤：感觉像是母亲警察上门来访。《一个自己的孩子》成为有关交叉性的宣言。在这篇文章里，各种形式的压迫都在母亲这里交汇，剥夺了有色人种女性养育家庭和她们自己的资源。

艾丽丝提出："我一直都遭遇着冲突、挣扎和偶尔的失败——不仅是为了确保我自己孩子的生命……也为了能在确保中看到世界对我善意的接受与确认——一个会因为我无拘无束地彰显自己的存在而拒绝我的世界。"如果有足够的资源，为人母可以是一个被保护的空间，一个远离紧张创作生活的庇护所。但对艾丽丝来说，创作的生活是她的庇护所。写作是她的反抗行为，也是她的治疗手段。如果为人母带来的干扰使她无法写作，她要如何继续？

她通过与蕾贝卡的连结获得了部分她所需的认可，这次是作为母亲而非盟友。艾丽丝在《一个自己的孩子》中骄傲地写道——写这篇文章时蕾贝卡九岁——"我们是一体的，我的孩子和我。母亲和孩子，没错，但实际上我们是姐妹，反对着任何全盘否定我们之所是的东西。"

艾丽丝在密西西比州待的时间越长，就越抑郁。1970年5月，在蕾贝卡出生的那一年，就在肯特州立大学发生枪击事件之后，杰克逊州立大学的两名学生——艾丽丝曾在这里读书，也和玛格丽特·沃克在这里一起教过书——被朝着游行队伍开枪的警察打死，另有十二人受伤。艾丽丝后来写道，在杰克逊市的那些年里，"我从不认识有哪个参与运动的人士（包括我自己），不得不拿自己的生命、原则或孩子去冒险，却没有因此受到某种伤害。"通常都是黑人女性给所有其他人带来安慰和保证，除了她们自己的麻烦还承担着额外的情绪劳动的负担。

随着和平、包容的民权运动让位于激进的黑人权力运动，艾丽丝也感受到了越来越大的压力，迫使她去遵循当时所谓"正确"的思想。独创性让人生气；在它是交叉性的时候，它似乎因为各种各样的原因令人生气。奥德雷·洛德写道，在这样一个困难的时期，她"经常感觉自己在真空中工作和抚养孩子，这是我自己的错……我要么否认我身份的各个方面，要么在其中做出选择，否则我的作品和我的黑人身份将是不被接受的"。

艾丽丝同样感到被群体排斥，特别是她所属的每一个群体现在似乎都在拿她最亲密的盟友，也就是她的丈夫做文章。甚至，在艾丽丝刚和梅尔结婚的时候，她的一些朋友就指责她"侮辱黑人男性"，或是说她和敌人睡觉。如今，似乎整个运动都反对她与一个白人男子的婚姻。与黑人艺术运动结盟的诗人尼基·乔万尼（Nikki Giovanni）带着自己和蕾贝卡年纪相仿的小儿子来杰克逊市探望艾丽丝和梅尔。乔万尼并没有帮助艾丽丝成功地建立起母亲-作家之间的联系，而是伤害了她——艾丽丝记得乔万尼问自己怎么能和一个她想要杀死的人同床共枕。

梅尔不再去参加艾丽丝的读书会，因为他的出现会招致观众的冷眼。1970年，当艾丽丝受邀在莎拉·劳伦斯演讲时，琼·约旦回忆说，黑人学生团体几乎抵制了这场活动。但一如往常，艾丽丝面对反对的方式就是拒绝做人们期待她做的事情。在学院教书的约旦衣着激进——"我留着大大的非洲头，穿着风衣、靴子，不管白天还是晚上都戴着深色太阳镜"——然而，艾丽丝却穿着"好看但朴素、普通的衣服"发表演讲。她温和地建议台下的听众把怒气撒在对的地方。两年后，她跟另外一群学生说，"一个要求你闭嘴的人绝非你的朋友（或亲人）"。

很快，艾丽丝就开始着手写一本新小说，名为《梅丽迪安》（*Meridian*）。这本书讲述一位女活动家在民权运动中遭受的心理伤害。一位明智的女权主义者曾经说过，改变在旦夕之间，抵抗则经年累月；而斗争开始让艾丽丝感到疲惫不堪。有时候，她恨自己做得不够好。其他时候，尽管她和过去一样坚定地致力于思考和书写黑人的经验，但她感到"被种族的桎梏折磨得筋疲力尽。我只是厌倦了种族是一切的中心。我的灵魂拒绝仅仅被这些名词术语所禁锢"。

当多丽丝·莱辛在她的回忆录中假想，如果自己留在了第一场婚姻中，待在狭隘、种族主义的索尔兹伯里，她会成为怎样的人时，她的结论是："我也不可能挨过来，精神崩溃只是其中最微不足道的事情……我也许会在接下来的许多年里都跟自己争执不休，处于精神分裂的状态，对自己的生活厌恶嫌弃。"艾丽丝开始对同样狭隘的杰克逊市产生类似的看法。1971年的夏天，她写信给一个朋友说梅尔想要留下来。"但是，我知道，如果我继续留在这里，不做我想做的事情，我就会成为一个言辞刻薄、心怀不满的泼妇。"1971年9月，她不情愿地离开了梅尔，接受了拉德克利夫学院的奖学金，带着蕾贝卡在剑桥待了一年。

奖学金从一年变成了两年，有了更多的经济支持、更少的压力、更多的创作群体，加上日托，艾丽丝获得了更多的能动性，看到自己的事业开花结果。黑人女性的艺术和写作在70年代初蓬勃发展，不久后被艾丽丝称作"妇女主义"（womanism）的运动也如火如荼——一种植根于黑人经验的女权主义。

艾丽丝利用自己在拉德克利夫的部分时间去探索和教授黑人女性写作。她写了诗歌，结集为《革命的牵牛花》(Revolutionary Petunias)，并于 1974 年出版。她写的大多数短篇故事都收入了她的第二部小说集《在爱与困境中》(In Love & Trouble)。1973 年，艾丽丝在拉德克利夫以演讲的形式发表了她的评论文章《探索我们母亲的花园》(In Search of Our Mothers' Gardens)。在文章中，艾丽丝声称，她母亲美丽的花丛传承着黑人女性个体的艺术能动性。

杂志编辑玛西亚·安·格里斯佩（Marcia Ann Gillespie）当时也坐在观众席里，她告诉艾丽丝的传记作者伊芙琳·C. 怀特（Evelyn C.White）说："她就好像把所有的前辈都摆在大家眼前，让我们共同为黑人女性从未能实现的目标感到悲伤……在艾丽丝说完之后，你能听到房间里都是姐妹们的啜泣声。"但部分原因是她的孩子，米妮·卢·沃克没有机会施展自己的才华，这也是艾丽丝的母性渴求何以如此复杂的部分原因。在短篇小说《日用品》("Everyday Use")中，艾丽丝写到一个女人离家去接受教育，并与她母亲的传统切断了联系。沃克和卡特都出生在文化背景丰富，但学识并不渊博的家庭，因此她们都发现，自我转变有得也有失。

在离开拉德克利夫之后，艾丽丝短暂地回到了密西西比州。但是，当格洛丽亚·斯泰纳姆（Gloria Steinem）给她提供了一份在《女士》(Ms.) 杂志编辑小说和诗歌的工作时，她便劝说梅尔搬去纽约。她在那里也加入了同辈作家组成的团体。就在她抵达纽约之前，《革命的牵牛花》获得了美国国家图书奖诗歌类的提名。在十一个被提名者中，还有另外三名女性，其中就包括艾德里安娜·里奇和奥德雷·洛德。里奇是她们四个人中最有可能获奖的，她给其他三人打电话提议，如果她们中任何一个人获奖的话,其他人也都应该接受这个奖项。奥德雷和艾丽丝同意了。第四个人埃莉诺·莱尔曼(Eleanor Lerman)选择退出。4月18日,艾伦·金斯堡和里奇因《潜入沉船》(Diving into the Wreck)共同获奖。沃克没有到场,但是里奇和洛德都上台去领奖。里奇在台上宣读了她们三人共同写作的一份强有力的声明,"拒绝父权制的竞争环境",并"以声音已然消失,而且仍然未被听见的全体女性之名"接受这一奖项。

沃克写道:"直到这一天,我才觉得这意味着我们都赢了。"

和《女士》杂志的所有人一样,艾丽丝也愿意采取冒险的立场。1975年,她为安·艾伦·肖克利(Ann Allen Shockley)的小说《爱着她》(Loving Her)写了一篇肯定的评论。该小说描述了一段跨种族的女同性恋关系。一些主流的女权主义者,最著名的就是贝蒂·弗里丹(Betty Friedan),认为女同性恋组织威胁到了她们的目标,因为她们力图为白人、异性恋、中产阶级的女性在既定秩序中争取地位。艾丽丝公开表示自己是双性恋,这是十五年之后的事情了,但她正在利用自己日益增长的影响力为黑人女同性恋者谋取利益。

梅尔是艾丽丝的创作伙伴,一个理解体谅她的男人。现在,艾丽丝在女性当中找到了团结和理解。在纽约,艾丽丝和琼·约旦——一个单身母亲,她的儿子十几岁大了——共同组织了一个作家互助小组。她们在约旦位于布鲁克林的家中进行非正式会面。她们称其为姐妹会,其中还有托妮·莫里森、剧作家尼托扎克·尚吉(Ntozake Shange)和美食作家维尔塔·梅·格罗夫纳(Verta Mae Grosvenor)等人。在回顾1985年时,莫里森对黑人女性群体大为赞扬:

> 我们中有多少人遭受过打击,又有多少人赢得过胜利。我注意到昂首阔步取代了蹑手蹑脚;我看到我们赋予私人关系的新形

态……当你说"不"或"是"或"这个而非那个"时,变化本身在发生改变……而且,这一路上,你有最好的同伴……其他人,我们其他人,和你一样。

艾丽丝或许对"和你一样"有质疑,但女权主义带来的新认识——对女性群体的新认识,以及认识到在亲密关系中划定界限是可以的——是真实的。《格兰奇·科普兰的第三次生命》并没有强调女性的团结,但几年后,这将会成为《紫色》带给人快乐的核心主题。

奥德雷提出:"关心自我并非自我放纵,而是自我保护,这是一种政治斗争行为。"20世纪70年代,"交叉性""自我关怀"和"情绪劳动"这些词还没有被创造出来,但这三个词都是艾丽丝1976年出版的第二部小说《梅丽迪安》强烈表达的主题。和莱辛"玛莎·奎斯特"这个系列小说一样,《梅丽迪安》讲述了一个以行动主义定义自己的女性获得政治觉醒的过程。而且就像《金色笔记》一样,这部小说探讨了于女性而言,政治和个人的改变是什么关系,以及在运动失败时,组织者将会面对些什么。

在十来岁的时候,梅丽迪安·希尔(Meridian Hill)和玛莎·奎斯特一样,梦游般地怀孕并走入婚姻,然后,又由于担心她的母亲身份会像她自己的母亲那样"粉碎她……正在萌生的自我",于是离开了自己的丈夫和儿子。和玛莎不同的是——玛莎把自己的母亲身份看作一个私人的心理问题——梅丽迪安以自己的种族历史为背景看待母亲身份:她说,她是在拒绝这一对黑人女性来说"自古以来的十分熟识"的机制,即"于母亲和孩子而言恐怖、狭隘的视角"。然而,她觉得自己背叛了一代又一代被奴役的女性,她们徒劳地渴望获得保留和抚养她们孩子的权利。她满心愧疚,想着自己痛苦、自我牺牲的母亲是"这一母性历史中的典型，而她自己则属于格格不入的少数人，这种情况没有先例，而且据她所知，她是有史以来第一位"。

后来，在她走出母亲身份的旅程中，她在没有麻醉的情况下进行了堕胎。当医生提出再做个输卵管结扎以换取性生活时，她愤怒而痛苦地答道："连根切了吧！我不在乎！"就好像她想要抛弃整套为人母的观念，除非为人母能更具生产性。后来，梅丽迪安的情人杜鲁门（Truman）和她的白人朋友琳恩（Lynne）结了婚，而且二人都向梅丽迪安寻求情感支持，以处理好他们的跨种族婚姻。当杜鲁门指责梅丽迪安站在琳恩那边时，梅丽迪安感叹说："她那边？我确信她已经站在了那边。我正试图弄清楚我在其中的位置。我自己那一边在哪儿呢？"

《梅丽迪安》讲述了黑人女性活动家在肉体和灵魂上付出的代价，她们为事业付出了全部精力，目睹了太多她们无法纠正的不公正，也无法依靠黑人男性或白人女性为她们声援。在一处非常重要的情节中，梅丽迪安把一个淹死在水库中的五岁男孩的尸体抬到市政厅——他不被允许在公共泳池游泳——她把他腐烂的尸体摆在市长的桌子上。这是她现在的母职生活；但这时她已是孤身一人，并因自己是个幸存者而感到内疚和不安。献身事业可以是女性自我牺牲的另外一种形式。在写这部小说时，艾丽丝几乎肯定在与自己的这些感受做斗争。梅丽迪安不情愿地选择了自己的立场，她最后说："她对自己生命的尊重就是克服所有障碍，继续活下去，不放弃生命的点点滴滴，除非战斗至死——死的最好也不是她。"

《梅丽迪安》对黑人快乐与痛苦的颂扬为艾丽丝的第三部小说《紫色》铺平了道路。但和梅丽迪安一样，艾丽丝最终也孑然一身。一开始，在他们位于布鲁克林修缮过的房子里，梅尔和艾丽丝是时髦的年轻父母，用中性的建筑拼装玩具和书籍培养女儿，鼓励她成为她想成为的人。但是，他们的婚姻缺乏时间和关注，在 1976 年结束了。

来自各方的批评，包括他们的家人，给他们的婚姻带来了压力，梅尔勤奋工作的习惯同样也带来了压力。蕾贝卡回忆父母在一个周末吵架时，梅尔说他太累了，不能陪艾丽丝去植物园——那里是这个区域为数不多的绿洲。城市的拥挤和缺乏空间所带来的压力让艾丽丝在去《女士》办公室工作的路上开始感到焦虑。

罗贝塔·佛莱克（Roberta Flack）的名曲《柔弦断肠》（*Killing Me Softly*）很好地形容了他们的分手。艾丽丝给一个朋友写信说自己觉得肝肠寸断。"坦白说，我觉得我不适合结婚……问题在于，梅尔太好了，离开他需要我拿出全部的勇气。我还担心蕾贝卡，她的幸福，等等。"在悲伤中，她转向六岁的蕾贝卡：她们两人当时躺在一张床上，她每晚都在哭泣，而她的女儿则伸出胳膊抱着她。

她和蕾贝卡一起搬到了她自己的公寓。蕾贝卡回忆说，一天晚上，艾丽丝开始就自己的葬礼给出指示。艾丽丝提到："应该有一场聚会，很多人跳舞……不要让他们把我放在一个又大又丑的棺材里。"蕾贝卡在一张横线簿上认认真真地写道："不—要—丑—棺—材。"她后来说："我很自豪我的母亲信任我，你知道吧，把葬礼事宜交代给我来办。但听她说到死，这很吓人。我一直在想，'那我怎么办？'"

和苏珊·桑塔格一样，艾丽丝需要支持，并且是从自己的孩子那里寻求支持。她告诉蕾贝卡说，她们更像是姐妹，而非母女。蕾贝卡回忆说，这种情感上的依赖既是她的骄傲，也是她的负担。"当她说这些话的时候，我觉得自己很强大，就好像我要比实际中的自己更年长，更聪明。只不过这种强大容不下懦弱。"

女权主义精神分析学家罗兹卡·帕克（Rozsika Parker）认为，那些不得不把自己的需求放在一边的母亲可能会对自己女儿的渴望做出矛盾的反应。她们和女儿之间的关系"就像她们和自己需求之间的关系一样，是反复无常的。"十九岁时，蕾贝卡跟采访者亚历克西斯·德·沃克斯描述了她们母女之间的关系，与艾丽丝描述自己母亲的缺席如出一辙："我给自己施加压力，为我的母亲调整好我自己，这样她就可以工作，我就不会一直麻烦到她了。"

同时，艾丽丝和梅尔讨论出了一种新的育儿安排方式，即共同监护。以前，父母中的一方在离婚后要么消失，要么或多或少被驱逐出场。但是在20世纪70年代，随着美国和欧洲离婚率的上升，越来越多分开生活的父母选择一起抚养他们的孩子。

问题在于，在哪里抚养以及如何抚养。梅尔和一个老相好开始了恋情——一个白人犹太女人——并在华盛顿特区找了份工作。艾丽丝谨慎地开始了与一位大学老友的约会——罗伯特·艾伦（Robert Allen），莫尔豪斯学院的毕业生、杂志的编辑，住在加州。因为艾丽丝计划去加州和罗伯特住在一起，所以他们决定让蕾贝卡在未来两年和梅尔以及继母一起住在华盛顿，然后每两年换一次地方，直到高中毕业。艾丽丝后来说："我们的目的是让蕾贝卡和我们两人一起成长，并尽可能保持稳定。这个决定完全是出于对她的爱。"

但对艾丽丝来说，这必然是创伤性的：在与女儿分开之后，她写了《一个自己的孩子》，哭诉母性的痛苦和愤怒，并于1979年8月发表在《女士》上。蕾贝卡也感到难以面对。她不再是住在一个同时能拥有她两种身份的混血家庭，而是先与两位白人父母住在一起，然后又到西海岸和两个黑人父母，也就是艾丽丝和罗伯特住在一起。这让她感到"支离破碎……像是镜子的碎片"。在她2001年的回忆录《黑人、白人、犹太人：改变中的自我》(*Black, White and Jewish: Autobiography of a Shifting Self*)中，她写道，在华盛顿时，她思念自己的母亲，与她身体的亲密接触，她棕色的皮肤肯定了蕾贝卡自己的肤色。正如梅尔所说，如果他们作为蕾贝卡的父母没有用自己的爱"挡住这个世界"，那他们黑白两个种族的孩子就像是一场失败的种族融合实验。

对艾丽丝来说，部分的爱是要让自己的孩子获得自由——并非从她这个母亲这里，而是从她自己生活所能提供的有限的可能性那里。但对蕾贝卡来说，这种自由有时让她感到"无力承受"和不安全。她写道："我的父母没有紧紧地抱住我，而是鼓励我离开。他们并不偏袒、保护、守护，或是照顾我。我被灌溉、喂养、欣赏、抚摸，并被期待着成长。我大部分的时间都是独自去探索世界以及我在其中的所在。"十三岁时，她刚从父亲家搬到母亲家居住，为了寻求安全感，她第一次和男朋友发生了性关系。十四岁时，尽管吃了避孕药，但她还是怀孕了。艾丽丝帮她堕胎，带她去看电影，但蕾贝卡口中的那个艾丽丝并没有认识到，导致自己女儿很早就发生性关系的是孤独。

在与蕾贝卡分开期间，即1978年搬去旧金山的两年里，艾丽丝成长为一名作家。在古根海姆的资助下，她在城里找了间公寓，又在加州郊区的布恩维尔（Boonville）找了栋房子，在那里度过了悠闲的一年，她休息、思考，与她的角色对话，等待新小说的构思成熟。她想讲述一个南方女人的英雄之旅。这个女人起初非常弱势，遭受性虐待，困在被迫接受的婚姻中，爱上了她丈夫的情妇，并学会了为自己去主张。

但是，她或许需要蕾贝卡和她一起来写这部小说。原因在于，直到新学年开始，蕾贝卡来和她一起生活，她才觉得自己做好了动笔的准备。之后，她便下笔如有神，在蕾贝卡第二年夏天离家去露营的那天就写完了这本书。她觉得书中的角色，西丽（Celie）、莎格（Shug）和某某先生（Mister）不仅仅和她自己对话，也和她的孩子对话。"蕾贝卡赋予了（西丽）勇气（这是她一直给予我的东西），西丽成长为越来越像蕾贝卡的样子,她每天会等到3点半的时候才来见我。正是在蕾贝卡回到家中需要母亲和一个拥抱的时候,西丽会在那里,并努力把这两样都给她。"

艾丽丝写道,她最难解决的叙事问题,就是如何让西丽自己失去的孩子回到她身边。但是,一旦西丽在莎格的帮助下,学会了珍惜自己的身体和才华,成为完全拥有创造力和感官的自我,她的孩子们就会回到她身边,就仿佛她终于准备好做个母亲了一样。

在这部小说出版之后,艾丽丝说,"这是我最快乐的一本书。我必须完成其他的写作才能做到这一点",即给她的角色以希望、快乐和为人母的幸福。

一个母亲坐在一张帆布折叠椅上,看着自己的女儿协助拍摄电影。她十五岁的孩子大步走过片场,细发辫飘在空中,手里拿着扩音器,腰上别着对讲机。她为女儿的自信、独立以及她能提供给她的非凡机会感到骄傲。当她不能在现场时,奥普拉·温弗瑞(Oprah Winfrey)会照顾她的女儿。

这位作家还充当非官方的对白指导和脚本修订者,并从日盛的神秘主义出发,给嘉宾和工作人员提供塔罗牌占卜。在感到沮丧时,她如今会通过冥想来缓解压力。

艾丽丝回忆说,在《紫色》的电影拍摄现场,蕾贝卡的"美貌和能力"令她感到惊讶,"我喜欢她的高挑,她的直接,她特有的开朗和不受气的态度。我知道她不希望我不在她身边,但她其实可以独当一面。她已经是她自己了"。这幅画像描绘了一个令人钦佩的人,但也让人联想起爱丽丝·尼尔,她画中的女儿伊莎贝塔是个不需要自己母亲的女孩。

《紫色》让艾丽丝成了一个文学明星。这本书成了一本畅销书,自出版以来卖了至少六百万册,获得了国家图书奖,还赢得了普利策小说奖,使得艾丽丝成为全部类别的普利策奖中第二位获奖的黑人女性。格温德琳·布鲁克斯表示，她很开心自己有了一位同伴。

拥有一个公众角色是一回事，成为一个名人是另外一回事。这本书出版时，艾丽丝已经三十八岁了，极具个人魅力的她就如同德·沃克斯说她的那样，如"女神"般声名大噪。同时，德·沃克斯也写道，《紫色》一书的成功，特别是其1985年的电影版，"在黑人群体中划定了一条和内战时期一样深刻的战线"。人们再次指责艾丽丝不忠。她写道："有人说我憎恨男性，特别是黑人男性。"而且，"我平等和宽容的思想对黑人群体是有害的，甚至是破坏性的"。当这部由斯皮尔伯格导演的电影上映时，非裔美国人群体进行了抵制。尽管艾丽丝在面对公众时保持坚强，但她还是被这些攻击伤害到了。

与此同时，她还患上了莱姆病，并为自己的母亲感到悲伤。她的母亲如今因为一次次的中风而卧床不起，这迫使艾丽丝努力成为"坚强的那个人"。罗伯特感到嫉妒和被忽视，有了外遇，这导致他们在1990年分手。艾丽丝写道，他们的关系"复杂化"了，因为罗伯特的酗酒问题，"因为我大多数时间需要生活在自己的空间里，因为我有的时候会因创作和/或抑郁而情绪化"。她写道，他们的关系"失去了它的守护神，特别是性方面的：我们的肉体连结没有了神圣感，我开始在性方面慢慢感到匮乏"。艾丽丝继续和男男女女有过关系，其中一些本身就是名人，比如特蕾西·查普曼（Tracy Chapman）。她自此从未再婚或和伴侣长期生活。

艾丽丝凭借涉猎广泛的空想作品《我亲人的殿堂》（厄休拉·勒古恩评论指出，这本书主题丰富，"令人惊叹，难以抗拒。一百个主题回旋贯穿始终……时间和地点的旋涡"），获得持续的成功，与此同时，蕾贝卡离家去耶鲁大学学习。二十二岁时，在一篇为《女士》撰写的文章中，蕾贝卡提出了新的"第三波"女权主义。她继而成为这波女权主义的引领者之一，一位著名的作家、讲师和为性别、种族及经济正义奔走的活动家。她继承了母亲的风范,对个人生活保持坦诚,也写了关于自己童年及她自己为人母经历的回忆录。

成年后,蕾贝卡对她母亲的事业感到越来越矛盾,她觉得——并在公开场合说——在母亲的优先级里,自己的排名太低了。在蕾贝卡三十四岁怀孕之后,母女之间的关系变得紧张起来。在《亲爱的宝贝:矛盾一生,选做母亲》(*Baby Love: Choosing Motherhood after a Lifetime of Ambivalence*)一书中,她写道,在事业的成功期时,她很难坚定地成为母亲。和她同龄的女性都提出艾丽丝曾经面对过的问题:"有了孩子我还能活下去吗?我是否会失去自我,失去我的身体、我的思想、我的选择,并且受困于怨恨之中,陷入难以挽回的不知所措的境地?"

她生下了一名男婴,这带来了质变的快乐,证明她之前的恐惧都是错误的。蕾贝卡很开心能加入母亲这个群体,她称之为"我笃定加入的第一个俱乐部"。母亲身份重新安置了她的爱与友谊之间的纽带,使得她有能力步入生活的核心。她解释说:"我不希望我脆弱、毫无防备的孩子看到自己的母亲会因任何一种关系而动摇,一想到这一点,我就迫使自己以一种我一直无法做到的方式捍卫自身。"但是,蕾贝卡"对女儿身份最终的、戏剧性地摆脱"导致了母女关系的破裂。尽管她们后来和解了,但有好几年都没有说过话。

在《一个自己的孩子》中,艾丽丝写道,蕾贝卡的出生"将我与一个经验体连接在一起,让我体会到一种对自我生活的深度投入,这是通过其他任何方式都难以理解的。她的出生是一个无与伦比的礼物,让我从一个完全不同的角度观看世界,并以远远超出我自然生命的标准来衡量这个世界"。

她写道,为了做到这一点,她不得不拒绝那些关于母亲身份的语焉不详的神话。她还补充道(她使用了斜体):"*距离是必须的,即便是现在。*"

书桌上的婴儿,或一心二用

> 物质关系与条件的变化会带来精神与情绪状态的变化,程度甚至远超最具革命性的改革者所能预见到的。
>
> ——多丽丝·莱辛

> 摧毁(母亲身份的)制度并非废除母亲身份,而是让生命的创造力与忍耐力同样能够在决策、斗争、惊喜、想象和意识智力的领域得到发挥,就像去从事任何其他困难但自由选择的工作那样。
>
> ——艾德里安娜·里奇

1960年5月,在英格兰什罗普郡(Shropshire),文法学校十七岁的学生洛娜·塞奇从产房逃了出来,去为她的A级考试做准备。护士们不让她读书——她们说,"我们不是用书本来养活孩子的"——所以,洛娜把刚出生的女儿交给了自己的母亲,然后去参加考试,一边滴着奶水,一边想着拉丁文,"陷入一种狂喜的状态,为我的生命奋笔疾书"。

她就读的文法学校的女校长告诉她,无论她的成绩有多好,也不会有哪所大学会招收她这样一个道德低下的人。但在她讲述自己下层阶级童年生活的精彩回忆录《坏血》（*Bad Blood*）中，洛娜写道，成年人的否定让她看到了自己的价值：这"更让我坚信，我一定有我活着的意义"。

在20世纪60年代前后成年的英国作家母亲们表现出个人的反抗，拒绝在书本和婴儿之间做出选择，拒绝背负她们母亲的受虐心理与内疚情结，重写了"母亲的脚本"。她们能在哪里找到帮助，就在哪里寻求支持：从丈夫那里，从有同情心的老师那里，最终是从让她们走在一起的妇女运动那里。洛娜·塞奇的观点是，"生孩子要比从与之相伴的神话包袱中解脱出来容易得多。"她做好了准备，去对抗那些认为一个来自下层阶级的少女母亲应当有自知之明的人。"从现在开始，我将走上一条与大多数人的预设相悖的路。我必须找到我的朋友，并进行反击。"

同一年，也就是1960年，二十三岁的安东尼娅·苏珊·拜厄特因为既要照顾一个婴儿，又要写小说而忙得不可开交。她想获得教育和孩子、头脑和爱情，以及乐趣，因此，她去找自己的毕业论文导师，牛津大学的海伦·加德纳（Helen Gardner），说自己要结婚了。加德纳告诉她说，婚姻不仅会毁掉她的思想，还会使她失去收入。作为一个已婚妇女，她会失去自己的研究基金，而已婚男子的研究基金则会上涨。

于是，安东尼娅一怒之下嫁给了自己的经济学家男友。和勒古恩一样，她并不为自己放弃了论文而感到遗憾："我真的宁愿成为一名作家而非学者，我需要被迫做出这个决定。"但是，她很害怕像自己的母亲那样失去自我——她的母亲从剑桥大学毕业后就马上结婚了，生了四个孩子，然后就在自家的房子里忙前忙后，成了一个郁郁寡欢、牢骚满腹的家庭主妇。拜厄特说她和自己的姐妹们都有一个共同的决心，就是"不受困于厨房，因为你看到这个地方已然把……自己母亲的一些根本性的东西摧毁了"。

拜厄特在恐母症（艾德里安娜·里奇创造的说法，指害怕成为某人母亲的恐惧）的困扰下，背负着强烈的使命感，度过了做母亲的头几年——她在两年的时间里生了两个孩子。她后来说："第一个孩子完全是个意外。在她出生时，我的确在很短的一段时间里觉得——好吧，我给她起名叫作安东尼娅，就因为我觉得，她最好能拥有我的名字，因为现如今，我不会再写书了……然后过了一段时间，我又回去写书了……我写书的时候，就把孩子放在书桌上，让她坐在那种小塑料椅上。你必须学会做到完全的一心二用。"

在学生时代，拜厄特听说剑桥大学的教授伊丽莎白·安斯康姆（Elizabeth Anscombe）——一位哲学家，研究维特根斯坦的权威，三个孩子的母亲——有一次在换乘火车时因为全神贯注地思考，把睡着的孩子落在了布莱奇利（Bletchley）的站台上。这是一种许可，一种可以忘记自己孩子的知识。和逃生梯上的婴儿一样，布莱奇利站的婴儿是比书桌上的婴儿更为极端的版本：一种在场且遗忘的状态，让工作得以完成。

婴儿吃书，这个场景真实地出现在玛格丽特·德拉布尔1965年的小说《磨砺》（*The Millstone*）中。这部小说讲述的是一个女人的故事，她选择做个单身母亲。婴儿爬进了母亲室友的房间，把她正在写的一部小说咬烂了几页。（用胶带粘、把字再打一遍，把手稿救了下来，尽管她们对差评无能为力。）但是，婴儿也创造书籍：《磨砺》把为人母描绘为一次英雄之旅，一个值得讲述的故事，从而把母亲身份从一种幽灵般的存在带回了现实。布奇·埃梅切塔（Buchi Emecheta）1974年的著作《二等公民》（*Second Class Citizen*）亦如是：书中自传式的主人公拒绝扮演自己被赋予的角色（忠诚的妻子、顺从的移民），相反，她将自己的母亲身份与她的写作结合在一起。埃梅切塔决意要成为自己五个孩子身边重要的人，这让艾丽丝·沃克肃然起敬，说她是个"为孩子而写的作家，而非尽管有孩子依然写作的作家"。

如果说母亲身份能让一个作家陷入沉默,那失去孩子的痛苦也会。1972年,拜厄特的儿子查尔斯(Charles)——四个孩子当中的老二——在从公园回家的路上被一个酗酒的司机开车撞了,这辆车突然撞向了路边。查尔斯刚满十一岁。就在几天前,他在公交车上靠着母亲的肩膀睡觉时,温暖的呼吸还打在她的脸颊上,而现在他就这样走了。

拜厄特当时正怀着她最小的孩子,并且刚刚在伦敦大学学院获得了一份教职,可以支付儿子的学费。在接下来的十一年里,她一直在工作,但很少写作。在她的短篇小说《七月的幽灵》(*The July Ghost*)中,一位母亲觉得自己太理智了,无法看到幽灵,但她却渴望孩子的灵魂能出现在她眼前,因为这要比儿子不在了更好受些。"在他死后,我最大的希望就是——这听起来很傻——我能疯掉不用每天等着他从学校回来,叮铃哐啷翻信箱,而是能够真的出现幻觉,看到或者听到他走进家门。(当)他们说,他去世了,(我想)是去世了,这将继续下去,直到地老天荒。"

尽管有女校长的警告在先,洛娜还是进了大学。当她发现自己怀孕时,她和男朋友维克多·塞奇(Victor Sage)结婚了,并在接下来的几个月里住在自己父母家,和维克多一起学习、考试,两个青少年互相支持,不可思议地决定要过上一种心灵的生活。在她学校的演讲日上,女校长刻意拿她说事,把主题定作"做个听话、可爱的女仆,聪明不重要"(Be good, sweet maid, and let who will be clever)。但是,当洛娜走上舞台领奖时,她的学生们都为她欢呼。

洛娜和维克多一起申请大学。作为一个已婚妇女,洛娜直接就被牛津和剑桥的所有女子学院拒绝了。她本可以等到二十三岁,等到已婚妇女可以作为"成年学生"被接收入学的年纪,但她担心如果要等这么久,她会忘记自己曾经想成为一名学者的梦想。最终,随着时代的变化,达勒姆大学取消了对已婚学生的禁令,录取了他们。他们在学期中把女儿莎伦(Sharon)留给洛娜的父母,并接受了其他学生视他们俩人为"怪胎"的目光。当他们以英语专业第一名的成绩毕业时,他们是如此新奇的一对儿,以至于《每日邮报》(*Daily Mail*)刊登了他们的照片,照片中四岁的莎伦正在他们怀里撅着嘴。他们都得到了东英吉利亚大学(University of East Anglia)的教职,并且能够把莎伦带到自己身边一起生活。

尽管他们的性生活受到了意外怀孕的冲击,再也没能恢复,他们最终分开做了朋友,但他们互相扶持着对方的事业,洛娜成为了一名出色的学者和女权主义批评家。莎伦回忆说,洛娜对工作和生活有着不可抑制的渴望,她是那种会穿着全套时髦伦敦装,出现在家长会上的年轻母亲。但她也"非常支持(我),一直都是"。

所有这些女性都认识、支持安吉拉·卡特,或为她铺平了道路,使得她能在 1983 年,年届四十三的时候生下孩子。在她成为母亲时,因为性革命与女权主义革命的爆发,一个由母亲和其他人组成的群体聚集在她的身边。有些人从未结婚;有的人有同性伴侣;有的人结了婚但没有孩子;有的人选择做单身母亲。她们喜欢教安吉拉·卡特怎么带孩子,教她给婴儿拍嗝,和婴儿说话,并且乐在其中,为安吉拉·卡特感到高兴,大家一起养育孩子,或者不要孩子,按照自己的路数生活。

Angela Carter

1940～1992　作家，1969年获毛姆奖

她自己的路数：
安吉拉·卡特

心怀希望的旅行比到岸更好；怀孕的体验；这种状态是一种恩典；但之后会发生什么呢？

她自己的路数:安吉拉·卡特

> 所有年代都在变化,但在我们的年代,道德与心理变革却迅速且剧烈。典型成为里程碑,广泛简单的事物愈趋复杂,混沌变得优雅,而众人确知为真的事实,也变成某些人曾以为的自以为是。
>
> ——厄休拉·勒古恩

1992年,安吉拉·卡特去世,享年五十一岁。她的朋友洛娜·塞奇这样评价她:她"以(与传统相较)错误的顺序"过完了一生。她不是结婚、生子、立业,而是结婚、出版小说、获奖、离开丈夫去日本和情人生活、回家开始与一个年轻男子交往,并在四十三岁时有了她唯一的孩子。塞奇补充说:"和以前相较,如今能决定一个女人生活形态的因素要少得多。或者说,决定因素更加微妙,你被判处找到自己的路数。"

但对在20世纪60年代成年的卡特来说,自我创造是她所面对的挑战,也能给她带来好运,她便将自我创造最大化。她的小说和短小的故事都充满了变革性和戏剧性,大胆且诙谐,常常致力于想象女人和男人能够如何生活。毕竟,不止一代人激烈的自我变革才使得她的家庭脱离了工人阶级；她曾经声称，她能够读书和写作只是"20世纪的一个意外"。

卡特有时的确会担心人们对她的看法：一个头发花白的作家与一个比自己年轻十四岁的伴侣一起抚养一个婴儿。在她怀上儿子亚历克斯（Alex）时，传递给朋友们的信息基本上就是这只是个意外，她并不打算承认自己想做个母亲。有时，她会轻蔑地强调作家母亲的悖论之处。当一位记者到她位于伦敦南部的房子在午休时间去采访她时，她穿着黑色高筒皮靴和黑色连体衣打开前门，然后提示说自己的前胸还有亚历克斯吃午餐时留下的饭渍。她会对那些看到她带着亚历克斯上车，就叫她"妈妈"的伦敦公车司机大为光火，认为这个称呼把她贬成了"一个普通的名词"，否认了她的个体性。在她诸多精彩的文章中，其中一篇的主题就是她与自己产科大夫之间的争执。她从不只想要一种身份。

因为能够按自己的路数成为一名母亲，她很惊讶自己居然乐在其中。她在日记中写道："孩子的美是一个阴谋，我最近才成为他们的同党。"和奥德雷·洛德一样，她早年的大部分时间都没有归属感，如今，她喜欢做出自我选择，成为母亲群体中的一员。她有一种强烈的差异感和自我转变的需要，去超越别人口中的那个她。在很长一段时间里，她认为自己不可能将这种想法和一种普通的家庭生活结合在一起，直到她与伴侣一起努力，定义她自己的母亲身份。

要不要生孩子，这是安吉拉很多年里一直在思考和拖延的问题。在她的私人写作里，答案有时是渴望，有时是厌恶（特别是对无趣的母亲）；在她四十岁那年，这个问题在她内心变得至关重要。她倒也没有任何明确的计划。如果有的话，那就是她似乎在为独立生活而努力，她离开伦敦去了罗德岛的普罗维登斯，在那里接受了布朗大学为期一年的教职。她接受这份工作是为了支付房子的抵押贷款，她和她的伴侣马克·皮尔斯（Mark Pearce）一起住在里面。但尽管他们在一起很开心，她似乎还是没有准备好做出承诺。

多年来，自从离开了禁锢了自己的第一次婚姻之后，旅行就一直是卡特定义自己和拒绝传统生活的方式。她去过曼谷、塔什干和华沙，乘坐火车沿西伯利亚大铁路旅行，并在1969年反主流文化的高潮期乘坐灰狗巴士游遍美国。（在拜访了一个位于加州的社区之后，她声称那里的人不够前卫：蠢货太多，性生活太少。）三十出头的时候，她在日本待了两年，这两年对她来说很有帮助，给她提供了一个可以从婚姻中解放出来的地方，对男人和女人有了一些认知，并愉快地走出了自己的舒适区。

但去日本，她是要丢掉已有的生活；而如今，她则倾向于——正如她在写给家里的第一封信中所说的——更为家庭的生活。她与马克之间的信件往来给人的感觉是，她低估了——直到去了普罗维登斯——自己其实多么想和马克一起生活。在某种程度上，她很开心马克不在身边，因为这样她就可以在晚上自由地工作——马克讨厌她这样，但她自己喜欢。可是，她又会抱怨说马克没有写信，而且她一买电话（"女售货员努力给我推荐一套厨房、浴室和卧室都能用的电话分机……但我就是被一个米老鼠电话吸引住了"），账单费用就飞涨。她给马克写信说："你知道的，我不善于把那三个字落于笔端，或是像周一那天那样，在挤满了好奇的、同情我的人的厨房里把那三个字说出来。但我真的爱你，而且，我真的觉得，在某种意义上，我一直和你在一起，你也一直和我在一起。"一个月之后，她又写道："我经常被性欲望所吞噬。是吗？是的。但只能是和你。"

同时，她对美国的商业化和高速公路（她不开车）持怀疑态度。她对布朗大学每年6000美元的高额学费感到震惊，但并不打算让这些特权阶层的孩子们对自己指手画脚。她敏感且脸皮薄，和爱丽丝·尼尔一样，她学会了保护自己，并通过惊人的行为举止和突破界限来维护自己的权威。第一天走进教室时,她一身流行的反时尚装扮:马丁靴配上不羁的灰发。据其中的一位学生,也就是后来的小说家里克·穆迪(Rick Moody)说,她

被控把可能会上她课的人数缩减到了十四人。教室里可能有三十个人,她就只是站在我们前面,试图回答大家的问题。后面一个年轻的小伙子,非常自以为是,举起手来,以一种阴阳怪气的怀疑语气问道:"那么,你的工作是怎样的?"

……在回答问题之前,她把头别向了一侧,嘴里发出一两声"呃"的声音。然后,她说:"我的工作就是像钢刀一样把男人的阴茎连根切掉。"

休息时,教室里的人都走光了。我不确定回来的人数是不是达到了十四人,这是规定的最少人数。或许只有十一二个人。

幽默又震慑,制造这种效果是她的专长。她的作家朋友罗伯特·库弗(Robert Coover)曾邀请她去布朗大学任教。他回忆说,如果她觉得自己受到了挑战,"她会说些话,不给别人再做任何进一步评论的机会"。这学期晚些时候,当穆迪去听卡特在校内的读书会时,教室里挤满了年轻的女性,围坐在她的脚边。她以童话为主题的短篇小说集《血窟》(The Bloody Chamber)已在前年出版,并广受好评。她经历了一段挣扎期,转变成为一名作家,并即将迎来自己的事业高峰。

作为一个忧心忡忡的母亲,她并不确定,而且在写给马克的信中,她的身体和生育能力都是她的心头大事。那年秋天,受杂志社的委派,她坐火车去纽约采访年长的小说家、批评家伊丽莎白·哈德威克(Elizabeth Hardwick)。哈德威克迷人,很有信服力,解释说自己在四十

岁时有了唯一的一个孩子,并与诗人罗伯特·洛威尔(Robert Lowell)结成了一对文学伴侣。尽管她趋向于女性应该为爱受苦的老派作风,但她显然说服安吉拉相信,自己生个孩子还是有可能的,时间还不算晚。

安吉拉向马克说了这个情况,两周后,她担心了起来。她的月经提前来了,"当然了,我会想:这就是改变!这是改变的第一个征兆!"她补充说,自己曾咨询过一位"大学的女生物学家",后者向她保证,她还年轻,更年期还早。"她并不是在安慰我……我不认为你会因此不再爱我或诸如此类的……但是,在一个女人的一生中,改变确实会显得不可阻挡,亲爱的,但我并不想因此就火急火燎地生个孩子。"在她的下一封信里,她仍然在担心,这次是担心自己不再性感:"你再见到我的时候,我就是个小老太太了,你会和一个金发女郎离开我,可能是和莎伦"——莎伦·塞奇,洛娜二十岁的女儿。

年龄是马克和安吉拉之间的差异之一。他们第一次见面时,安吉拉三十四岁,已经出版了六部小说;马克十九岁,正在装修街对面的房子。她请他帮忙修理一个破水管。一年后,她给朋友弗勒·阿德科克(Fleur Adcock)写信说:"他来帮我修房子、刷油漆等等,说是需要两个星期,结果去年这个时候开工,之后就再没离开过。"她通常对他们之间的关系避而不谈,对亲密的朋友也是三缄其口——尽管洛娜近期和一个年轻男子结了婚。在她去普罗维登斯的时候,她和马克在一起已经六年了,但在给一个编辑写信时,她却称他为自己的"看护者"——很可能指马克——在处理她的邮件。

然而圣诞节的时候,当马克来到普罗维登斯,罗伯特·库弗看出了安吉拉有多么的开心。他们二人租了一辆车,一起旅行,在一家军用品商店买了配套的大衣。马克感觉到,他们之间发生了些变化,或是问题得到解决了。"自那之后,他们成了一对儿。"他们后来在伦敦继续穿着情侣外套,这是他们之间情感讽刺但真实的写照。他们一起找到了一种平衡,让安吉拉既能做工作,又能为人母——尽管她对那一整套家庭观念都抱有理所当然的不信任。

安吉拉在两个世界之间长大,她所成长的"家庭是漂泊不定的,在社会中上下左右流动的"。和莫德与迈克尔·泰勒(Michael Tayler)家的人一样,安吉拉家的人也都忙于对自己的生活进行某种程度上失调的重塑。安吉拉·奥利芙·斯托克(Angela Olive Stalker)出生于1940年7月5日。当时,第二次世界大战刚刚开始,不久之后,她和母亲、大她十一岁的哥哥以及外婆被从伦敦疏散到了她外婆离开多年的南约克郡矿村。他们住在D. H. 劳伦斯小说里写的排屋中,花园的远端有一间茅房,晚上可以用夜壶。"女王什么时候统治中国?"她母亲喜欢开玩笑,把女儿带到"口语转换出的神奇世界"。她外婆喜欢讲童话故事,会像《小红帽》里的狼外婆一样扑向她,挠她痒痒,这让安吉拉第一次了解了角色扮演与自我重塑的可能性。

战争结束后,他们回到了位于伦敦南部巴勒姆(Balham)的家,一个"墨守成规""肮脏寒碜",完全没有想象力的地方,与泰晤士河沿岸截然相反。安吉拉的父亲休·斯托克(Hugh Stalker)是苏格兰人,在第一次世界大战中服役后来到了伦敦,后来在弗利特街(Fleet Street)[*]从事编辑工作。她的母亲奥利芙·法辛(Olive Farthing)在巴特西(Battersea)长大,一个位于伦敦南部,充斥着暴力,多种族混居的工人阶级聚居区。她在婚前曾做过女店员。当休和奥利芙在1927年结婚时,他们选择了巴勒姆,因为那里有方便的地铁站:休上的是下午3点到半夜的班,而北线的地铁会运行到更晚的时间。安吉拉描述说,她们一家

---

* 位于伦敦中心的一条街道,曾是全国性大报社所在地。

人就按照爸爸的时间生活在他们自己的世界里。她写道,当她从学校回到家,就觉得"梦幻般的时间吞噬了我,永远都是周日的下午,你永远都觉得时钟上显示的时间难以置信"。

安吉拉有一篇关于自己父亲的文章。她笔下的父亲是个古怪的人,在一个乏味的世界里活出了恣意的姿态。她记得父亲从伍尔沃思百货公司给家里带回一只塑料鹦鹉,挂在厨房房顶上的一个旧煤气管接头上。她热爱莎士比亚的母亲在一旁看着,并酸溜溜地援引了一句莎士比亚的话:"年龄无法使你枯萎,习俗也不能减损你的千姿百态。"*

后来,当安吉拉在伦敦南部有了自己的房子后,她养了真正的鸟,让它们在房子里飞来飞去,它们鲜艳的羽毛与紫色、黄色和大红色的墙壁相映成趣。它们对她来说是想象力自由和感官愉悦的象征,喻示着整个英国,特别是巴勒姆,在战后艰难困苦的年代所缺乏的一切。弗勒·阿德科克在她的日记中写道,20世纪70年代初,她和安吉拉去伦敦北部的一家酒吧,她们坐在外面的草地上,"看着一片片的植物和一群群的动物——栗子树,孩子们。安吉拉认为那里也应该有鸟,行走的鸟,巨嘴鸟。'你们不但服务差,还该死的没有巨嘴鸟。'"

安吉拉的母亲奥利芙希望女儿能比自己拥有更多的东西,她对安吉拉身体与思想的占有就表现出了这一点。她的兄弟们都上了大学,她也足够聪明,本可以做更多的事情,但她却结婚了,成为上世纪中叶的一位母亲,也就是洛娜·塞奇所说的"被女性化的、被放逐和孤立的女人"。一方面,奥利芙鼓励安吉拉早熟:"事实上,我几乎从会写字起就一直在涂鸦……我母亲认为,这种消遣活动对一个孩子来说非常正常。"另一方面,她又对安吉拉过度保护。直到安吉拉十几岁时,她还让安吉

---

* 来自莎士比亚的《安东尼和克里奥帕特拉》(*Antony and Cleopatra*),原文为"Age cannot wither her, nor custom stale her infinite variety"。

拉在洗澡时开着门,以免在浴缸里滑倒淹死。她对安吉拉的穿着和健康大惊小怪,特别是在安吉拉的哥哥休离家去牛津上学之后。她用巧克力和冰激凌表达自己的爱,安吉拉在学校里因为自己的体型而受到鄙视。

后来在谈到父母时,安吉拉说:"我以为他们希望我死。我不知道他们想从我身上得到什么,我也不知道我想从自己身上得到什么。"十七岁时,当她的母亲忙着警告她不要接受男生献殷勤时——这是她自己渴望得到但没有得到的——安吉拉决定减肥。很久以后,当第一本关于厌食症的书出版时,她才认识到自己与身体的割裂既是极端节食的因,也是极端节食的果。在她恢复之前,她变得非常瘦,而且她为了保持体重开始吸烟,所以在某种意义上,她从未恢复过,一直以自己的身体为战场。

她要比一般人高,她的穿着打扮意在强调自己的与众不同。她开始穿性感、夸张的衣服,部分是垮掉的一代的流行时尚,部分是对女性风格的模仿。她通过变得有传统女性的吸引力来反抗自己的母亲,但这意味着用一套对她身体的期待来换取另外一套,讽刺和戏剧性的是她试图让身体成为她自己的。她将自己的衣服视作"一种或多或少有意识地去冒犯社会或侮辱视觉的方式",一种对盲从的强烈拒绝,这为她提供了一个空间。在这个空间里,她可以思考自己想成为谁。在她的第一部小说《影舞》(*Shadow Dance*)中,她把女主角塑造成一个世间难有的美丽佳人的形象,然后又让她变成一个怪物,再把她杀死,从而实现了对传统美学标准的复仇。

她通过其他方式反抗,成了那种在圣诞晚餐时大喊一句,"噢,很好,火鸡他妈的终于来了",让空气静止的人。但就像多丽丝一样,在安吉拉与母亲的战争中,除了她们对彼此的爱,受损最大的是她的教育。在新颁布的法律增加受教育机会的情况下,安吉拉和洛娜一样,拿到了奖学金,进入了一所具有学术挑战性的女子文法学院。她在那里的老师鼓励她去牛津。奥利芙同意了，但却宣布，如果安吉拉去了牛津，她也会搬过去。作为一种自我防御，安吉拉没有申请牛津。

相反，在父亲的帮助下，她成了南伦敦《广告人报》(*Croydon Advertiser*)的记者。在新闻编辑室，她的风格——高个子、爱用肘推人，穿着黑丝袜，戴着宽檐帽——被愉快地接受了，她被允许写长篇评论。一个同事说她穿得"介于昆汀·克里斯普（Quentin Crisp）和西方恶女巫（Wicked Witch of the West）之间"。当她一年后遇到自己的第一任丈夫保罗·卡特（Paul Carter）时，她的风格既是对南伦敦的逃离，也是在婚姻的要求下保持自我的一种方式。

安吉拉和保罗是在他周末工作的一家小音像店认识彼此的。保罗是一个二十七岁的爵士乐和民谣爱好者，他白天的工作是一名工业化学家。1959年的夏天，他们一到周末就去探索城市，发现彼此，"在商店里接吻几个小时，阳光透过百叶窗照进来"。安吉拉描述他们拥抱彼此的过程"有种急迫感，仿佛发生在午夜，在悬崖之上，雷电交加，世界末日将近"。她失望的一点就是，保罗坚持他们应该先订婚，否则他不会和她做爱。

保罗很安静，甚至比她还害羞，他的兴趣源于巴勒姆发生的那些激动人心的变化。他们去听乐队演奏，看法国电影，一起参加为期三天、由莱辛在自己的后革命时代参与组织的奥尔德马斯顿（Aldermaston）核裁军运动游行。游行与民谣的复兴有关，而民谣正是保罗所热爱的。后来，他录制了传统歌手和音乐家的歌曲，并举办酒吧之夜，来访的表演者们经常睡在卡特家的地板上。

二十岁时，尽管父母反对，安吉拉还是嫁给了保罗。但几乎就在他们刚刚搬到一起住的时候，保罗就离开或丢掉了他白天的工作。他似乎天生就不具备强适应力，陷入了抑郁，而安吉拉则用她在《广告人报》

的收入养活他们两个人。她已经在着手写一部小说了；朋友们记得在他们夫妇俩克罗伊登的公寓里看到她的打字机里已经打出了其中几页。但是，保罗太抑郁了，无法支持她的写作，特别是当她的写作与做家务相冲突的时候。她时而关心他，时而恼他，但是，她内心想要维护男性自尊的女性怜悯占据了上风。在婚姻的大部分时间里，她都试图让保罗感觉好一些。还是同样的那个真相：成为妻子并不比做个女儿拥有更多的自主权，她们自己促成了她们自己的失望。她在日记中写道："婚姻是我众多破釜沉舟的举动之一，从一个封闭的房间逃到了另一个。"

在保罗找到布里斯托技术学院（Bristol Technical College）的化学讲师工作之后，安吉拉辞去了她在报社的工作。1961年夏天，夫妇二人搬去了布里斯托。大概在那前后，她有一个月没来月经。后来发现那只是个假症状，是她的第一次"怀孕幻觉"。在接下来的很多年里，当面对变化带来的压力时——一次是搬家，一次是分手，一次是写完了小说——她还要再经历几次这样的幻觉。她曾经这样写道，如果说经期是每月敲响一次的子宫时钟，那月经推迟或许就是身体在重设时间。

如果保罗想要孩子，安吉拉可能会不假思索地去生个孩子。但是，他并不想。在他们婚姻存续期间，安吉拉心情复杂地采取了避孕措施。她最想要孩子的时候，就是她感觉自己像个妈妈一样想要保护保罗的时候，或是保罗不爱她的时候。有一次，她在日记中写道："要是他能让我生孩子就好了。要是这样就好了。"同时，她认为年轻的母亲们都很无聊，并对社会赋予她们认可的光环感到不满。二十二岁的时候，她不屑地写道："在一片掌声中生下很多很多孩子，我想这真的是对生命的终极背叛。"

离开南伦敦——让自己置身于另外一个环境——这让安吉拉明确了自己要以作家为职。在搬到布里斯托之后，她开始写日记，这是她一系列笔记的开始,将她如饥似渴的阅读摘抄与对人和地方的密切观察结合了起来。在探索布里斯托时,她注意到了雾和光对陡峭的街道造成的影响,并练习描述那里的居民,从流浪汉到某个年轻人,他稚嫩的脸庞像是"刚刚凝固的蜡,似乎碰一下就会留个指头印一样"。她也写自己的身体,不管是她感冒了,还是开着灯和保罗做爱。除了地方、身体以及身体的感官——快感和疼痛,气味和恶臭,包括怀孕——都是她日记中偏好的主题,似乎这也是她需要去探索并扎根的所在。她在搜集自己的素材,练习自己在隐喻方面的天赋,掌握自己的视角。

在布里斯托,她最终还是去了大学。一开始,由于被当地报纸的报道工作拒绝,她待在家里写小说。但是,她对自己的进展并不满意。在布里斯托待了几个月之后,她的舅舅来看望她。他是一个建筑历史学家,在衡量了一下情况后,建议她以"成年学生"(允许已婚)的身份申请布里斯托大学。

接下来的三年里,她不断兼收并蓄地阅读,研究中世纪文学——她的论文写的是中世纪文学与民谣之间的关系——从 18 世纪的讽刺作家如亚历山大·蒲柏(Alexander Pope)和乔纳森·斯威夫特(Jonathan Swift),20 世纪的作家如伊萨克·迪内森(Isak Dinesen)、罗纳德·弗班克(Ronald Firbank)与法国的超现实主义者的作品中,以及哲学和文学批评中汲取灵感。她对幻想家、花花公子、表演者,以及任何想要重写归属规则的人都有好感,这不足为奇。她早期的写作中有她后来所说的"冒充男性的元素",也经常选择男性视角。但在新的可能性的刺激下,她一拿到学位就开始写作,并在二十六岁时出版了她的第一部小说。

当大多数的布里斯托学生——以及美国的学生,比如刚去了斯贝尔曼的艾丽丝·沃克——都还穿着整洁的裙子和毛衣时,安吉拉已经开始穿戈里式（Goreyesque）*的服装：牛仔裤、高跟鞋和一件破旧的二手皮草大衣，这是她嘴里援引着讽刺的说法，四处走来走去的新潮方式。在布里斯托，认识她的人都记得她在一家学生咖啡馆里"品着"一壶茶，吐着烟圈，谈论政治和八卦啊，爽朗的笑声在房间里回荡。正如一位朋友所说，她的说话方式"夹杂着犹豫和不加掩饰的自信，有些奇异"，混合了笨拙与对自己才能的自信。在她几年后写的一篇短篇小说里，自传式的人物喃喃自语道："我总是在内心的戏服箱里翻找，想找出最适合这城市的打扮。那是我保护自己的方法，因为那时，如果我让自己太靠近现实，总是会非常痛苦。"

但在家里，她却深陷于家庭生活的现实之中。卡特夫妇的公寓——两个大房间，外加一个小房间供安吉拉工作，位于乔治王氏风格的克利夫顿社区（Clifton）——与邻居共用一间浴室，而且没有热水。有一个煤炉用于取暖，需要拉煤和铲灰，安吉拉特别反感这些工作。但是，保罗希望她能做这些事情。在她忙于写作，无暇打扫房间的时候，保罗还抱怨颇多。和奥德雷一样，安吉拉特别在意对空间的占用，她在日记中写道："我可爱的怪物书桌已就位。他讨厌它，因为它不是巴洛克风格的。他也很生气，因为我在梳妆台上堆满了书。但很可惜，书仍将摆在那儿。"

多丽丝·莱辛写到了第一次婚姻中的自己："女人的取悦本能会让男人们局促，也会让自己窘迫。"安吉拉爱保罗，关心保罗，喜欢和他做爱（尽管后来，在她有了其他情人可作比较之后，她在日记中回忆说，保罗的"欲望"通常"需要被呵护和关注"）。她隐约地感觉到，自己正在从婚姻中成长。保罗对安吉拉的独立做出的反应——用安吉拉的话来

---

* 该词源于美国艺术家爱德华·戈里（Edward Gorey，1925—2000），他的艺术风格表现为黑暗、怪诞、阴森。

说——是"婴儿般的大闹脾气",她对此报以眼泪和(写在日记中的隐私)恼火。有一次,邻居们跟保罗抱怨说,安吉拉在共用的马桶盖上留下了污渍。安吉拉认为这不公平——女性的身体会滴落体液——但保罗的沉默和羞愧让她号啕大哭:"我太不开心了,我想死。我想回家。"

我们的故事讲到这里,大家都应当知道这段婚姻的走向了。并不是说安吉拉不能写作并保持婚姻状态:在她与保罗生活在一起的九年里,她拿到了学位并出版了四部小说。她的注意力非常集中,她有自己的房间来工作,她的大部分时间都是她自己的。但是,她为这段关系付出的情绪劳动却没有得到回报。相反,保罗因为她的日渐成功而感到痛苦不堪。当她开始在学校里交朋友时,保罗患上了严重的抑郁症。当她的第一本书《影舞》在1966年出版时,他毋庸置疑地生了好几个星期的闷气。

安吉拉觉得,保罗已经习惯于一种他心满意足的生活,而她还在寻求和成长。她在日记中写道:"天啊,我为什么会结婚?我想继续走下去。不是逃离他,而是和他一起走下去,但他不像我这样无拘无束。"她突然意识到,她是造成他们情感不平等的同谋:"我在成长,在全心全意地改变他、帮助他,我给他时间,温柔以对,做了所有贤妻该做的事,我天杀的理解,我的善心,我每天都在用尽办法给自己修筑更坚固的牢笼。"

尽管她踌躇满志,对自己的写作充满信心,但在安吉拉的婚姻故事中,有一股女性受虐狂的味道。她对婚姻的怨恨在她的小说中表现得淋漓尽致。在她的小说中,家庭和女性气质往往会以暴力结束。在她早期最好的小说,奇妙又奇特的《魔幻玩具铺》(*Magic Toyshop*,1967)中,她把一个家庭想象成一场父权制的木偶戏,负责提线的是哑巴母亲和愤怒的父亲。然后,她通过烧毁这一切让年轻的女主角获得自由。

安吉拉后来写道,就是在1968年的嬉皮士之夏,她第一次意识到,社会对女性身份及阶级的虚构塑造了自己的生活。而且,她是有可能选择重塑生活的。一年后，她获得了毛姆文学奖（Somerset Maugham Prize），以及该奖项奖励的一笔旅行金。在一个英国的孩子们搭便车去印度或睡在阿姆斯特丹公园里的时代，安吉拉却从未离开过不列颠群岛。于是，她决定去环游世界。

在为旅行做准备时，她把维多利亚时代的探险家，伊莎贝拉·伯德（Isabella Bird）的一段话抄在了1969年的日记里："旅行者享有特权以最完美的方式做最不得体的事情。"

1969年秋天，安吉拉坐在东京的一家咖啡店里，一边看书，一边观察当地的情况。在一趟为期六周的旅行中，她在日本待了三个星期。她喜欢日本咖啡店国际化的氛围；喜欢风月堂，欧洲的背包客会来店里写信，在抽水马桶里洗他们的内衣裤，和穿着喇叭裤、扎染外套的日本嬉皮士们混在一起。后来，在来到东京生活之后，她遇到了一个穿着清爽白衬衫的"一本正经"的商人。他递给她一张纸条，上面写着："我是一个受虐狂。请让我心甘情愿地成为你的奴隶。先行感谢您的好意。"别人眼中的你和你的自我感觉一样，都是个怪人，这还是很令人惬意的。特别是在东京，身处陌生的环境，她的身高和肤色都明确无误地表明她是个外国人，这让安吉拉感到宾至如归。

在这个特殊的日子里，她正在坐等发生些什么事。这时，一个名叫荒木创造的年轻日本男子走近她的桌子——她回忆说——他面露"国际通用的诱惑式微笑"。荒木创造告诉她说，他二十四岁，刚从大学辍学写小说。过了一会儿，他们去了一家"情人旅馆"过夜。他们的第一次尝试很尴尬，但他们第二天早晨的性爱对安吉拉来说是个顿悟。两周后，在她要离开东京时，她已经下定决心会再回来。她需要一套计划来离开自己的婚姻，而且她迷恋荒木创造，迷恋日本，迷恋那个将会为爱跨越半个地球的自己。

她花了六个月的时间才回到东京。她先是经由香港和曼谷回家，途中写信和保罗分手。他备受打击——他没预料到安吉拉会提出离婚——在他看来，安吉拉抛弃了他，他一直都没能想开这一点。安吉拉以前希望自己能够安慰到他，但她的怜悯也让她无情：她拒绝见他。

安吉拉的母亲大发雷霆，认为安吉拉既然结了一个愚蠢的婚姻，就应该忍受。后来她因肺栓塞而晕倒，被紧急送往医院。安吉拉去看她，但她的母亲把脸转向墙那边，拒绝与她和解。不久之后，安吉拉的母亲就去世了，享年六十四岁。安吉拉和父亲在巴勒姆待了几个月，她陪在他身边，并努力了解自己，一个失去了母亲的人。但在她等待日本签证期间，她无处可去。她自怨自艾地写道："家是你在走投无路的时候会去的地方。"但她正准备走进自己生活的中心。她跟一位朋友说，在写给荒木的信中，自己犯了一个"有趣的弗洛伊德式的笔误"。"我对他写道：'我感觉自己属于你。'然而，重读的时候，我发现我实际上写的是：'我感觉自己属于我。'"

1970年4月，安吉拉终于飞去了东京，她基本上一到那儿就直接去找荒木做爱了。她在日记中写道："我们只靠激情支撑，不带安全网，踩着欲望的钢丝绳耍起了双人杂技。"她与荒木有着强烈的性快感，尽管她也在日记和信件中写到他早上5点醉醺醺地回到家，或是内裤上有另外一个女人的口红印。被他的不忠所伤，她以通常的理由接受了：部分是出于自我否定，部分是因为这赋予了她独立性。这让她有了探索爱情的空间，把爱情当作一种姿态，玩弄爱情的同时又认真对待，把自己的义务——操持一种家庭妇女的生活——抛在脑后。

荒木和安吉拉费了些劲儿，才找到一个房东愿意把公寓租给外国人。这间公寓位于一条满是小木屋的街道上，毫无隐私可言：墙壁"太薄了，我们可以听到邻居的打嗝声，听到他晚饭时用煎锅煎鱼的声音"。他们在那里是一对奇怪的夫妇："住在家徒四壁、仅有激情的房间里，左邻右舍却都正派规矩得惊人。"其他居民对安吉拉尤其抱着怀疑的态度，她发现，"被当作有色人种是段痛苦而颇有启发意义的经历"。

她的优势所在，即她的外来性，帮助她走出了英国阶级和女性气质的范畴，并重新认识她自己。除了新宿附近叛逆的各国嬉皮士人群，她甚至无法想象融入其他人。她着迷于荒木的种族化凝视所形成的陌生化视角，并用东方主义的术语来描述她自己："我从不曾是如此彻底神秘的他者。我变成了某种凤凰，某种神话中的兽，是一颗来自遥远异地的宝石。我想，他一定觉得我充满无可言喻的异国情调。但我常觉得自己只是个假扮的女人。"日本的女性服装尺码很小，她觉得"丑怪粗鄙一如格鲁达克立齐"。但她正在学习拥抱自己的身体性。她还仔细观察了日本文化中的大男子主义，因为这对她来说是全新的，所以和她自己所熟悉的性别歧视比起来，她更容易注意到日本文化中的性别偏见。她读福柯和巴特，开始直觉地认为身体并不像它们看起来那样自然，"肉体走出历史，来到我们身边"。她找到了自己的女权主义道路，部分原因是她用自己的新视角看到了曾经对她自己而言似乎陌生的野心与欲望。

在东京生活了一年后，安吉拉和荒木去海边的房子里过冬。他们在那里都全神贯注地写作，并分担家务。在这种平等的伙伴关系的基础上，他们度过了在一起最快乐的几个月。不过，安吉拉从荒木那里学到的最重要的一课，并非是和他在一起时学到的，而是在他们出乎意料的结局中学到的。1971年4月，安吉拉去英国为她的第五本小说《爱》(*Love*)做宣传。她于7月返回，经莫斯科到哈巴罗夫斯克，再乘坐西伯利亚火车到纳霍德卡，最后再乘坐两天的轮船到达横滨。尽管她发电报给荒木说了自己到达的时间，但荒木并没有来港口接她。

安吉拉搭火车去了东京，但却找不到荒木。她伤心地徘徊在街头，泪流满面，痛苦万分，但也尴尬地看到自己正扮演着弃妇的角色。她在短篇小说《肉体与镜》（*Flesh and the Mirror*）中描述了这一场景，她笔下的自己并非浪漫的受害者，而是"我的女主角，以第三人称单数……在城市里走过"。她觉得自己身陷斯玛特《我坐在大中央车站旁哭泣》那样痛苦的爱情戏码，认为心痛是她必须为自己的生活付出的代价——直到一个年轻的陌生人来到她身边，并提议说，如果她找不到她的爱人，就不妨跟他上床试试。故事中的她跟着他去了，他们在酒店房间的镜面天花板下做爱，体验非常棒。她看着镜中的自己，突然笑了，声称自己获得了性快感，但拒绝做出自我牺牲。

尽管失去荒木很痛苦，但这让她看到，她对性的感受并非来自她的爱人。她开始怀疑她"完全以自己为出发点创造他，就像浪漫主义的艺术作品，是呼应我自己内在幽魂的一个客体对象"。她否定受苦所占据的道德制高点，开始探索自己真正想要的东西，以及一个女人有所欲，这意味着什么。几年之后，她重写了《小红帽》。在这版故事中，小姑娘将会爬上狼的床，去享受一夜的欢愉："她知道自己不是任何人的俎上肉。"

她独自留在日本，觉得"有一种从存在主义角度确认自我的需求……那是我在十九岁时就该做的"。几个月后，经一位英国朋友介绍，她找到了一段新的关系。在这段关系中，她占据主动权，扮演着主角。当时，高万寿（音译）十九岁，安吉拉三十一岁，他向她坦陈自己"精神状态不稳定"。但她喜欢高万寿的温柔，在他搬来和她同住并开始打理家务之后，她写信给一个朋友说，他把她身上的一些母性带了出来——以及"同样显而易见的掌控欲"。她还指出——在那个时代的确如此——如果她是个自己这个年龄的男人，和一个像高万寿一样"聪明、古怪、漂亮的女孩"约会，每个人都会拍手称赞。

这次，她并没有要求长长久久的爱。1972年1月，当她以为自己怀孕了的时候，她想着去堕胎——这会伤害高万寿的感情——但后来才发现这只是个假症状。再过不久，她的签证就要到期了，因此她决定回英国。她仍然需要弄清楚是否怀孕了，但她带着几分泰然回家了，这份泰然后来影响了她的写作，她与马克之间的关系，以及她的判断，即她可以成为一个母亲，同时也不会失去自我。

然而，当安吉拉真正回到英国时，她感到失落、孤独，想到可能要重建自己的生活和事业，她觉得自己无力招架。她去日本时，是个声誉颇高的作家；两年半后，她一文不名，失去了动力。她在日本写的小说，一部名为《霍夫曼博士的魔鬼欲望机器》(The Infernal Desire Machines of Doctor Hoffman) 的超现实主义小说，是她为跻身严肃文学之列而创作的作品。这本书在英国出版，收获了很多评论，但它并没有收获大量的读者，一开始也没能找到美国的出版商。这对安吉拉来说是场经济灾难。她给一个朋友写信说："它其实意味着我不能再寄希望于用写作谋生了。这就像是回到了原点。"

她住在诗人弗勒·阿德科克位于北伦敦的家里——她们俩是在一次聚会上认识的。在这间出租屋里，安吉拉和一个布里斯托的老朋友有了来往。她说，他是一个可以和她谈论写作的人，是"我见过的极少数认真对待小说，把它当作真相的存在形式的人"。但他的脾气也很暴躁。有一次，他一怒之下把打字机扔向了安吉拉。为了摆脱他，安吉拉去巴斯和一个同性恋朋友住在一起。巴斯是后嬉皮士们的绿洲，有健康食品和新时代书店。在当时的安吉拉看来，这里一定是进行另一种重造的安全之地。

在父亲的帮助下，安吉拉最终在那里买了栋小房子，独自居住，创作短小的故事和一部新小说。有时，她甚至无法支付暖气费，更别说偿还抵押贷款的压力带给她的"折磨"了。为了赚钱，她为杂志撰稿，发表书评、旅游文章，以及有关文化和政治机智且敏锐的看法，培养出一种对时代精神的感受，使得她能够就自己所处的时代做出高明的阐述。

与此同时，女权主义的第二次浪潮正蓄势待发，而她作为一个自食其力的单身女性，加上她对性别角色的不满，自然就成了早期的接受者。1973年，也就是她在巴斯的第一年，她为英国新的女权主义杂志《肋骨》（Spare Rib）写了几篇文章。第一篇关于英国艺术家伊芙琳·威廉姆斯（Evelyn Williams），安吉拉说她怪诞的蜡像洋娃娃表达了"孩子的孤独，母亲的孤独，以及母子作为一个自我封闭的组合的孤独"。

通过《肋骨》的编辑罗茜·博伊科特（Rosie Boycott），安吉拉认识了卡门·卡利尔（Carmen Callilthen），然后成立了女权主义出版社悍妇社（Virago）*。她签约了新的经纪人德博拉·罗杰斯（Deborah Rogers），后者将她未完稿的小说卖给了格兰茨出版社（Gollancz）的编辑利兹·考尔德（Liz Calder）。所有这些女性都成为了朋友和盟友。洛娜·塞奇也是如此，她和安吉拉一样善于分析，喜欢发出不敬的笑声。安吉拉最亲密的朋友大多都正处于上升期或有国际化的趋势，和她一样能自我创造和自我想象。她们包括在新西兰长大的弗勒·阿德科克，黎巴嫩裔澳大利亚人卡门·卡利尔，以及她后来的作家朋友萨尔曼·鲁西迪（Salman Rushdie）、石黑一雄和卡里尔·菲利普斯（Caryl Phillips）。她的美国朋友罗伯特·库弗（Robert Coover）对她的印象是，总体而言，"她享受某种程度上做个局外人。她喜欢自己未被吸纳的感觉"。

在那之前，她的小说一直都是对抗性的，但也是讽刺性和自我掩饰的。在接下来的几年里，她努力把自己对女性和身体的想法落于笔端，与女权主义对她文思的要求做斗争。她已经对性别歧视者的幻想进行了

---

* 字面意思为悍妇，形容有男性气质的女性。

讽刺性的批判，但下一步，即想象替代方案则更加困难。她写道，自己仍然在和无私这一恶习做斗争，"所有关于女性的神话版本，从关于处女贞洁的救赎之力的神话到治愈调解之母的神话，皆是宽慰人的无稽之谈……掩盖真实的生活状况"。

安吉拉出版了一本很薄的短篇小说集，名为《烟火》(Fireworks)。这本小说集将她在日本进行自我创造的自传式叙事，以及启示了《血窟》的哥特式传说结合了起来。她努力创作她的下一部小说《新夏娃的激情》(The Passion of New Eve, 1977)，这是一部关于性别角色的后启示录讽刺小说。在这本书中，男性性别和女性性别是建构的，可以选择和抛弃。这本怪书似乎为她开辟出一条道路：在路的另一头，她抛弃了早期小说中对男性的模仿，以及对女性差异的恐惧。

从她的下一部小说《血窟》开始，她凭借自己的直觉，认为她和她这代人是世界历史中的新女性，对自己的性与命运有着更强的掌控。她重写童话故事，强调其中潜在的性意涵——所有那些贪婪的狼，以及人与野兽之间的色情蜕变——同时让女孩和女人成为主动的、有所求的女主角。在与这本书同名的故事中，她用《蓝胡子》的神话来强调女性的纯真所携带的危险，她让母亲而非兄弟去救那位十几岁的妻子——母亲头发飞扬，挥舞着手枪，快马加鞭地去救人。在《老虎新娘》(The Tiger's Bride)中，嫁给捕食者的女孩发现，"他的食欲并不意味我的绝灭"，在这样一种性伙伴关系中，自己是老虎而非羔羊。

有一段时间，她和弗勒·阿德科克在交换意见后一致认为，和男人一起生活麻烦太多，不划算。然而，1974年的夏天，在与一个偶然认识的人（她在日记中写道，"路对面毛发茂盛的威尔士动物"）发生了一夜情后，她发现，自己在三十四岁时第一次真的怀孕了。她做了人工流产——自1967年起在英国合法化——但她对怀孕会带来的身体和情感体

验很感兴趣。她在日记中描述道，这是一种

> 极致的孤独感……模棱两可状态下的神秘感——我感觉这不是我的自我，也不是我自己；我感觉脱离了自己，但也获得了提升。我不受自身意愿控制，被迫变得迟钝。我感觉自己处于一种梦幻般的迟钝状态，就像在水底行走，极度昏昏欲睡，而嗜睡的病灶在我的肚子里，那个东西——或者那条生命——无法否认，无懈可击，如此随随便便地就在那儿安居了，就像一粒被风吹来的种子。偶然。我偶然地受精了，成了大自然的工具，通过自己完全无法控制的形式被转化成了一个被动的容器，我的肚子变成了一个候车室，事情就在我的体内发生，这阵平静的大雪温暖而厚实——我也不想要它，我不自觉地平静下来——无数秘密活动正在发生。我感觉特别奇怪，像是自己着了魔。有时候，我喜欢怀孕的感觉，我热爱自己的迟缓和身体发生的变化。

她还对自己"需要保护"的感觉感到震惊，并写道："如果只需往新陈代谢中注入一点新鲜的荷尔蒙，就能让我像孤独的孩子那样去虚构隐形的同伴，那么我到底是谁呢？这身份不脆弱吗？"

她对母亲身份所缠绕的层层情感与控制保持理所应当的警惕，并补充说："探索这个领域很难，因为有很多将它神秘化的谎言掩盖了真正的谜。"

几个月之后，在她每天花很长时间伏案写作的时候，一个建筑工开始在对面的房子里施工。他透过窗户看到安吉拉，被她的自足与专注吸引。有一天，她请他过来帮忙修水管。很快，她和马克·皮尔斯就躺在了一张床上。

那年早些时候，安吉拉回到日本，发现自己两年前和高万寿分手，令他痛苦万分，而且发生了很大的变化。马克十九岁，和当时的高万寿一样大的年纪，所以她对与马克深入发展持谨慎的态度。她在日记中写道，在他们第二次做爱时，她在温存的一刻脱口而出她爱他。"当我清醒过来之后，我说，'我不是有意这么说的。''为什么？'我把脸埋起来好几次，才勉强说出'因为这并不是事实'。"

如果这在当时不是事实，那后来便是了，尽管她跟自己的朋友们说起他们之间的关系时轻描淡写，或许部分是因为马克的创造力与原创性并不符合标准的知识分子的模样。（当然了，她自己也不符合，她与马克之间的纽带必定部分源自于此。）几个月后，弗勒来巴斯看望安吉拉，看到的只是马克在给安吉拉家的前门上漆。"我从来都不觉得他只是个乐于助人的年轻邻居，或许对她有些好感，他当时想必的确如此。"安吉拉的朋友克里斯蒂娜·唐顿（Christine Downton）认为，安吉拉的逃避是她回避敏感话题的方式。克里斯蒂娜说，安吉拉表现得"看似对生活略显诧异又有些困惑"，这既是她对戏剧性感兴趣的部分原因，也是一种防御，"在自己不想去的地方做个标记"。她认为，事实上，安吉拉和马克的关系从一开始就是稳定、称心如意的。

当安吉拉决定搬去伦敦时，他们对彼此的承诺面临第一次考验。克里斯蒂娜是巴斯大学的经济学讲师，她在首都找到了一份新工作。1976年，她和安吉拉决定一起买房子。她们在离南伦敦巴勒姆不远的克拉法姆（Clapham）找到了一套房子，安吉拉住在上面，克里斯蒂娜住在下面两层。房子需要一些整修，这让安吉拉有了请马克和她一同过去的理由。马克开始为克拉法姆的房子投入身体劳动，而安吉拉则为他们二人提供经济上的保障，而且她现在背上了更多的抵押贷款。1976年，她在一个创意写作项目中找到了自己的第一份工作，这是她多年来为给马克和亚历克斯——她的"儿子们"——赚钱而做的几份教学工作之一。

在她的个人生活中，她正在努力实现另一个转变，决定与马克安家，可能再生个孩子。当她一开始遇到马克时，她原以为他们只是寻寻乐子——她在日记中引用了一个朋友的爱情建议："人们应该认识到一段关系能维持多长，是一晚、一周、一年，还是一辈子。"四年后，在普罗维登斯，她和马克做出了他们的选择。安吉拉在四十一岁的时候怀孕了。1982年3月，一次去阿姆斯特丹参观时，她记录了这座城市（"一股酸鲱鱼的味道；坚实、英俊、慵懒的男人"），生动地描述了自己感受到的变化，并把这二者糅合在一起，包括恶心、体型与体味的变化，她的担忧与希望。她写道："心怀希望的旅行比到岸更好；怀孕的体验；这种状态是一种恩典；但之后会发生什么呢？"

一个月后，她写道："我们没能到岸。"到春天正中的时候，丁香花开了，"和生殖器一样的淡紫色"，妊娠在大约十二周的时候结束了。十天后，她记下了这些症状："背痛复发，恶心，奇怪的黑血块。"她后来还补充说："（马克）在我眼中从未像现在这样漂亮可爱；我似乎要为爱惊异得无法呼吸了，一想到可能会失去他就恐惧不已。"

第二年春天，她又怀孕了。这次她没有做任何记录，但妊娠在继续。她和以往一样说得含糊不清，跟弗勒说自己只是健康出了些小问题。"她说，'是子宫的问题。'我想，哦，好吧，大概经期不调之类的。我不喜欢多问。但其实是子宫里怀了个婴儿。"

安吉拉根本没跟克里斯蒂娜·唐顿说，直到克里斯蒂娜——她当时已经有了自己的房子——有一天来看望她的这位朋友。安吉拉把门开了一条缝，"从门缝里偷偷向外看，这很奇怪，不像安吉拉的风格。然后她蹑手蹑脚地走了出来"，挺着个大肚子。"她笑了，很尴尬，但也对怀孕这件事无所谓，看起来舒服安逸。"她正准备组建一个家庭，在这个家里，她可以大大方方地破口大骂，养一只异国情调的鸟。

对于每一位因自己与众不同而欢欣的母亲而言，都有一位母亲警察时刻准备着，要让她知道自己的行为越线了。在安吉拉怀孕三十八周的时候，她与一位充当边线巡逻的产科医生发生了特别不愉快的冲突。当时是 1983 年 11 月。她的小说《马戏团之夜》(*Nights at the Circus*) 正准备出版。她和导演尼尔·乔丹（Neil Jordan）共同编剧的电影《与狼为伴》(*The Company of Wolves*) 正在制作当中。她刚刚担任了布克奖的评委。在颁奖典礼的第二天，她因高血压被送进了南伦敦妇科医院。

在医院里，她开了个不合时宜的玩笑。每当医生问她感觉如何时，她都很讨厌说"没事儿"。于是，在这次被问起时，她回答了一句："有点儿害怕。比起生育本身，更怕之后的二三十年。"

安吉拉"平躺着，裙子被撩起来，脱下鞋子，脆弱无助，毫无尊严"，医生告诉她，现在改变心意，选择堕胎还来得及。"她向下按压着我的肚子，让我没法儿动，然后说，'当然了，你没堕胎，这也绝对没问题，只不过现在是考虑收养的时候了，我劝你好好考虑一下'。"

在医生走后，安吉拉哭了，也怒了。就好像她和马克不是她所知道的最坚定地想要个孩子的夫妇；就好像她没有花半辈子的时间来考虑为人母这件事。她在产房的床上给洛娜写信说："每次想起来，血管里的肾上腺素都会飙升。我想杀了这个女人……我想把她的内脏扯出来。"而且，她觉得，女医生摆出一副比她更有特权的姿态。"如果她跟白人中产阶级都能提出这么自作多情的建议……那她会向黑人无产阶级施加怎样肆无忌惮的凌辱？"

刀口上撒盐的是，她还诊断出了产褥热——因为没有给手做清洁而引起的细菌感染，以前有很多妇女因此丧命。她慢慢缓了过来，但感觉像是又经历了一场分娩，自己"像是19世纪而不是20世纪的文学女性"。几周后，她在一篇名为《产房笔记》（"Notes from a Maternity Ward"）的文章中把自己的经历写了下来，算是报了仇。当时，她声称自己有一个完整的"产后打击名单"，名单上的人都对母亲和分娩做出了令人恼火的假设。（"在事件发生之后，难道不该允许一个人有一年的时间出于正当理由杀人吗？"）欢迎来到愤怒母亲的国度，但是，安吉拉认为自己有权利对分娩抱有负面情绪，这是女权主义带来的变化之一，允许像安吉拉这样的女性通过反驳开始自己的母亲生涯。

好些年里，安吉拉努力地身体力行，在这个故事里，她的母亲身份几近是反高潮的。意料之中的是，对于一个乐于去爱的人来说，她对自己的孩子爱得很深，尽管她尽自己所能地赋予母亲身份一些讽刺的意味。当时，对安吉拉来说，所有事情都要比实实在在地照顾如此小而脆弱的东西容易得多：克里斯蒂娜回忆说，安吉拉似乎害怕弄坏孩子。她很快就放弃了母乳喂养，部分原因是为了让马克能更多地参与到对亚历克斯的照顾当中。"与婴儿的纽带"是一个令她感到恼火的说法：她挖苦说，"更像是捆绑"。尽管她和马克都是深爱孩子的父母，会站在亚历克斯的摇篮旁看他入睡，但她还是很快就回到了工作当中：在亚历克斯三个半月大的时候，他们都去了澳大利亚。在那里，她作为驻校作家在阿德莱德大学（University of Adelaide）待了两个月。在她坐在大学的办公室里写作时，马克全天候做着父亲，推着儿子在植物园里转来转去，等待和安吉拉一起吃午餐。

后来，他们习惯了一种分配模式：安吉拉做饭，清洁工帮助做家务，马克做大部分的日常照护。（安吉拉讨厌听别人说给婴儿换尿布的男人不性感；她声称"没有什么比一个男人的胳膊肘浸在水槽里这样的画面更色情了"。）她也依赖于自己的母亲群体：她在小亚历克斯身边表现得有点手忙脚乱，这可能是为了让更有经验的朋友，如弗勒和洛娜，帮忙接手照护的工作。

她的朋友们反过来也喜欢炫耀自己在这方面的专业知识。不过，安吉拉能把自己和育儿的日常事务分隔开来，这也让弗勒目瞪口呆。当亚历克斯学说话有点慢时，一位语言治疗师告诉安吉拉说，她跟孩子说的话不够多。在跟弗勒讲完这件事后，她问了弗勒一句："你们对宝宝说什么？"

弗勒回答说："唔，就是大家都会说的一些很日常的话。比如，'快点吧，该起床了，把你的脚放这儿，我们走吧，这是你的晚饭'，等等。就跟他们喋喋不休地唠叨就行了。但她当时显然觉得，婴儿是非常聪明的人，不需要没完没了地说这些话。她可能只是不想把婴儿当作一种低等生物来对待，因为对她来说，他和她是平等的"。

然而，在想象力的层面上，安吉拉似乎很难把自己的孩子放在逃生梯上。她的小说一直取材于她的情绪状态——愤怒、喜爱、疏远——而且从不怕黑暗或谋杀。但为人母的幸福对她来说是很难处理的素材。她的朋友费伊·韦尔登回忆说，安吉拉告诉她说，自己已经开始隐忍了。韦尔登觉得，"这似乎吓到了她；或者，她觉得让思想停留在这些事情上，在某种程度上对孩子有伤害。我完全能理解：有点遗憾"。她后来的小说"没有早期著作的那种冷酷力量"。

安吉拉的朋友玛格丽特·阿特伍德说，安吉拉从未与她讨论过这个问题，但如果她这么觉得，至少是暂时的，她也不感到惊讶："大多数女人在生完孩子之后就会有这种感觉。"就某些方面而言，在那些年里，安吉拉的事业像是停顿了，等待着重拾她自己。她有过抑郁期，对伴侣关系感到焦躁难安，当她在四十五岁左右进入早更期，出现潮热和夜醒时，她在日记中记录了"极端痛苦的孤独，不被爱，盲目的自怨自艾"。她对身体状态的记录表明，在她察觉到变老的迹象时，她表现出一种新的怪异。1988 年,她在一本笔记的结尾处称之为"我心如死灰年代的日记"。或许,和奥德雷一样,她为成为她自己而努力工作,以至于她感到不安、受限,困在自己的美丽宫殿之中。

她的新闻报道依旧尖刻且具有敏锐的政治性。当宗教原教旨主义者威胁她的朋友萨尔曼·鲁西迪的生命时,她站出来支持他,和桑塔格一起——桑塔格在纽约为鲁西迪辩护;以及莱辛,她让鲁西迪知道自己尽管不喜欢他的书但仍然支持他,这颇有帮助。在 1991 年第一次海湾战争爆发时,她在朋友苏珊娜·克拉普(Susannah Clapp)的答录机上留了一条长达三分钟的语音信息,内容全是脏话。阿特伍德说,她有一种"神仙教母"的气质,但塞奇说她"永远是个狼外婆"。

或许,更多的转变即将到来,但安吉拉的时间却所剩无几。在怀上亚历克斯之前,她曾大量吸烟,以至于一位舍友记得,她在写作时,房间的钥匙孔里会飘出缕缕青烟。童年时,她曾呼吸过工业化的约克郡被污染的空气以及伦敦的致命雾霾。1990 年 9 月,她开始出现咳嗽的症状,几个月后被诊断为肺癌。她于 1992 年 2 月去世,留下了她的丈夫——他们最终结婚,为了确保马克拥有父亲的权利——以及她七岁的儿子。

她的最后一部小说是《明智的孩子》(Wise Children),这本书在她去世前一年出版。这是一部非常棒的剧场式喜剧,讲述了莎士比亚式的双胞胎、认不出自己孩子的父亲,以及欠思"阿嬷"(Grandma Chance)——她是个另类的母亲,收留弃婴,组建了一个快乐的天选之家。"母亲不只是生育,更是养育"是这个家庭的座右铭:母亲与身体、生物学或社会习俗无关,而是为了照护工作而诞生。

在小说结尾无拘无束的生日派对上,诺拉·欠思(Nora Chance)与一位旧爱结成了一对,这位旧爱又给了她和她的双胞胎妹妹朵拉(Dora)一份神奇的礼物:一对双胞胎,交给她们抚养。欠思姐妹刚满七十五岁,但没关系:在离开这场派对时,她们计划要再活个至少二十年,好好做一回老来得子的母亲。

照护的工作改变了时间,将人类与过去和未来联系在一起,把我们束缚在当下,强调同时性,允许自我的时刻,让我们陷入怀旧,畅想未来。在卡特小说的结尾,诺拉·欠思前往通宵工作的药剂师那里购买药剂和配方,为自己新的开始做准备。她如此作结:"说真的,在我们人生那些嘈杂但互补的叙述中,这些光辉灿烂的暂停有时确实会出现,如果你选择在这样一个暂停之处结束故事,拒绝让故事继续,那么就可以称之为圆满结局。"

时间和故事

找一个支持自己的伴侣。自食其力。先生孩子,再干事业。先干事业,再生孩子。赚钱。靠福利生活。生一个孩子,或者三个、七个。关上门来工作;在客厅里画画;把孩子放在书桌上,工作时有孩子在身边。

"我怎么在生孩子的同时不牺牲我的事业、我的判断力、我的独立性、我的思想?"这个问题的答案并不是唯一的。从本书论及的女性来看,在一定程度上做个"母亲中的不法之徒",或是让朋友帮忙是有益的。

不过,本书论及的女性绝对必须拥有的东西只有两样。毋庸置疑,其中之一就是时间。她们需要工作时间;需要合理规划时间;需要一种方法去遵守资本主义的残酷公式,即时间就是金钱。她们活在灵光乍现的时刻里;在失败的时刻学习;紧盯着将母性与创造性困于生产性张力的时钟。

母性时间是爱丽丝·尼尔和安吉拉·卡特"姗姗来迟"的为人母的时间。它是勒古恩既当作家又当母亲的时间;是拜厄特持续悲伤的当下,是洛德迎来变化的未来。它是剥削性的时间贫困,使得艾丽丝·沃克的母亲远离自己的孩子和花园。停滞的事业陷入时间的暗流。它是靠安非他明加速的时间。它是孩子们离家之后的涣散时间。

它是芭芭拉·赫普沃斯的每天半小时，"让图像在脑海中生长"。它是洛德装在尿布袋里的诗歌碎片和迪·普里玛"时光的幕布"出现裂缝，让自我的时刻得以显现。它是佩内洛普·菲茨杰拉德的坚忍和爱丽丝·尼尔的坚持。它是联邦艺术计划给予尼尔的时间，也是古根海姆的资助给予艾丽丝·沃克的那一年，使得她能够逐渐了解《紫色》中的人物。它是托妮·莫里森在孩子们醒来之前起床写作的时间，也是勒古恩不太在乎的时间——因为她的孩子也老是醒过来。它是海蒂·琼斯（Hettie Jones）因为心乱如麻无法写作的时间，用俄罗斯诗人玛丽娜·茨维塔耶娃（Marina Tsvetaeva）的话来说："一个人需要时间，是为了感受，而非为了思考。"

除了时间，一个有创造力的母亲必须拥有的第二样东西是自我。她需要界限和信念，即她有权利创作她的艺术。她不需要把自己过多地交付给他人。

作家克莱尔·戴德勒（Claire Dederer）是魔鬼的拥护者，她把创造性的工作称作一系列"微不足道的自私。把家人关在门外的自私……忘掉现实世界，从而创造一个新世界的自私……把最好的自己留给不曾谋面的无名爱人——读者——的自私。就只是说出自己必须说出的话的自私"。

不过，她所描述的是自我的时刻，他人被搁置的时刻，婴儿被放在逃生梯上的时刻。

有一段时间，我脑海中母性自我的样子源于赫普沃斯的艺术，特别是她的一系列小型石雕，名为《两个形式》（Two Forms）。其中一件是在1937年，也就是她的三胞胎三岁那年创作的。这件作品由两块直立的白色大理石组成，一块稍大于另外一块。它们非常光滑，完整如初，自成一体，彼此相邻而立又不相接触。它们似乎满怀一种人类的渴望，渴望与另一个人亲密无间，同时又把自己紧锁于一种冷酷、周密的孤独之中。

我认为这些形状内含一种必要的空虚，也就是艾德里安娜·里奇称之为艺术之"母体、原型"的"空虚"。勒古恩笔下的这个空间是潜在的，如罐子装水一般，它是承载真理的容器。赫普沃斯一些最美的雕塑都是圆形的、空心的，中间穿着紧绷的线。在我看来，这也是母性的，讲述强烈的情感、强烈的控制，以及即便有其他的爱好，仍然难以抑制的对艺术的承诺。

在去看赫普沃斯展览的路上，我的朋友宁克·亨德里克斯（Nynke Hendriks）说到她不看自己母亲的日记，尽管日记是母亲留给她的全部。"我觉得，我妈妈始终都对自己有所保留。日记是不属于我们的那部分她。"

在其他时候，我认为为人母是如此的宽泛，如此充满了不同的经验，它似乎并不自成一体，而是像个装满了故事的容器。勒古恩在她的文章《小说载体理论》（"The Carrier Bag Theory of Fiction"）中写道，英雄的原型是作为猎人的男性，像一支箭跟随"叙事的弧线"射向目标。这是一个创造性生活的故事：学习技艺、克服障碍、尝试、失败、成功，所有这些都发生在命运和变化的时间里，希腊人称之为 Kairos[*]，即箭射离弓弦，飞在空中的时间。

走出这一叙事的是收集者。收集者找到了有用的零七八碎，并利用更为古老的发明，即袋子或网，把零七八碎的东西带回家。装东西的袋子可以是一个关于母性的故事，在时间（chronos）中发生，漫长的时间。这些时间会孕育出不连贯的思考，有关身体、性、自我和时间本身。在我继续收集逸事、观察，以及搜集一切吸引我注意力且有用的东西时，

---

[*] 意为时机。

我试图让这本书成为一个袋子，装着母亲的思考和经验，快乐与痛苦，自我丧失与自我创造。

但最后，我认为无论是被雕刻的自我还是大包的东西都不太对。即便是母亲的故事也仍然需要时机，需要运动，需要女英雄。

在我最初开始把为人母视作一场英雄之旅时，我想知道是否有人把母亲写成女英雄——在自己的生活中航行（或战斗）的奥德赛，在成长或变化的决定性时刻成为母亲。

然后，我意识到我知道一些以母亲为中心的非常古老的故事。我一直以为这些故事有关青春期或婚姻，直到我重看它们的第二部分，也就是"从此之后过上了幸福的生活"之后的部分。

这是其中的一个故事：

> 磨坊主的女儿被赋予了一项不可能完成的任务，她做了一件好事，拯救了自己的性命，并嫁给了国王。但在她丈夫的城堡里，她要保持坚强，不失去自我。结婚一年后，帮助过她的侏儒回来了，要求她用第一个孩子来报答他。聪明的她走进森林，知道了他的名字，并运用自己的知识要回了孩子，夺回了自己的母亲身份。

《侏儒怪》（*Rumpelstiltskin*）中磨坊主的女儿就是尼尔、莱辛、桑塔格，她们走进了一文不名的婚姻，以为自己会无比尊贵。她们在自己还不够强大，无法同时拥有孩子和事业的时候有了孩子。她们首先需要离开家，并获得更多的知识——关于世界，关于她们自己，关于她们婚姻交易中的暗面。但对尼尔和莱辛来说，自持来得太晚了，她们都没能夺回自己的长子。

> 女孩从邪恶的继母那里逃了出来，克服了种种障碍，嫁给了国

王。但在她生下一个孩子之后，继母伪装成护士，来到皇宫杀了她，让她的独眼继妹代替了她的位置。年轻的母亲成了一个幽灵，在城堡中徘徊，夜里给孩子喂奶，直到国王看见并认出了她。在他认定她是真正的皇后之后，她又活了过来。

《兄妹》(Brother and Sister)中的女孩是被母亲毁掉的伊丽莎白·斯玛特和雪莉·杰克逊，是不被自己母亲承认的桑塔格和沃克——她们的母亲本身就是自毁性的。[在一篇优秀的文章中，艾伦·斯坦伯(Ellen Steiber)把继妹的形象解读为内化的童年创伤，即"自我的独眼冒名顶替者"取代了真实自我在世界中的位置。]这些女性都寻找伴侣来承认她们，并帮助她们，让她们不要在母亲身份中失去自我。但是，正如沃克和卡特得到的教训：要从那个幽灵般的状态回来，你必须要承认你自己。

女孩的父亲砍掉了她的双手。(因为乱伦与魔鬼达成的交易：原因因人而异。)她离开了家，在森林中徘徊，直到她走上了一条通往皇家果园的路。在果园里，王子看到她像个野生动物一样，在吃掉落在地的水果。他觉得她貌美如花，迎娶了她，她生了个孩子。

然后，她的丈夫去旅行，他的家人受到诱骗，要将她遣送离开。这个没有手臂的女人把婴儿绑在自己的后背上，回到了森林。这一次，她找到了自己的路，她的手臂重新长了回来。在一些故事的版本中，一位天使给了她手臂；在另外一些故事的版本中，她的孩子掉进了水里，当她伸手去抓孩子时，她的手臂长了出来。当她的丈夫经过漫长的寻找终于找到她，并带她回家时，她已经进入了自己的母亲身份，获得了自己的力量。

《无臂少女》（The Armless Maiden）是每位作家母亲或艺术家母亲的故事。在某种程度上，本书中的每个女人都在森林中迷失过，每个女人也都学会了重获自己的力量——无论是通过照料孩子，还是拥抱自己的缪斯。无臂少女的孩子可以象征一个女人的创造力，如米多丽·斯奈德（Midori Snyder）所写的：她学会运用的天赋，她所接受的职业。但在我看来，它既象征着这二者，也象征着她学会了在不失去自我的情况下为人母。母亲一次又一次地躲进森林——每每在她遇到危机，需要艺术灵感或希望重拾自我时。这是母亲英雄获得能动性、权力和自我身份的旅程——每次她都背着自己的孩子，带着自己的生命从森林里走出来，然后又重新获得这些。

这本书花了太多的时间。我开始构思这本书的时候，孩子还在上小学。当我写完这本书的时候，他们都已经上大学了。他们因为计划的改变或漫长、迟缓的疫情期而在这个房子里进进出出。他们的衣服不会再因为长高而穿不上了，尽管他们的身体在时间中的成长仍然用铅笔标记在我家的厨房墙上，形成一座垂直的时钟。

最近，我的女儿问我说："你花了多长时间把我生下来？"我不知道该如何作答。十二个小时？十一个小时在等待，再加上一个小时因为羊水破裂，原计划乱了套，所有的一切都在一瞬间发生了。为什么分娩要用小时来衡量，而不是以叙述的章节来衡量呢？我是否应该告诉她，在我不知所措、承受不住的时候，我把自己的膝盖紧并在一起，拒绝继续生产。

我不认为可以把写书比作分娩。我拒绝认为这二者是等同的，尽管在我交稿的前一天晚上，我确实因为突如其来的压力吼了我丈夫，跟我因分娩痛不欲生时吼他如出一辙。不过，我觉得以一个开始来结束是对的；毕竟，它们都的确发生在我的生活中，婴儿和书本，都远远过了它们的预产期，打消了我最后的犹疑，这本书如今就要写完了。我的女儿在一个下雨的周二下午出生，助产士轻轻地对孩子的父亲说："过来吧，要生了。"

致　谢

这本书是一个集体创作，围绕为人母展开的这些重要且吸引人的对话所产生的全部思想与创造性充盈其中。我认为，任何试图从这一关于母亲身份的讨论转移焦点的人都会发现，这个问题奇重无比，难撼丝毫。我希望这本书所收集的经验和智慧能让你全身心地投入到养儿育女，以及缪斯所启发的创作当中。

在漫长的写作过程中，我很幸运地拥有一群朋友——我的母亲和其他一些人——她们给我提建议，讲故事，阅读我的草稿，与我交谈，帮助我继续前进。我要感谢宁克·亨德里克斯、曼吉特·考尔（Manjit Kaur）、利瓦·鲁亚特（Liva Luyat）、卡罗尔·库珀、玛格利特·桑德尔（Margaret Sundell）、安·马赫尔（Ann Maher）、蕾切尔·迈耶（Rachelle Meyer）、伊莱恩·肖瓦尔特、琳恩·钱德霍克（Lynn Chandhok）、卡罗尔·克拉克森（Carrol Clarkson）、埃洛伊·金马（Eloe Kingma）、艾琳·古恩（Eileen Gunn）、L. 蒂梅尔·杜尚（L. Timmel Duchamp）、萨利·埃克霍夫（Sally Eckhoff）、扬·鲁伊特斯（Jann Ruyters）、莱昂尼·布雷巴特（Leonie Breebaart）、尼娜·西格尔（Nina Siegal）、阿玛尔·查特吉（Amal Chatterjee）、帕特里夏·帕卢达努斯（Patricia Paludanus）。

感谢索尼亚·辛（Sonia Sin）、艾伦·库什纳（Ellen Kushner）和迪利亚·谢尔曼（Delia Sherman），以及作家小屋（Writersblockhut）*的安东·奥斯坎普和扬特·奥斯坎普（Anton and Jantine Oskamp）为这本书的写作提供空间。感谢英格丽特·斯皮思和迪克·斯皮思（Ingrid and Dick Spies）多次把他们在波特兰的房子提供给我。感谢赫奇布鲁克（Hedgebrook）**在疫情的风口浪尖提供全新的作家隐居地，感谢给我鼓励和智慧的赫奇布鲁克的姐妹们——海蒂·杜罗（Heidi Durrow）、罗亚·海达普尔（Roja Heydarpour）、贾尔·汉弗莱（Jael Humphrey）、温迪·约翰逊（Wendy Johnson）、米歇尔·鲁伊兹·凯尔（Michelle Ruiz Keil）、伊丽莎白·德·索扎（Elizabeth de Souza）和戴安娜·辛（Diana Xin）。我要向怀廷基金会（Whiting Foundation）致以最深的谢意，是你们的资助让我能够完成这本书的写作。

感谢同为传记作家的本杰明·莫泽和伊芙琳·C.怀特的帮助与友谊。

阿姆斯特丹女权主义档案馆 Atria 的工作人员给我提供了特别多的书。阿利雅·哈德森（Aaliyah Hudson）贡献了她敏锐的眼光。扬内克·帕特伯格（Janneke Patberg）和戴维·毕晓普·勃勒（David Bisschop Boele）给我提供了启发性的建议。安德鲁·所罗门非常好心地把他的论文寄给了我。简·奥莱利（Jane O'Reilly）给我讲述了隔着门听到孩子一举一动的故事。

"我想写一本关于女性作家的书，她们离开了自己的孩子们，但这

---

* 一种租给作家，供其静心写作的独立小屋。
** 一个成立于 1988 年的驻地项目，位于美国华盛顿州的惠德贝岛（Whidbey Island）上，仅向女性作家开放。

听起来太令人难过了。"在我说了这句话后,我心爱的经纪人米丽莎·弗莱施曼(Melissa Flashman)帮助我,让我有了关于现在这本书的构想。感谢我无可比拟的编辑吉尔·毕阿罗斯基(Jill Bialosky),她从一开始就对这本书抱有信念,以及德鲁·伊丽莎白·魏特曼(Drew Elizabeth Weitman)不懈的督促。

我深深地感谢我的丈夫扬·范豪顿(Jan van Houten),以及我们的孩子艾斯(Eise)和乔斯克(Jooske),感谢他们对我的支持,在研究上提供的帮助,感谢他们让我有幸能成为一位作家母亲。

注 释

一个自己的房间 VS 一个自己的孩子

"母性主体": Lisa Baraitser, "Communality across Time: Responding to Encounters with *Maternal Encounters: The Ethics of Interruption*," *Studies in Gender and Sexuality* 13, no. 2 (2012): 117, https://doi.org/10.1080/15240657.2012.682932.
"我坚持": Ruhl, "'Little Labors,' by Rivka Galchen," *New York Times Book Review*, May 15, 2016.
"创造性工作": Mary Oliver, "On Power and Time," in *Upstream: Selected Essays* (New York: Penguin Press, 2016), epub.
"成为天才": Stein, quoted in Showalter, *A Jury of Her Peers*, 251.
"女性生活": Rich, "When We Dead Awaken: Writing as Re-Vision" (1971), in *On Lies, Secrets, and Silence*, 43.
"孤独的她": Walker, "*One* Child of One's Own," 381.
"牺牲女性气质": quoted in Tillie Olsen, *Silences* (New York: Delta, 1979), 30.
"在我生儿育女": Ibid., 19.
"对女性的种种要求": Susan Sontag, *Alice in Bed* (New York: Farrar, Straus & Giroux, 1993), 113.
"我一直觉得": Neel, in *Alice Neel*, directed by Andrew Neel, 2007.
"并非婴儿": Mary Catherine Bateson, *Composing a Life* (New York: Atlantic Monthly Press, 1989), 168.
"你对孩子的爱": Megan O'Grady, "Scenes from a Marriage: Jenny Offill on Modern Motherhood," *Vogue*, January 28, 2014.
"兼职工作": Olsen, *Silences*, 19.
"难以解决的问题": Baraitser, "Book Review: The Theorist's Mother," *Feminist Review* 108, no. 1

(2014): e10, https: //doi. org/10. 1057/fr. 2014. 25.

"本质主义": Baraitser, *Maternal Encounters*, 93. 在 *Feminism, Psychoanalysis, and Maternal Subjectivity* (New York: Routledge, 2012) 一书中，艾莉森·斯通（Alison Stone）提出，母性主体源于身体，源于母亲与自己母亲的身体关系。"这种主体 - 地位依赖于母亲将自己放回到她过去的母性身体的关系中，这样她才能努力将这些关系整合到叙事当中，并使其具有意义。"（第147页）我认为这种观点太狭隘了，也太拘泥于孩子的观点，无法解释母性的创造力。

"就担起": quoted in Philip Rieff, *Freud: The Mind of the Moralist* (New York: Anchor, 1961), 192. 里夫，或更有可能是他的妻子，也就是未署名的共同作者，苏珊·桑塔格可无法容忍这样的观点，并补充说弗洛伊德的"让步，即'（抛开性功能）一个女性个体或许也可以是个人类'，这本身就说明了问题"。

"母亲与孩子": quoted in Solomon, *Transition to Motherhood*, 6.

"不可能实现": Baraitser, *Maternal Encounters*, 4. 关于精神分析在思考母性话语方面的局限性的有益讨论，参见 Hirsch, *The Mother-Daughter Plot*, 167-76. 温尼科特确实将超越母亲身份，过上一种内在生活的可能性交还给了母亲，但实际上这不过就是承认她们是人类而已。

"将女性或母性": Nelson, *Argonauts*, 52.

"他出生了": Ibid., 45.

"关于为人母……观点": Ruhl, *100 Essays I Don't Have Time to Write*, 154-55.

"几乎无法": Cusk, *A Life's Work*, 3.

"是否有可能": Manguso, *Ongoingness*, Scribd.

"逃避了": Kristeva, "Stabat Mater," 145.

"身份的灾难……再现": Kristeva, "Stabat Mater," 134. 巴莱瑟认为，杰奎琳·露丝在评论克里斯蒂娃的这篇文章时，"把灾难描述为一个简单的事实，即存在一种无意识的对知识的限制，母亲就是我们对这种限制的称呼"。思考母亲就是"对仍然抗拒知识之物施以暴力"。Baraitser, *Maternal Encounters*, 5.

"一个无名氏": Le Guin, "Earthsea Revisioned" (1992), in *The Books of Earthsea: The Complete Illustrated Edition* (New York: Saga Press, 2018), 987.

"在分裂的意识中……令人不适": Erdrich, *The Blue Jay's Dance*, 4.

"宛若溪流": Cusk, *A Life's Work*, 56.

"像是有一颗炸弹": O'Grady, "Scenes from a Marriage."

"说自己的灵魂": Brooks, quoted in Jackson, *A Surprised Queenhood in the New Black Sun*, 69.

"孩子对叙事": Baraitser, *Maternal Encounters*, 15.

"让开": Ibid., 49.

"感觉被孩子……自己": Ibid., 154.

"（母亲）通过……事务": Ibid., 157.

"在纸上捕捉": O'Grady, "Scenes from a Marriage."

"那些已然炸裂": Manguso, *Ongoingness*, Scribd.

"有一段时间": Ruhl, *100 Essays*, 4.

"一定有办法": Rich, "When We Dead Awaken."

"工作与孩子": Ruhl, *100 Essays*, 153.

"一星半点的自我"：@NatashaRandall, Twitter, May 24, 2021, https: //www. twitter. com/NatashaRandall/status/1396767423441907717

"一位没有孩子的朋友……亮光片"：correspondence of Le Guin and James Tiptree Jr. (Alice Sheldon), Tiptree and Le Guin Papers, both University of Oregon Special Collections and University Archives.

"在故事开始之前"：Enright, *Making Babies*, 47.

"如果我们只是"：McClain, "As a Black Mother, My Parenting Is Always Political," *Nation*, April 15, 2019.

"为一个问题"：Jill Johnston, *Lesbian Nation* (New York: Touchstone, 1974), 70. 约翰斯顿还提出："说实话，我只是在知道自己其他什么都不能去做的情况下，挑选了第一个出现在我面前的英俊聪明的男性……四年过去了，我们有了两个孩子，我还不如当初乘着气球肚子飞跃大西洋呢。我原以为婚姻意味着所有问题都可以得到解决。"

"我不知道"：Rich, *Of Woman Born*, 5.

"我经历过的"：Bill Moyers, "A Conversation with Toni Morrison," 1989, in Danille Taylor-Guthrie, ed., *Conversations with Toni Morrison* (Jackson: University Press of Mississippi, 1994), 270-271.

"母亲一词的"：Gumbs, "mother ourselves," in Gumbs et al., *Revolutionary Mothering*, 21.

"一个棕色皮肤母亲的"：Eriksen, "My Son Runs in Riots," in Gumbs et al., *Revolutionary Mothering*, 79.

"我是某人的"：Gloria Naylor, "A Conversation: Gloria Naylor and Toni Morrison" (1985), in Taylor-Guthrie, *Conversations with Toni Morrison*, 198.

"婴儿需要"：Enright, *Making Babies*, 177-178.

"必须经常"：Erdrich, *The Blue Jay's Dance*, 143.

"总是深陷……画画"：Nemser, *Art Talk*, 125.

"满是城市中产阶级"：Ellen Willis, "Coming Down Again" (1989), in *No More Nice Girls: Countercultural Essays* (Middletown, CT: Wesleyan University Press, 1992), 256.

"无力招架"：Rich, *Of Woman Born*, 224.

"面对自己"：Lamott, *Operating Instructions* (New York: Ballantine, 1993), 37.

"母亲是一种"：Solomon, *Transition to Motherhood*, 53.

"我认为"：Baraitser, *Maternal Encounters*, 3.

"独一无二且无法重复"：Cavarero, *Relating Narratives*, 71.

"人类经验"：Carter, *The Sadeian Woman*, 12.

"在母亲身份"：Rich, "Motherhood: The Contemporary Emergency and the Quantum Leap" (1978), in *On Lies, Secrets, and Silence*, 259.

"对我们来说"：Rich, *Of Woman Born*, 223.

"为人母"：Ibid., 257.

"任何一个"：Fowler, "The Motherhood Statement," 28.

"对理想母亲的幻想"：Parker, *Mother Love, Mother Hate: The Power of Maternal Ambivalence*, 30. 18.

"正是因为"：Ellen Willis, "Feminism's Big Idea," *Women's Review of Books* 24, no. 2 (March-April 2007): 4.

"病态的"：Jennifer C. Nash, "The Political Life of Black Motherhood," *Feminist Studies* 44, no. 3

(2018): 701. 甘布斯评论指出，白人至上主义"视贫穷与种族化的母亲为她们所经历的贫穷及种族主义的病理原因，并视她们为全球贫困的替罪羊，以使对黑人生命的消耗正当化"。Gumbs, "We Can Learn to Mother Ourselves," 186.

"我认为"：Barbara Weekley Barr, quoted in Janet Byrne, *A Genius for Living: A Biography of Frieda Lawrence* (New York: Bloomsbury, 1995), 393.

"我写了一份"：Morrison to Kim Echlin, in Echlin, *Elizabeth Smart: A Fugue Essay on Women and Creativity*, 206.

"听点"：White, *Alice Walker*, 372.

"她自己身体的主宰"

"在其他任何"：Carter, "Notes from the Front Line" (1983), in *Shaking a Leg*, 40.

"我们有必要"：Rich, *Of Woman Born*, 292.

"被大学开除"：文学评论家威廉·恩普森（William Empson）就遇到了这种情况。他不仅失去了剑桥大学的奖学金，还被驱逐出城。

"十分重要"：Mitchison, *You May Well Ask*, 70.

"性高潮集中"：Sontag, *Reborn*, 218, 11/19/59. 最近，艺术家塞西莉·布朗（Cecily Brown）在谈到自己身为画家的体验时这样说道："欲望本身就是我的驱动力。欲望也是绘画的驱动力。在现实世界中，与绘画最为相似的东西就是性。" Rachel Cusk, "Can a Who Is an Artist Ever Just Be an Artist?," *New York Times*, November 7, 2019.

"这个女人"：Lessing, *Under My Skin*, 249.

"床笫之间"：Sullivan, *By Heart*, 217.

"递交一封"：Rich, *Of Woman Born*, 10.

"既然你已经……都满足"：Sage, *Bad Blood*, 270.

"你想要什么"：Le Guin, interview with JP, April 2010.

"上个孩子"：Weldon, *Mantrapped* (New York: Grove Press, 2004), 137.

"一开始"：Hills, *Alice Neel*, 21.

母亲中的"不法之徒"：爱丽丝·尼尔

本章不可或缺的资料是菲比·霍本撰写的传记《爱丽丝·尼尔：不安分的艺术》(*Alice Neel: The Art of Not Sitting Pretty*) 和帕特里夏·希尔斯的《爱丽丝·尼尔》(*Alice Neel*)。金妮·尼尔慷慨分享了她对爱丽丝的回忆；除非另有说明，她的引文均来自我们的对话。阿利克斯·凯茨·舒尔曼（Alix Kates Shulman）向我介绍了爱丽丝与女权主义之间的关系。关于联邦艺术项目的细节来自杰德·珀尔（Jed Perl）的《新艺术之城：世纪中的曼哈顿》(*New Art City: Manhattan at Mid-Century*, New York: Vintage, 2007）。关于格林威治村的背景介绍来自罗斯·韦茨斯提恩（Ross Wetzsteon）的杰出著作《梦想共和国：格林威治村：1910 年至 1960 年的美国波西米亚》(*Republic of Dreams: Greenwich Village: The American Bohemia, 1910–1960*, New York: Simon & Schuster, 2002）。

"不做谁的宝贝"：Walker, "Be Nobody's Darling," in *Her Blue Body Everything We Know*, 193.
"你必须具备"：Billops, in Lynda Jones, "Dream On, Dreamer," *Village Voice*, September 6, 1994. Quoted in Terri Francis, "Thinking through Camille Billops," Another Gaze, October 4, 2019.
"貂皮帽下"：Enid Nemy, "On a Night for Artists, Glitter Bows to Talent," *New York Times*, December 9, 1977.
"英雄般的阿姨"：Jerry Saltz, "Where Are All the Women?," *New York,* November 5, 2007.
"我想知道"：Hills, *Alice Neel*, 23.
"穿着波尔卡"：Sally Eckhoff, *F*ck Art (Let's Dance)* (New York: Water Street Press, 2013), 71.
"在这个世界上"：Ibid., 251.
"实际上并非"：Hoban, *Alice Neel*, 15.
"其他人"：Munro, *Originals*, 121.
"她是如此"：Hoban, *Alice Neel*, 15, from Munro interview transcript.
"当我坐在"：Hills, *Alice Neel*, 11.
"是我唯一"：Hoban, *Alice Neel*, 13.
"春天的时候"：Hills, *Alice Neel*, 12.
"我觉得生活"：Ibid., 13.
"画你内心"：Hoban, *Alice Neel*, 24
"他曾经为了"：Ibid., 28. 女性艺术家可能对她们在经济上依赖男性这一点感到非常不满。爱丽丝曾向传记作家劳丽·莱尔（Laurie Lisle）讲述了一个故事，关于她在20世纪30年代某日与雕塑家路易斯·内维尔森（Louise Nevelson）的相遇。内维尔森当时与丈夫分居，和爱丽丝一样受雇于联邦艺术项目。她接受了一位男性赠送的衣服。当爱丽丝问她怎么会有这么多好看的衣服时，她回答说："亲爱的，就是上床啊。" Lisle, *Louise Nevelson* (New York: Washington Square, 1990), 126.
"世界上最压抑"：Hills, *Alice Neel*, 17.
"我不得不"：Hoban, *Alice Neel*, 3.
"坚决反对"：Hills, *Alice Neel*, 21.
"八个小时的痛苦"：Munro, *Originals*, 125.
"在桑蒂利亚纳死后"：Hills, *Alice Neel*, 21.
"这张画包含"：Munro, *Originals*, 125.
"一股真实的"：Hoban, *Alice Neel*, 65.
"我躺在床上"：Ibid., 65.
"我的房子"：Ibid., 68.
"金妮·尼尔听爱丽丝说……捏造的"：Ginny Neel, interview with JP, October 2021. See Hoban, *Alice Neel*, 72.
"我总是有"：Hills, *Alice Neel*, 29.
"夜晚太可怕了……就好了"：Hoban, *Alice Neel*, 71.
"波西米亚式的生活"：Munro, *Originals*, 125.
"现在是最大的"：Hills, *Alice Neel*, 41.
"我不确定"：Nemser, *Art Talk*, 123.

"不堪重负……超敏感": Nemser, *Art Talk*, 117.

"前卫的孤儿": Anatole Broyard, "Growing Up Irrational," *New York Times*, April 19, 1979, quoted in Henry Louis Gates Jr., "White Like Me," *New Yorker*, June 17, 1996.

"一针进": Nancy Milford, *Savage Beauty: The Life of Edna St. Vincent Millay* (New York: Random House, 2002), 163.

她展示了: Eckhoff, *F*ck Art*, 71.

她称之为她的"革命画": Hills, *Alice Neel*, 53.

爱丽丝每个月的工资: Hoban, *Alice Neel*, 106-7. 根据美国劳工统计局的数据,在大萧条期间,纽约市的家庭收入中位数为每年 1700 美元。"100 Years of U. S. Consumer Spending," Report 991, May 2006, https://stats.bls.gov/opub/uscs/1934–36.pdf.

爱丽丝知道女性很容易: 1933 年 3 月,在费城的一场群展上,爱丽丝的作品与埃尔西·德里格斯(Elsie Driggs)的作品被单独提出表扬。德里格斯是一位刚出道的画家,不久之后她与另外一位艺术家结婚,并育有一女。她全身心地投入到事业当中,但三十年中几乎从未展出过自己的作品。

"船沉": Hoban, *Alice Neel*, 136.

"亲爱的妈妈": Ibid., 356.

"母亲身份传统": Rich, *Of Woman Born*, 193.

"如果你决定": Nemser, *Art Talk*, 125.

"制定了": Hoban, *Alice Neel*, 227-28.

"水槽里的火鸡": 现代艺术博物馆(Museum of Modern Art)1977 年出版《艺术家菜谱》(*Artists' Cookbook*)时,爱丽丝贡献了自己的馅料配方。

"如果她迎合": Hartley Neel, in *Alice Neel*, directed by Andrew Neel, 2007.

"我们每个人": Hoban, *Alice Neel*, 167.

"吸引她自己": 举例来说,在《黑人男孩》(*The Black Boys*, 1967)中,爱丽丝画了杰夫·尼尔(Jeff)和托比·尼尔(Toby)两兄弟。画中的二人都是小男孩,与爱丽丝凝视的目光相对而视,等待着人生的开始。在多年之后重看这幅画时,杰夫·尼尔认为,爱丽丝"看着两个来自上城的贫民窟少年,彰显出了我们内在的美"。John Leland, "Two Brothers Posed for a Portrait. One Lived to See It in the Met," *New York Times*, April 2, 2021.

"像是一间无人": Hills, *Alice Neel*, 152.

"哈特利回忆说": Ginny Neel, interview with JP, June 2021.

"他会恐吓我": Hoban, *Alice Neel*, 166.

"我当然是": Ibid., 248.

"如果一切……不开心": Ibid., 208.

"她很享受": Ibid.

"在混乱的": Ibid., 162.

"尽管只是": Ibid., 315.

她仍然坚持: 也可能是现实主义赋予了尼尔的作品以结构和稳固性,而抽象表现主义的极端自由——依据情况来看——对实践者则要求甚高。在抽象表现主义艺术家中,即便是按照画家的标准,酗酒(波洛克、威廉姆·德·库宁和伊莱恩·德·库宁夫妇、弗朗兹·克莱因、琼·米切尔）和抑郁症［琼·米切尔、马克·罗斯科、阿希尔·戈尔基（Arshile Gorky）］的比例都似乎更高。
"她说"：Hoban, *Alice Neel*, 225. 霍本写道，"她们认为，她的姐姐或嫂子"是联邦调查局的线人之一。
"我特别不希望……可怕"：Ibid., 220.
"我怀疑"：Munro, *Originals*, 121.
"一开始"：Hoban, *Alice Neel*, 221.
"成名了"：Ginny Neel, in *Alice Neel*, directed by Andrew Neel, 2007.
"来自外地"：Carter, in Lorna Sage, "The Savage Sideshow," *New Review*, July 1977, 54.
站在旁边给她点烟：Nunez, *Sempre Susan*, 104.
"我试图画出"：Hoban, *Alice Neel*, 391.
"我们俩都"：Ibid., 283.
"如果你画的"：Ibid., 282.
"令人毛骨悚然"：Ibid., 284.
"我觉得"：Hills, *Alice Neel*, 162.
"认为"：Hoban, *Alice Neel*, 269.
"爱丽丝看起来"：Hilton Als, "Alice Neel's Eye." *New Yorker*, July 3, 2000, 27.
"她总是"：Marisa Diaz, in Hoban, *Alice Neel*, 358.
"更接近"：Le Guin, interview with JP, May 2010.
"他们以后"：Hoban, *Alice Neel*, 318.

时时刻刻：艺术怪物与维护工作

"艺术实践"：Le Guin, "The Fisherwoman's Daughter," in *Dancing at the Edge of the World*, 224.
"维护是"：Mierle Laderman Ukeles, *Manifesto for Maintenance Art*, 1969! *Proposal for an Exhibition: "CARE,"* (October 1969), https: //feldmangallery. com/exhibition/ manifesto-for-maintenance-art-1969.
"艺术中的男性气质"：Pater, *Plato and Platonism* (Project Gutenberg, 2003; first published 1910).
"生活就是工作"：Nemser, *Art Talk*, 14.
"做饭和带孩子"：Fiona MacCarthy, "Touchy Feely," *Guardian*, May 17, 2003.
"如果我正在……就不是"：Nemser, *Art Talk*, 14-15.
"我的绘画已经"：Stella Bowen, *Drawn from Life* (1941), quoted in Germaine Greer, *The Obstacle Race: The Fortunes of Women Painters and Their Work* (New York: Farrar, Straus & Giroux, 1979), 53.
"我的儿子特别"：Nemser, Art Talk, 153.
"她以一种"：Sasha Bonet, "The Artist Who Gave Up Her Daughter," Topic, May 2019.
"男人拒绝"：Collins, *Notes from a Black Woman's Diary*, 47.
"没有任何一个"：Michelle Elligott, "Faith Ringgold's Long Fight," MoMA Magazine, June 30, 2020.

"绘画是一种"：Ringgold, *We Flew Over the Bridge,* 196.
"要面对两大……生活"：Mary Gabriel, *Ninth Street Women* (Boston: Little, Brown, 2018), 526.
"要实现一种"：Randy Rosen and Catherine C. Brawer, *Making Their Mark: Women Artists Move into the Mainstream, 1970-1985* (New York: Abbeville Press, 1989), 14.
"我有一个"："Mierle Laderman Ukeles Talks about Maintenance Art," *Artforum,* September 19, 2016, https://www.artforum.com/video/mierle-laderman-ukeles-talks-about-maintenance-art-63533.

不适区：性与爱

关于娜奥米·米奇森，我从詹妮·考尔德（Jenni Calder）的传记作品《燃烧的玻璃》(*The Burning Glass*) 及莱斯利·A. 霍尔（Lesley A. Hall）的研究专著《娜奥米·米奇森》(*Naomi Mitchison*) 中获益良多。读了阿丽克西斯·波林·甘布斯的论文《我们可以学着成为自己的母亲》("We Can Learn to Mother Ourselves")之后，我开始关注琼·约旦。

"情人让你"：Kate Moses, "A Mother's Body," in *Mothers Who Think: Tales of Real-Life Parenthood,* ed. Camille Peri and Kate Moses (New York: Washington Square, 2000), 176-77.
"真情实感"：Erdrich, *The Blue Jay's Dance,* 64.
"慈善的"：Rich, *Of Woman Born,* 15.
"不要穿……决定权"：Jordan, "A New Politics of Sexuality" (1991), in *Technical Difficulties: Selected Political Essays* (London: Virago, 1992), 155-56.
"几乎让我……发烧"：Mitchison, *You May Well Ask,* 69.
"如果书"：Ibid., 168.
"临时或"：Hall, *Naomi Mitchison,* 54.
"良好意识"：Lessing, *Walking in the Shade,* 126-27.
"深深的心痛"：Mitchison, *You May Well Ask,* 73.
"或许我们"：Ibid., 71.
"促使……孩子"：Ibid., 73.
"爱磨砺"：Ibid., 74.
"有自己的……快乐长久"：Di Prima, *Recollections of My Life as a Woman,* 156.
"我从一开始"：Ibid., 157.
"实用主义"：Ibid., 207.
"迪·普里玛……纪律性"：Ibid., 202. 垮掉的一代并不都是如此：黛安的女儿多米尼克记得，在黛安去朗读会时，艾伦·金斯堡自愿来照看她。"Beat Poet Diane di Prima Taught Her Kids to Question Authority and Believe in Their Own Creativity," *As It Happens,* CBC Radio, October 27, 2020.
保持"冷静"：Jones, *How I Became Hettie Jones* (Boston: Dutton, 1990). 在这本精美的回忆录中，琼斯写到自己陷入了迪·普里玛努力逃离的家庭生活。"我不关心我的家庭生活，我就是对我的家庭生活无能为力。这种呼唤与回应、干净与肮脏、生病与康复、睡着与醒来的维持模式要如何转化为文字？它唯一的诱惑就是需求，而需求只是欲望温室背后的一大片沼泽——你怎么会

想要你必须拥有的东西呢？"（第 182 页）
"我知道"：Di Prima, interview with David Meltzer (1999), *San Francisco Beat: Talking with the Poets*, ed. David Meltzer (San Francisco: City Lights Books, 2001), 12.
"等待"：Di Prima to Lorde, undated, Box 2 f39, Audre Lorde Papers, Spelman College Archives.
"可以有空"：Di Prima, *Recollections*, 226.
"我们关于情欲"：Lorde, "Uses of the Erotic: The Erotic as Power" (1978), in *Sister Outsider*, 57.
"从我们最深层"：Ibid., 53.
"我们所做"：Ibid., 55.
"当我们开始"：Ibid., 58.

矛盾的快感：多丽丝·莱辛

关于莱辛的童年和她的父母，我主要参考了她的回忆录《刻骨铭心》和《阿尔弗雷德和艾米莉》(*Alfred and Emily*)。在《在树荫下行走》(*Walking in the Shade*) 中，她写到了自己在伦敦度过的时光。怀特霍恩的信件保存在东英吉利亚大学英国当代写作档案馆（British Archive for Contemporary Writing）的多丽丝·莱辛档案中。非常感谢档案管理员布里吉特·吉尔斯（Bridget Gillies）提供的帮助。

"如果你要"：Sage, "Death of the Author," 238.
"经历了"：Rich, *Of Woman Born*, 155.
"感到无聊……这一点"：Lessing to Coll MacDonald, November 21, 1945, Doris Lessing Archive.
"我们把父母"：Lessing, "My Father" (1963), in *A Small Personal Voice: Essays, Reviews, Interviews* (New York: Vintage, 1975), 83.
"人们应该"：Lessing, *In Pursuit of the English* (Hertfordshire, UK: Granada, 1981; first published 1960), 6.
"母亲将"：Rebecca Solnit, *The Faraway Nearby* (New York: Penguin, 2013), 20.
"她那未被"：Lessing, *Under My Skin*, 30.
多丽丝向约翰：Lessing to Whitehorn, January 24, 1945.
父亲送给她的礼物：洛娜·塞奇敏锐地评论了莱辛及安吉拉·卡特。在谈及自己的生活和小说时，她写道："当古老的男性冒险故事转向'梦想'（让女性独自应对……日常生活和规划）时，就为女儿打开了一个困难的新视角。" Sage, *Doris Lessing* (London: Methuen, 1983), 22.
"跟星辰一样"：Lessing, *Under My Skin*, 203.
"是时代思潮的精粹"：Ibid., 188.
"我不要"：Ibid., 120.
"未经世事"：Lessing, interview by Sue Lawley, *Desert Island Discs*, BBC Radio 4, November 21, 1993, https://www.bbc.co.uk/programmes/p0093wn3.
"渴望、憧憬"：Ibid.
"在她的自由意志……受害者"：Claudia Roth Pierpont, *Passionate Minds* (New York: Vintage, 2001),

229-30. Lessing's unauthorized biographer, Carole Klein, also takes this view.

"声称自己"：Lessing, *Under My Skin*, 403.

"我似乎没有"：Lessing, *Walking in the Shade*, 286.

"在年轻强壮"：Lessing, *Under My Skin*, 206-7.

"因为醉酒"：Ibid., 211.

"图圈……孩子"：Lessing to Whitehorn, October 10, 1947.

"我最优秀"：Lessing, *Under My Skin*, 262.

"遗传了我"：Ibid., 239.

"单调"：Ibid., 185.

"我感到无聊"：Ibid., 233. 朱莉娅·克里斯蒂娃为这种渴望提供了一种可能的解释：母亲身份"对身份的根本挑战……伴随着对整体性的幻想——自恋式的完整——是一种制度化的、社会化的、自然的精神病。" Kristeva, 1986, quoted in Solomon, *Transition to Motherhood*.

"十八个月"：Ibid., 229.

"我们这时代"：Lessing, *Golden Notebook*, 318.

"她，玛莎……力量"：Lessing, *A Proper Marriage*, 148.

"让那盏灯"：Ibid., 168.

"如同着了迷"：Lessing, *Under My Skin*, 185.

"黑着脸不说话"：Lessing to Whitehorn, February 21, 1945.

"监护权"：战争期间，作家穆里尔·斯帕克（Muriel Spark）在南罗德西亚与丈夫离婚，丈夫获得了他们儿子的监护权，尽管他患有精神病，无法照顾他。最终，斯帕克得以带着孩子去苏格兰，在那里把孩子交给她的父母抚养，他们之间的母子关系则是另话了。

"我在保护自己"：Lessing, *Under My Skin*, 261.

觉得自己疯了：在《良缘》中，玛莎在离开时跟小女儿说："我在让你获得自由呢。"（第70页）但在后来的小说《壅域之中》（*Landlocked*，1965）中，玛莎在想起来这句话时，不禁要问自己到底出于什么动机。"她怎么能那样讲、那样想、那样感觉呢？"在《四门城》（*The Four-Gated City*，1969）中，玛莎做出了同样的忏悔。"我当时疯了……现在想起来真是一派胡言。"然后，她开始哭了起来。在莱辛的小说中，不难发现她在回忆录中未曾提及的内疚感。

"然后余生"：Lessing to Whitehorn, September 29, 1947.

"他们相信自己"：讽刺的是，正是他们坚信自己与众不同，才更容易受共产主义宣传的影响：他们认为这是他们优越性的标志，即可以看到别人看不到的东西。后来，莱辛在兰恩心理学说（Laingian psychology）及苏菲神秘主义中发现了相似的优越知识感。

"自我认同"：Lessing, *Under My Skin*, 401-40. 托妮·莫里森在离婚后也说过类似的话："我知道，我不会把一个对他们而言一无是处的母亲交给我的孩子。" Gloria Naylor, "A Conversation: Gloria Naylor and Toni Morrison" (1985), in *Conversations with Toni Morrison*, ed. Danille Taylor-Guthrie (Jackson: University Press of Mississippi, 1994), 198.

"头脑中……如愿以偿"：Lessing, *Under My Skin*, 297-98.

"难以从害羞"：Ibid., 298.

"从没和谐过"：在《刻骨铭心》中，莱辛说戈特弗里德"就像一个禁欲系的清教徒"。（第303页）在给约翰·怀特霍恩的信中（1945年4月4日），莱辛说自己才是那个过于害羞的人。1947 年,她给皇家空军的同性恋朋友伦纳德·史密斯写信说——大概是基于她自己的经验——婚后的性生活容易让女人觉得像是"天寒地冻的早晨打不着火的车",因为男的一直在读性爱手册,或者像是"睡前通常要喝的一杯茶"。March 1947, quoted in Feigel, *Free Woman*, 162.

"减弱": Lessing to Whitehorn, February 7, 1945.
"弥漫的": Lessing to MacDonald, August 30, 1945.
"用一生": Ibid.
"我一直在写": Lessing to Whitehorn, November 22, 1944.
"在这个最血腥": Lessing to Whitehorn, January 24, 1945.
"躺在……不写了": Lessing to Whitehorn, March 21-27, 1945.
"我温和地问": Lessing to MacDonald, May 3, 1945. 关于共产主义,爱丽丝·尼尔提出过类似的观点。1950 年,当她给社会评论家哈罗德·克鲁斯(Harold Cruse)画肖像时,克鲁斯向她坦承自己仍然喜欢一些被共产党认为是"反动"的古典乐。爱丽丝回答说:"管他的呢。听呗,去热衷德彪西。" Nemser, *Art Talk*, 128.
"如果人们": Lessing to Whitehorn, April 4, 1945.
"我被诅咒了": Lessing to Whitehorn, June 24, 1947.
"莱辛向约翰描述": Lessing to Whitehorn, March 21-27, 1945.
"一个惹人亲昵": Lessing to Whitehorn, April 11, 1947.
"1946 年初": Lessing to MacDonald, February 20, 1946.
"总有一天": Lessing to MacDonald, July 28, 1945.
"我想不出": Ibid.
"实际与常识": Lessing, *Under My Skin*, 347.
"采用一种": Lessing to MacDonald, February 18, 1946.
"如今,我永远": Lessing to Whitehorn, February 1, 1946.
"感官上的愉悦": Lessing to Whitehorn, September 24, 1946.
"一次激烈争吵": Lessing to Whitehorn, August 7, 1947.
"为什么要抛下": Lessing, *Under My Skin*, 347.
"二流货色……不值了": Ibid., 256.
"感觉自己就像": Lessing to Whitehorn, August 7, 1947.
"只存在于": Lessing, *The Sweetest Dream* (New York: Flamingo, 2001), 128.
"开始养成": Lessing, *African Laughter* (New York: HarperCollins, 1992), 84.
"每一个新结识": Lessing, *Walking in the Shade*, 16.
"打字的敲击声": Diski, "When Doris Lessing Rescued Me," *Guardian*, April 12, 2014.
"她教会自己": Lessing, "The Art of Fiction No. 102," interview by Thomas Frick, *Paris Review*, no. 106 (Spring 1988).
"一个人写作时": Lessing, *Walking in the Shade*, 102.
"作为一个母亲": Lessing, *Golden Notebook*, 319.
"我那时的生活": Lessing, *Walking in the Shade*, 23.
"被莱辛骂个": Diski, *In Gratitude*, 196.
"个性开放": Lessing, *Under My Skin*, 255.

"脱下丝绸短裤": Lessing to Whitehorn, September 29, 1947.
"日复一日": Lessing, *Walking in the Shade*, 155.
"心烦意乱,想要逃离": Ibid., 156.
"彼得是一直": Ibid., 286.
"冰冷的、灰暗的": Ibid., 223-224.
"我不是你的母亲": quoted in Feigel, *Free Woman*, 178.
"坚持下去": Diski, "When Doris Lessing Rescued Me."
"对一个青少年负责": 莱辛确实承担了某些方面的责任。在珍妮来后不久,莱辛就为她预约了安置子宫帽。但是,当珍妮说自己十五岁后,妇科医生就把她赶出了办公室,大喊道:"你还未成年。那个女人让你来这里做什么?难道她不知道在你这个年龄发生性关系是违法的吗?更别说让我提供避孕措施了!" Diski, *In Gratitude*, 57.
"令她震惊……操控": Diski, interview by Chris Wallace, *Interview*, podcast 2015-3, March 18, 2015, https://www.interviewmagazine.com/culture/jenny-diski-podcast (removed from website as of July 22, 2021).
"在必要的时候": Chloe Diski, afterword to Jenny Diski, *In Gratitude*, 261.
"他从没听过一句": Lessing, *Walking in the Shade*, 247.
"我理解你为什么": Lessing, *Under My Skin*, 402.
"紧张到无法忍受": Klein, *Doris Lessing*, 75-76, summarizing a letter from Lessing to her friend and editor Robert Gottlieb.
"她是否知道自己": Diski, *In Gratitude*, 198.
"一个到她家来采访": Lessing, interview with Bibeb (pseud. Elisabeth Maria Lampe-Soutberg), Dutch journalist, *Vrij Nederland*, November 18, 1978, in Bibeb met...: *Interviews* (Amsterdam: Van Gennep, 1980).
"拖着步子……那俩人": Peter Stanford, "Doris Lessing: A Mother Much Misunderstood," *Telegraph*, November 22, 2013.
"六十多年来": Drabble, *The Pure Gold Baby* (Edinburgh, UK: Canongate, 2013), 161.
"从正午开始直到": Lessing, *Under My Skin*, 410.

不适区:不可得的缪斯

本章的写作离不开罗斯玛丽・苏利文(Rosemary Sullivan)为斯玛特写的传记《记忆》(*By Heart*),克里斯托弗・巴克(Christopher Barker)在《无限的臂膀》(*The Arms of the Infinite*)中对其父母婚姻和自己童年的描述,以及金・爱林的杰作《伊丽莎白・斯玛特:女性和创造力的赋格曲》(*Elizabeth Smart: A Fugue Essay on Women and Creativity*)。本章的写作还要感谢乔治娜・巴克斯顿(Georgina Buxton)的来信和观点。

"我必须嫁给": quoted in Barker, *The Arms of the Infinite*.
"我怎么可能": quoted in Echlin, *Elizabeth Smart*, 28.
"蒙蔽了": Smart, *Autobiographies*, 157.

"一个人在林子里": Ibid., 143.
"为听到自己": quoted in Echlin, *Elizabeth Smart*, 77.
"我说我要成为": Ibid., 23.
"不得不摒弃": Echlin, *Elizabeth Smart*, 210.
"突然之间": Smart, *By Grand Central Station I Sat Down and Wept*, 44.
"你觉得是": Ibid., 78.
"就像无尽海洋": Ibid., 188.
"痛苦，痛苦将把": Ibid., 114.
"去面对毅然": Smart, *Autobiographies*, 170.
"在他想要": Smart, journal, June 2-July 4, 1944, in Davey, *Mother Reader*, 13.
"怕他惹恼了……无助": Smart to Didy Asquith, in Echlin, *Elizabeth Smart*, 104.
"空虚是母体": Rich, "Women and Honor: Some Notes on Lying" (1975), in *On Lies, Secrets, and Silence*, 191.
"孩子似乎带给": Barker, *The Dead Seagull* (London: MacGibbon & Kee, 1950), 33.
"我在单向的真爱": Smart to Barker, September 27, 1946, https://lettersofnote.com/2015/10/20/i-see-no-beauty-in-lopsided-true-love/.
"大天使……太奇妙了": Smart to Didy Asquith, in Echlin, *Elizabeth Smart*, 136.
"将反叛凝铸在": Anne Quéma, review of Echlin, *Elizabeth Smart*. *University of Toronto Quarterly* 76, no. 1 (Winter 2007): 579.
"超棒药丸": Sullivan, *By Heart*, 290.
"去给予，去同情": Smart, *The Assumption of the Rogues & Rascals*, 76.
"享受爱情": Smart, *Autobiographies*, 148.
"我们根本就": Fay Weldon, *Mantrapped* (New York: Grove Press, 2004), 30.
"女人在说话": Queen, February 24, 1965, in Sullivan, *By Heart*, 294.
"站不住脚的": Smart, *The Assumption of the Rogues & Rascals*, 77.
"她不敢进入": Echlin, *Elizabeth Smart*, 210.
"自我造成……之类的": Sage, "Death of the Author," 247.

"诗歌即家务"：书本 VS 婴儿

把（"母亲"和"知识分子"）: Gail Weiss, "Mothers/Intellectuals: Alterities of a Dual Identity," in *Refiguring the Ordinary* (Bloomington: Indiana University Press, 2008), 189.
"你应当在": Sage, *Bad Blood*, 232.
"女性最高贵": Gerald Massey, quoted in Elaine Showalter, *A Literature of Their Own: British Women Novelists from Brontë to Lessing* (Princeton, NJ: Princeton University Press, 1977), 76. 王尔德（Oscar Wilde）《不可儿戏》(*The Importance of Being Earnest*) 中的女小说家普礼慎小姐（Miss Prism）就体现了男性关于这一问题的滑稽看法。她无意中把婴儿换成了她三卷本小说的手稿，从而导致了剧中身份的混淆。对她而言，孩子并不是她的，她也并不为没了孩子感到后悔。

"弗洛伊德倾向于"：Philip Rieff, *Freud: The Mind of the Moralist* (New York: Anchor, 1961), 191-92.
"我希望"：Sontag, *Reborn*, 306, 9/15/62.
"20 世纪 50 年代"：Byatt, "Soul Searching," *Guardian*, February 14, 2004.
"不管是在"：Showalter, *A Jury of Her Peers*, 392.
"我在二十来岁时"："An Interview with Adrienne Rich" (1971), in *Poetry* (New York: W. W. Norton, 1973.
"如果你是个女作家"：Janet Sternburg, *The Writer on Her Work* (London: Virago, 1992), 152.
"黑人女性似乎"：Showalter, *A Jury of Her Peers*, 449.
"（在）黑人美学"：interview with Margaret Kaminski (1975), in Hall, *Conversations with Audre Lorde*, 3.
"人们所说的……家务"：Alexis De Veaux, "Creating Soul Food: June Jordan," *Essence*, April 1981, 82.
"我不可能让我"：Collins, *Notes from a Black Woman's Diary*, 69.
"我生活的全部"：Boris Kachka, "Who Is the Author of Toni Morrison?," *New York*, April 27, 2012.
"同样热切……发疯"：Fay Weldon, *Mantrapped* (New York: Grove Press, 2004), 123-24.
"被她们体内"：Walker, "In Search of Our Mothers' Gardens," in *In Search of Our Mothers' Gardens*, 233.
"写作依赖于"：Abel, "The Baby, the Book, and the Bathwater," *Paris Review* (blog), January 31, 2018.
"每个人都"：Sarah Manguso, "Writing Postpartum: A Conversation between Kate Zambreno and Sarah Manguso," *Paris Review* (blog), April 24, 2019.
"有一天"：Erdrich, *The Blue Jay's Dance*, 148.
"想象母亲身份"：Smiley, "Can Mothers Think?" in *The True Subject: Writers on Life and Craft,* ed. Jane Smiley and Kurt Brown (Minneapolis, MN: Graywolf, 1993).
"艺术应该是"：Nicole Rudick, "Talking to Justine Kurland," *Vice*, July 21, 2010. Kurland is a photographer whose series *Of Woman Born* portrays nude women and children in majestic landscapes.
"'为人母'是一件"：Gumbs, "m/other ourselves," in Gumbs et al., *Revolutionary Mothering*, 23.
"我记得我肚子里"：Isaac Chotiner, "Zadie Smith on Male Critics, Appropriation, and What Interests Her Novelistically about Trump," *Slate*, November 16, 2016.
"所有的社会历史学家"：Emma Brockes, "Interview: Margaret Atwood," *Guardian*, August 24, 2013.
"他告诉我"：Di Prima, *Recollections of My Life As a Woman*, 164.
"（生儿育女）"：Le Guin, interview with JP, October 2011.

幸福的家庭：厄休拉·勒古恩

本章的写作部分基于我对厄休拉·勒古恩的采访。从 2007 年到 2017 年，在她邀请我为她写作传记之后的十年间，我们不断通信、通电话或见面交谈。除非另有说明，本章所有引文都来自我们的采访和通信。我还要对琳达·隆恩（Linda Long）深表谢意，感谢她为俄勒冈大学勒古恩手稿收藏做出的长期贡献。

"艺术包括两件事"：Patricia Hills, *Alice Neel*, 183.

"创造性的灵光一现"：Le Guin, "The Art of Fiction No. 221," interview by John Wray, *Paris Review*, no. 206 (Fall 2013), 72.
"最为孤寂"：Le Guin, "My Island" (1996), in *The Wave in the Mind*, 24.
"亲爱的……空间"：Le Guin, "Life in the Wider Household of Being," interview by Erika Milo, West by Northwest, November 21, 2003 (site discontinued).
"我们是一个"：Le Guin, "Indian Uncles" (2001), in *The Wave in the Mind*, 17.
"被流放到"：Le Guin, "My Libraries" (1997), in *The Wave in the Mind*, 21.
"有点吓人"：Jean Taylor Kroeber, interview with JP, November, 2010.
"我们在那里"：Michael Cunningham, "Ursula K. Le Guin Talks to Michael Cunningham about Genres, Gender, and Broadening Fiction," *Electric Literature*, August 7, 2014.
"从没看到"：Rich, "Taking Women Students Seriously" (1978), in *On Lies, Secrets, and Silence*, 238.
"在晚上10点半到11点间"：Le Guin to Virginia Kidd, August 9, 1976. (Courtesy of the Virginia Kidd Agency.)
"牺牲你的学业"：Le Guin, "The Princess" (1982), in *Dancing at the Edge of the World*, 76.
"打开的门"：Le Guin, journal, March 22, 1957. (Courtesy of the Le Guin estate.)
"狭隘又冷漠"：Le Guin, introduction to *The Unreal and the Real: Selected Stories* (Easthampton, MA: Small Beer Press, 2012), 1: iii.
"非常傲慢"：Charles A. Le Guin to his parents, October 24, 1953, University of Oregon (UO), with the permission of Charles Le Guin.
"让我想象"：Ursula Kroeber to Charles Le Guin, November 17, 1953, UO.
"大笑且往下掉"：Kroeber to Le Guin, November 11, 1953, UO.
"在我们家庭中"：Rich, *Of Woman Born*, 7.
"如果没有他……感觉"：Le Guin to James Tiptree Jr., February 25, 1975, UO.
"优美的散文风格"：Anne N. Barrett to Le Guin, October 17, 1958, UO.
"不被社会接受"：Le Guin, interview with Laurie Watson McGillivray, *Front Lines*, newsletter of Food Front Cooperative Grocery, Portland, OR, vol. 5, no. 1 (January/February 1994): 1. (Courtesy of Tony Wolk.)
"写作的乐趣"：Le Guin, "The Fisherwoman's Daughter," in *Dancing at the Edge of the World*, 233.
"为什么我想要的"：Le Guin, journal, undated entry. (Courtesy of the Le Guin estate.)
"卡洛琳（十七岁）"：Le Guin to Tiptree, January 2, 1977, UO.
"在我可怜的家人们"：Le Guin to Tiptree, November 30, 1974, UO.
"我的意识"：Le Guin to Virginia Kidd, May 24, 1971. (Courtesy of the Virginia Kidd Agency.)
"我行走在"：Le Guin to Kidd, April 28, 1972.
"七零八碎"：Le Guin to Eleanor Cameron, May 14, 1971, UO.
"唉，烦人！"：Le Guin to Cameron, March 17, 1971, UO.
"一些男性作家"：Le Guin, interview with Hélène Escudié, 2002, in *Conversations with Ursula K. Le Guin*, ed. Carl Freedman (Jackson: University Press of Mississippi, 2008), 161.
"暂时再见"：Le Guin to Tiptree, May 8, 1974, UO.
"我所有的孩子"：Le Guin to Kidd, May 21, 1974.

"既然我现在": Le Guin to Cameron, January 18, 1971, UO.
"像牛吃草一样……兴趣": Le Guin, "Fisherwoman's Daughter," 226.
"就好像她骑在": Harlan Ellison, interview with JP, August 2006.
从她自己的经验: 20 世纪 80 年代, 在勒古恩试图写一本自传时, 她写了五页就放弃了。她很沮丧, 觉得自己没有掌握好语气。她觉得自己在"让事情有一个好的收尾, 给事情好的解释, 但它们应该是真实的、暧昧的、互相呼应的"。(Courtesy of the Le Guin estate)
"怀孕是野蛮的": Shulamith Firestone, *The Dialectic of Sex* (New York: Bantam, 1971), 198. 在她2019 年出版的《现在完全代孕》(*Full Surrogacy Now*) 一书中, 苏菲·路易斯 (Sophie Lewis) 重新提出了共同抚养孩子的责任, 包括认识到妊娠是一项可自由从事的工作, 且应得到公平的补偿。在一些科幻小说中的社会里, 勒古恩尝试描写了共同抚养孩子的情节, 但并不深入, 而且她通常都从更喜欢家庭生活的人物角色的角度出发来描述。
"父权制下的母亲": DuPlessis, "Washing Blood," *Toward a Feminist Theory of Motherhood: Feminist Studies* 4, no. 2 (June 1978): 8.
"一个没有孩子……错误的": Le Guin, "Fisherwoman's Daughter," 226-27.
"无脑奴役的范式": Le Guin, "December 5, 1992," in *Khatru 3 & 4, Symposium: Women in Science Fiction*, ed. Jeffrey D. Smith, Baltimore, November 1975. Reprinted, with additional material edited by Jeanne Gomoll, SF3, 1993, 116.
"毫无疑问": Le Guin to Kidd, January 30, 1977. (Courtesy of the Virginia Kidd Agency.)
"在你自己的国家": Le Guin, "Earthsea Revisioned" (1992), in *The Books of Earthsea: The Complete Illustrated Edition* (New York: Saga Press, 2018), 983-84.
"我想, 如果我没有": *Worlds of Ursula K. Le Guin*, directed by Arwen Curry, 2018.
"暗苦之地": Le Guin, "December 5, 1992," 115.
"英雄和战士": Le Guin, "Fisherwoman's Daughter," 229.
"从外部和底层……人民": Le Guin, afterword (2012) to Tehanu, in *The Books of Earthsea: The Complete Illustrated Edition* (New York: Saga Press, 2018), 549.
"我们生活在资本主义之中": Le Guin, "Freedom" (2014), in *Words Are My Matter* (Easthampton, MA: Small Beer Press, 2016), 114.
"全然不同": Le Guin, introduction to *The Hainish Novels and Stories* (New York: Library of America, 2017), 2: xiv.
"为了孩子的健康": Le Guin, "Fisherwoman's Daughter," 226.
"她, 也只有她": Ibid., 236.

不适区: 幽灵

本章关于格温德琳·布鲁克斯的生活细节来自安吉拉·杰克逊 (Angela Jackson) 的《新黑太阳下的惊奇女王》(*A Surprised Queenhood in the New Black Sun*), 以及布鲁克斯的回忆录《第一阶段报告》(*Report from Part One*)。伊莱恩·肖瓦尔特的《同代人评议》(*A Jury of Her Peers*) 对我思考 20 世纪 50 年代美国的创造性生活很有帮助。玛丽·海伦·华盛顿在《创造出的生命: 1860 至 1960 年间的黑人女性叙述》(*Invented Lives: Narratives of Black Women 1860-1960*) 对我理解布鲁克斯的《莫德·玛莎》很有帮助。雪莉·杰克逊有两位优秀的传记作者，分别是朱迪·奥本海默（Judy Oppenheimer）和鲁斯·弗兰克林（Ruth Franklin）。

"面对（母爱）"：Erdrich, *The Blue Jay's Dance*, 4.
"我在那里"：quoted in Deborah Wye, *Louise Bourgeois: An Unfolding Portrait* (New York Museum of Modern Art, 2017), 15.
"失去了平衡"：Robert Storr, *Intimate Geometries: The Art and Life of Louise Bourgeois* (New York: Monacelli Press, 2016), 284.
"家庭主妇……脖子"：Ibid., 294.
"我感觉艺术圈"：Munro, *Originals*, 156.
"成为别人"：Ruth Franklin, *Shirley Jackson: A Rather Haunted Life* (New York: Liveright, 2016), 63.
"压路机"：Judy Oppenheimer, *Private Demons: The Life of Shirley Jackson* (New York: Fawcett Columbine, 1989), 106.
"作家"：Jackson, *Life among the Savages* (New York: Penguin, 2015; first published 1953), 65-66.
"灰头土脸"：Brooks, "kitchenette building" (1954), in *Essential Gwendolyn Brooks*, 1.
"一个木制结构"：Don L. Lee/Haki Madhubuti, quoted in Jackson, *A Surprised Queenhood*, 99.
"《婚后性事》"：Brooks, *Maud Martha*, 68.
"听到部分的"：Ibid., 99.
"从钱包里抽出……缺憾"：Ibid., 175-76.
"一个勇敢的黑人……说话"：Washington, *Invented Lives: Narratives of Black Women 1860–1960*, 387.
非裔美国母亲作家们：在她 2019 年的文章《黑人母性美学》（"Black Maternal Aesthetics"）中，詹妮弗·C. 纳什写道，诗人克劳迪娅·兰金（Claudia Rankine）和艾米莉·伯纳德（Emily Bernard）笔下的"黑人母性是幽灵，死亡构成了不可见但始终都能感觉到的日常背景"。纳什希望黑人的母性不仅仅是"一种隐喻黑人死亡的墓地，一种黑人死亡的原始文本"。她研究塞雷娜·威廉姆斯（Serena Williams）和碧昂斯·诺尔斯（Beyoncé Knowles）美学化了的孕期照片，探究并寻找一种视角，这种视角"强调丰富性、可见性，甚至是黑人母性伦理的精神性"。
"婚姻是一种"：Jackson, *Surprised Queenhood*, 142.
"文字可以创造"：Washington, *Invented Lives*, 433.
"只要你定期"：Oppenheimer, *Private Demons*, 211.
"我不要妈妈"：Ibid., 240.
"我是失败的"：Wye, *Louise Bourgeois*, 18.
"如果我再遭"：Bourgeois, journal, ca. 1960, quoted in *Louise Bourgeois*, ed. Frances Morris (New York: Rizzoli, 2008), 20.
"一次又一次"：Mary Gabriel, *Ninth Street Women* (Boston: Little, Brown, 2018), 524.
"在餐桌上"：quoted in Morris, *Louise Bourgeois*, 102.

不适区：大器晚成

本章内容参考了赫尔迈厄尼·李的《佩内洛普·菲茨杰拉德的一生》（*Penelope Fitzgerald: A Life*）。

"别管它……折磨":Fitzgerald, *The Bookshop* (London: Fourth Estate, 2014; first published 1978), 81.
"男人和女人":Ibid., 134.
"德斯蒙德始终":Lee, *Penelope Fitzgerald*, 234.
"我曾尝试":Ibid., 187.
"只对自己":Terence Dooley, in *So I Have Thought of You: The Letters of Penelope Fitzgerald*, ed. Dooley (London: Fourth Estate, 2008), Scribd.
"天才都不":Lee, *Penelope Fitzgerald*, 190.
"帮助他人":Fitzgerald, *Human Voices* (London: Fourth Estate, 2014; first published 1980), 149.
"在他生病期间":Lee, *Penelope Fitzgerald*, 231.
"老了的佩内洛普":Ibid., 319.

母亲、诗人、战士:奥德雷·洛德

我很荣幸能在写作本章时参考亚历克西斯·德·沃克斯为洛德写的传记《战士诗人》(*Warrior Poet*),以及阿丽克西斯·波林·甘布斯的博士论文《我们可以学着成为自己的母亲:1968至1996年黑人女同性恋的酷儿式生存》(*We Can Learn to Mother Ourselves: The Queer Survival of Black Feminism 1968-1996*),一部具有学术和批判想象力的优秀作品。《非法婚姻》(*Outlaw Marriages*)中罗杰·斯特雷特马特(Rodger Streitmatter)讨论洛德与克莱顿的文章,以及克莱尔·科斯(Clare Coss)的文章《弗朗西斯·克莱顿:纪念我们的朋友和天选之家》(*Frances Clayton: Remembering Our Friend and Chosen Family*)让我深入了解了弗朗西斯·克莱顿的观点。非常感谢斯贝尔曼学院档案馆的档案员霍利·史密斯(Holly Smith)和卡桑德拉·瓦尔(Kassandra Ware),他们帮助我和我的丈夫杨在奥德雷·洛德档案中找到了线索。

"母亲是":Gumbs, "Forget Hallmark," *Aster (ix)*, May 10, 2015.
"白人父亲":Lorde, "Poetry Is Not a Luxury" (1977), in *Sister Outsider*, 38.
"感受体内的胎儿":Lorde, "Now That I Am Forever With Child" (1976), in *Collected Poems*, 173.
"受困于":Lorde, essay draft, journal 1969–70, Audre Lorde Papers, Spelman College Archives.
"我身体里的某些东西":Lorde, "To Marie, in Flight," in *The Collected Poems of Audre Lorde*, 14.
"风风火火":Lorde-Rollins, interview with Aishah Shahidah Simmons, *Feminist Wire*, February 25, 2014.
"一个漫长":Lorde, "Turning the Beat Around: Lesbian Parenting 1986," in *I Am Your Sister*, 77.
"同性恋意味着":Gumbs, "*We Can Learn to Mother Ourselves*," 75-76.
"作为身处跨种族婚姻":Lorde, "Learning from the 60s" (1982), in *Sister Outsider*, 137.
"在春日将至":Lorde, "Now That I Am Forever With Child" (1976), in *Collected Poems*, 173.
"令人神魂颠倒":De Veaux, *Warrior Poet*, 62, quoting Blanche Wiesen Cook.
"没有同类":Lorde, *Zami*, 223.
"我就背……的话":"An Interview: Audre Lorde and Adrienne Rich" (1979), in Lorde, *Sister Outsider*, 82.
移民表格:Lorde, petition for naturalization, July 16, 1926. "New York, U. S., Naturalization Records, 1882–1944," Ancestry. com.

"秘密诗歌": Lorde, *Zami*, 32.

"你是洛德家": "Audre Lorde and Adrienne Rich," 91.

"AUDRELORDE": Lorde, *Zami*, 24.

"野姑娘……闯祸": Phyllis Lorde Blackwell, interview with Sue Edwards, "Bremerton Woman Recounts Growing Up in Civil Rights Era," *Kitsap Sun* (Bremerton, WA), July 6, 2003.

你最爱的人：帕特里夏·希尔·柯林斯写道："黑人女儿是由在敌对环境中挣扎的母亲们抚养长大的。她们必须面对自己对差异的感受，一种是流行文化中理想化的母爱，一种是对于她们的人生而言非常重要的严格、自信的母亲。" Collins, "The Meaning of Motherhood in Black Culture and Mother-Daughter Relationships," in Bell-Scott, *Double Stitch: Black Women Write about Mothers & Daughters*, 55.

"好像她的": Lorde, *Zami*, 101.

"她不得不": Ibid., 58. 画家费斯·林格尔德 1929 年出生于哈莱姆，回忆说自己童年时期居住在一个种族混居的社区，"偏见无处不在，永久地限制着黑人的生活……时不时地会传来孩子们大声讲出来的话：'你并不比我好'，但在 30 年代，这些很难被表现出来"。Ringgold, *We Flew over the Bridge*, 23.

"你不需要": Ibid., 61.

"我一直都": Lorde to Bernice (possibly Goodman, her therapist and friend in the 1970s), dated "6/27." Box 15 f01, Lorde Papers.

"如果我不为": Lorde, "Learning from the 60s" (1982), in *Sister Outsider*, 137.

"写晦涩的": Lorde, *Zami*, 82.

"很凶": Di Prima, *Recollections of My Life as a Woman*, 73.

"循序渐进……层次": "Audre Lorde and Adrienne Rich," 83-84.

作为科幻小说的读者：1953 年 1 月，《十七》杂志在书评专栏发表了十八岁的奥德雷的文章。她形容自己是个科幻小说的"瘾君子"，并推荐了雷·布雷德伯里（Ray Bradbury）和 L. 斯普拉格·德·坎普（L. Sprague de Camp）等人的作品。The unpublished story "The Revolt of the Light Year" is in the Lorde Papers, Box 26 f l13.

"我如此爱她": Lorde, journal, March 17, 1951, Lorde Papers.

"一个战争期……爱情": Lorde, interview with Nina Winter (1976), in Hall, *Conversations with Audre Lorde*, 12-13.

"误解……一方": Lorde, journal, September 9, 1951, Lorde Papers.

"她还怀孕了，大概率就是格里的孩子": De Veaux, *Warrior Poet*, 37.

"知道我不能": Lorde, *Zami*, 108.

"梦见自己": De Veaux, *Warrior Poet*, 38.

"这种感觉": Lorde, *Zami*, 111.

"同性恋": Lorde to Bernice, "6/27," Box 15 f01, Lorde Papers.

"非常漂亮": Lorde, *Zami*, 136.

"就像是回归": Ibid., 139.

"如何保有": Ibid., 209.

"我们在一起": Lorde, interview with Blanche Wiesen Cook, "Women and the World in the 1980s:

August 20, 1982, Audre Lorde," Pacifica Radio, https: //www. youtube. com/ watch?v=R4rDL-xZ8N0.

"爱到海枯石烂"：Lorde, *Zami*, 201. In her memoir Lorde called Marion "Muriel."

"我们俩都"：Ibid., 209-10.

"我感觉像是"：Lorde, journal, January 21, 1958, Lorde Papers.

"安全地游戏"：Lorde, journal, Lorde Papers.

"经常会爱上"：De Veaux, *Warrior Poet*, 68.

"坚强的唯一方法"：Lorde to Bernice, "6/27," Box 15 f01, Lorde Papers.

"有疑问时"：Lorde, "Deotha," in *"I Teach Myself in Outline": Notes, Journals, Syllabi, and an Excerpt from* Deotha.

已婚女性……一位男性：De Veaux, *Warrior Poet*, 67-69.

"轻浮""不真诚"：undated letter from "M.," Box 6 f146, Lorde Papers.

"我们都在庆祝"：Cook, interview with JP, August 2020.

"最边缘……舒心"：Lorde, *Zami*, 15.

"由于天气……闪闪发光"：Lorde, essay draft, journal 1969-70, Lorde Papers.

"诗意的兴奋"：De Veaux, *Warrior Poet*, 81.

"与一个诗人"：Lorde, "My Words Will Be There" (1984), in *I Am Your Sister*, 160-61.

当她们的收养行为：Gumbs, "mother ourselves: a Black queer feminist genealogy for radical mothering," in Gumbs et al., *Revolutionary Mothering*, 27.

"我知道……能量"：Lorde, interview with Nina Winter, in Hall, *Conversations with Audre Lorde*, 12.

"痛苦和愤怒"："Audre Lorde and Adrienne Rich," 90.

"为什么"：Lorde, essay draft, Box 17 f80, Lorde Papers.

"完全沉浸"：Lorde, "Deotha."

"我认为"：Lorde, interview with Karla Jay (1983), in Hall, *Conversations with Audre Lorde*, 112.

害羞和"不善言辞"：Lorde, interview with Blanche Wiesen Cook, August 20, 1982.

"想到有人"："Audre Lorde and Adrienne Rich," 89.

南卡州立大学：在 1970 年 5 月的日记中，奥德雷批评人们的选择性愤怒，即抗议发生在肯特州立大学的屠杀，却不抗议发生在奥兰治堡的屠杀。

"每晚离开家"："Audre Lorde and Adrienne Rich," 90.

"审视与尝试"：Ibid.

"写诗与成为……自己"：Lorde, interview with Blanche Wiesen Cook, August 20, 1982.

"食物、笑话"：Rich to Lorde, November 22, 1979, Box 4 f106, Lorde Papers. Quoted with permission.

"你不该"：Coss, "Frances Clayton: Remembering Our Friend and Chosen Family," 190.

"生命如梭"：Lorde, "My Words Will Be There," in *I Am Your Sister*, 161.

"她重整旗鼓"：Cook, personal communication.

"我生命中"：Lorde, "Turning the Beat Around," 76.

"每天都会"：Ibid.

"没有什么"：Cook, interview with JP.

"你以为"：Lorde, "Turning the Beat Around," 78.

"伪君子"：Elizabeth Lorde-Rollins, "Meeting Audre Lorde," *Advocate*, February 25, 2016.

"一起抚养"：Lorde, "Turning the Beat Around," 76.
"如果我记得"：Lorde, journal, September 20, 1973, Lorde Papers.
"当我遇到"：Lorde-Rollins, "Meeting Audre Lorde."
"我认为"：Lorde-Rollins, interview with Aishah Shahidah Simmons, *Feminist Wire*, February 25, 2014.
"人生的快乐"：Streitmatter, *Outlaw Marriages*, 167.
"非常生气"：Lorde-Rollins, interview with JP, November 2017.
"她紧紧地"：Lorde-Rollins, "Meeting Audre Lorde."
"怪物……重要的"：Rich, *Of Woman Born*, 2.
"美国的……秘密"：Lorde, "Eye to Eye: Black Women, Hatred, and Anger" (1983), in *Sister Outsider*, 145.
"我需要学习"：Lorde, "Turning the Beat Around," 76.
"在行凶作恶"：Lorde, "A Woman/Dirge for Wasted Children" (1976), in *Collected Poems*, 285.
主人的工具：Lorde, "The Master's Tools Will Never Dismantle the Master's House" (1979), in *Sister Outsider*, 111. 具体来说，奥德雷受邀参加一场女权主义学术会议的"多样性小组"，她是仅有的两名提交论文的黑人妇女之一。她提醒在场的人，这是一种压迫性的境况。
"热情……时间"：Gloria Wekker, *White Innocence: Paradoxes of Colonialism and Race* (Durham, NC: Duke University Press, 2016), 112.
"后来，当我们"：Jackie Kay, "Audre Lorde Was a Poetic Innovator—and Great Fun," *Guardian*, October 13, 2008.
"多重……选择"：Jackie Kay, "Landmark: Audre Lorde," interview with Shahidha Bari, *Free Thinking*, BBC Radio 3, April 30, 2019, https: //www. bbc. co. uk/sounds/play/m0004my0.
"被她身为女性"：Pratibha Parmar, "Personal Is Political: Audre Lorde: Sister Insider," *Feminist Wire*, February 18, 2014.
"你有我"：Thompson to Lorde, January 17, 1978, Box 7. 1 f175, Lorde Papers. Quoted with permission.
"没吃过？"Kay, "Feminist, Lesbian, Warrior, Poet," *New Statesman*, September 30, 2017.
"每个女人"：Lorde, *The Cancer Journals: Special Edition* (San Francisco: Aunt Lute, 1997), 7.
"就像永远"：Lorde, "Nov 19, 1979," *Cancer Journals*, 11.
"你去旧金山"：Lorde-Rollins, "Meeting Audre Lorde."
"融合了"：Ibid.
"诗歌是"：Ibid.
"为什么"：Lorde-Rollins, interview with Simmons, 2014.
"人才做"：Lorde-Rollins, interview with JP, quoting Edward Bulwer-Lytton.
"我开始觉得……做的吗"：Lorde, "The Transformation of Silence into Language and Action" (1977), in *Sister Outsider*, 41-43.
"因此，讲出来"：Lorde, *Collected Poems*, 256.
"生存隐含了"：Lorde, interview with Blanche Wiesen Cook, 1982.

不适区：心有旁骛

本章的写作参考了桑塔格的两部日记，《重生》(*Reborn*) 和《心为身役》(*As Consciousness Is*

Harnessed to Flesh》，当然还包括本杰明·莫泽的《桑塔格传：人生与作品》（Sontag: Her Life and Work）。

"女作家面临的"：Carter, "The Life of Katherine Mansfield," in Shaking a Leg, 505.
"（成年人）一定程度上"：Jordan, "The Creative Spirit: Children's Literature," in Gumbs et al., Revolutionary Mothering.
"到了一个时间"：Jonathan Cott, Susan Sontag: The Complete Rolling Stone Interview (New Haven, CT: Yale University Press, 2013), 109.
"我会出名"：Sontag, As Consciousness Is Harnessed to Flesh, 114, 9/6/65.
"我现在感觉我有"：Sontag, Reborn, 11, 12/25/48.
"工作却是你"：Radclyffe Hall, The Well of Loneliness (London: Virago, 1983; first published 1928), 343.
"我想写作的欲望"：Sontag, Reborn, 221, 12/24/59.
"因为这之前"：Joan Acocella, "The Hunger Artist" (2000), in Twenty-Eight Artists and Two Saints (New York: Pantheon, 2007), 450.
"带着对自我毁灭"：Sontag, Reborn, 62, 1/3/51.
意外怀孕：在十多岁时候的一则日记中，桑塔格指责她的母亲米尔德丽德讨厌性事，并补充说："你的恐惧既丑陋又肮脏——你和关于你母亲躺在桌子上、扣上避孕带的记忆——你的母亲死在一张干净的病床上——在你的心里，死于纵欲。"（Moser, Sontag, 75）家族的说法是，米尔德丽德的母亲萨拉·雅各布森（Sarah Jacobson）死于食物中毒。但她的死亡报告写的是另外一种含糊其辞的原因："可能是术后粘连造成的肠梗阻。"报告中还提到了输血，但太晚了。桑塔格的外婆死于不安全的堕胎，这似乎也并非没有可能。
"我会有个"：Sontag, Consciousness, 286, 8/10/67.
"这是戴维"：Acocella, "The Hunger Artist," 450.
"我从未想过"：Sontag, Consciousness, 25, 5/5/64.
"她生活中"：Moser, Sontag, 146.
"觉得自己"：Ibid., 116.
"我几乎从来"：Sontag, Reborn, 179, 1/6/58.
"给戴维写了封信"：Ibid., 152, 9/17/57.
"我穿着某种"：Ibid., 74, 1/21/53.
"我宁愿……朋友"：Nunez, Sempre Susan, 98-99.
"以前我和 P"：Sontag, Reborn, 243, 2/19/60.
"我要是拿到"：Ibid., 128, 1/15/57.
"烦人的二元论"：Nelson, Argonauts, 94, quoting Susan Fraiman, Cool Men and the Second Sex (New York: Columbia University Press, 2003).
"以我当时的"：Carl Rollyson and Lisa Paddock, Susan Sontag: The Making of an Icon (New York: W. W. Norton, 2000), 44.
"我不觉得"：Sontag, "The Letter Scene," New Yorker, August 18, 1986.
"事物必须是"：Sontag, Reborn, 175, 1/4/58.

"我觉得这就是"：Ibid., 300, 3/3/62.
"可以说"：Ibid., 183, 1/12/58.
"就像烟雾一样……序幕"：quoted in David Rieff, *Swimming in a Sea of Death* (New York: Simon & Schuster, 2008), 142.
"吃饭，在家"：Sontag, *Reborn*, 217, 9/59.
"小男孩"：Sontag, *In America* (New York: Farrar Straus and Giroux, 2000), 24-25.
"对人类的满足"：Sontag, *Consciousness*, 21.
"我的力量"：Ibid., 227, 8/10/67.
"我什么时候"：Ibid., 214-15, 8/9/67.
"安全、庇护"：Ibid., 276, 2/17/70.
"一个我能够"：Ibid., 297-98, 4/26/70.
"充满着暴怒"：Nunez, *Sempre Susan*, 117.
"生气比伤害"：Lorde, "Eye to Eye: Black Women, Hatred, and Anger" (1983), in *Sister Outsider*, 153.
"你为什么……哭了起来"：Nunez, *Sempre Susan*, 115-16.
"做爱"：Hilary Holladay, *The Power of Adrienne Rich* (New York: Nan A. Talese, 2020), 269.
"如果我能够"：Le Guin, *Steering the Craft* (Portland, OR: Eighth Mountain Press, 1998), 149.
"说我写了"：Sontag, "Singleness" (1995), in *Where the Stress Falls* (London: Jonathan Cape, 2002), 259.
"她的第一个……被人爱"：Moser, *Sontag*, 479-80.
"她滔滔不绝"：Van Gelder, personal communication, June 2020.
"哪一个是"：Moser, *Sontag*, 651.
"人性"：quoted in Jeanette Winterson, "Patricia Highsmith, Hiding in Plain Sight," *New York Times*, December 20, 2009.
"我想"：Lorde, "The Transformation of Silence into Language and Action," in *Sister Outsider*, 42.

自由：艾丽丝·沃克

本章的写作离不开伊芙琳·C. 怀特杰出的传记作品《艾丽丝·沃克》。

"我一直在寻找"：Lorde, journal, November 7, 1972, in De Veaux, *Warrior Poet*, 127.
"这是怎样的"：Rich, "Motherhood: The Contemporary Emergency and the Quantum Leap" (1978), in *On Lies, Secrets, and Silence*, 263.
"当一个人所代表的"：Dr. Carol Cooper, personal communication.
"我发现突然"：Walker, interview with Justine Toms and Michael Toms, 1996, in *The World Has Changed*, ed. Rudolph P. Byrd, 167.
"无不像是"：Walker, "A Writer Because of, Not in Spite of, Her Children" (1976), in *In Search of Our Mothers' Gardens*, 66.
"她不是走进"：Alexis De Veaux, "Alice Walker," *Essence*, September 1989, 57.
"石头都会"：White, *Alice Walker*, 40.

"宇宙间生来"：Ibid., 319.
"不敢抱怨"：Walker, *The Way Forward Is with a Broken Heart*, 28.
"你只需要"：Walker, interview with Margo Jefferson (2005), in Walker, *The World Has Changed*, 240.
"我曾经觉得"：De Veaux, "Alice Walker," 58.
"很少看到"：Walker, "Looking to the Side, and Back" (1979), in *In Search*, 314.
"她……像母亲般"："Beauty" (1983), in *In Search*, 392-393.
与此相应的："Finding Aid for University of Georgia Integration Materials 1938–1965," Hargrett Rare Book & Manuscript Library, University of Georgia Libraries, www. libs. uga. edu/hargrett/archives/integration/integration1. html. 1962 年 9 月，在詹姆斯·梅雷迪思（James Meredith）努力融入密西西比大学时，三千名白人学生和其他人发生了暴乱，两人死亡，分别是一名法国记者和一名白人旁观者。
"无害年轻……惹是生非"：Edelman, "Who Mentored Marian Wright Edelman," in *The Person Who Changed My Life: Prominent Americans Recall Their Mentors*, ed. Matilda Raffa Cuomo (Secaucus, NJ: Carol, 1999), https: //sites. sph. harvard. edu/wmy/marian-wright-edelman/.
"或许，这也是"：Walker, "Saying Goodbye to My Friend Howard Zinn," *Boston Globe*, January 31, 2010.
"对想象力的限制"：Walker, "What Nurtured My Outrage, Really?" in *Howard Zinn's Southern Diary: Sit-ins, Civil Rights, and Black Women's Student Activism*, ed. Robert Cohen (Athens: University of Georgia Press, 2018).
"等我'振作起来'"：White, *Alice Walker*, 80.
"整个镇子"：Ibid., 82.
"来去自由"：Walker, "Duties of the Black Revolutionary Artist" (1970), in *In Search*, 130.
她的大姐……结婚：White, *Alice Walker*, 114-15.
"不是我死"：Ibid., 112.
"全面标志着"：Walker, "The Abortion," in *Complete Stories* (London: Women's Press, 1994), 193.
"我就在拳打脚踢"：Walker, "The Civil Rights Movement: What Good Was It?" (1967), in *In Search*, 125.
"我第一天"：White, *Alice Walker*, 144.
"脸上洋溢着"：Walker, *Way Forward*, 16.
跨种族婚姻：几个月后，1967 年 6 月 12 日，在洛文夫妇诉弗吉尼亚州的案件中，美国最高法院废止了十六个州禁止跨种族婚姻的法律。佐治亚州的禁令于 1972 年被废止，密西西比州的禁令直至 1987 年才被废止。
梅尔的母亲：White, *Alice Walker*, 156.
"头两年"：Walker, "Recording the Seasons" (1976), in *In Search*, 224.
玛格丽特·沃克：作为备受赞誉的诗集《为了我的人民》(*For My People*, 1942) 的作者，沃克（与艾丽丝·沃克并无亲属关系）在全职教学和抚养四个孩子的同时，自己也努力写作。她的第一本书和第二本书——历史小说《大赦年》(*Jubilee*, 1966)——之间是长达二十四年的沉寂。她曾说："人们问我在有家庭，还要教书的情况下是怎么找到时间写作的。我没有时间。" Olsen, *Silences*, 209.

"我世界中": White, *Alice Walker*, 165.
"我甚至": Walker, "Coretta King: Revisited" (1971), in *in Search*, 148.
"我不写作": Walker, "*One* Child of One's Own: A Meaningful Digression within the Work (s)" (1979), in *In Search*, 369.
"我担心": Ibid., 363.
"在她还是个……破洞": White, *Alice Walker*, 172.
"最开始的晨吐": Walker, *Grange Copeland*, 101.
"她的大肚子": Ibid., 147.
"缓释他自己": Ibid., 233.
"在走廊里尖叫": Rebecca Walker, *Black, White, and Jewish: Autobiography of a Shifting Self*, 12
"冷淡且粗暴": Walker, *Way Forward*, 34.
"一个老熟人": Ibid., 34.
"怀抱着": Walker, "One Child," 369.
"我喜欢": *Alice Walker: Beauty in Truth*, directed by Pratibha Parmar, 2013.
"打倒种族主义": Walker, *Way Forward*, 28.
"被关禁闭": Ibid., 36.
"我有时候": Ibid., 28.
"忠诚于" Ibid.
"为孩子": Walker, "One Child," 362.
文章的标题: 其他作家也对沃克一个孩子的宣言进行了反击。其中，扎迪·史密斯（Zadie Smith）、简·斯迈利（Jane Smiley）、艾梅·范（Aimee Phan）和阿耶勒·瓦尔德曼（Ayelet Waldman）都认为，养育才是问题，而非生育的数量。史密斯提出，从根本上限制母性自主权的是"时间，无论你是作家、工人或护士，都是时间的问题"。Alison Flood, "Zadie Smith Criticises…Author Who Says More Than One Child Limits Career," *Guardian*, June 13, 2013.
"我一直都": Walker, "One Child," 362.
"我们是一体的": Ibid., 382.
"我从不认识": Walker, "Looking to the Side, and Back" (1979), in *In Search*, 318.
"经常感觉": Lorde, "Learning from the 60s" (1982), in *Sister Outsider*, 137.
"侮辱黑人": White, *Alice Walker*, 194.
"伤害了她": Ibid., 198.
"我留着大大的……衣服": Ibid., 200.
"一个要求": Walker, "A Talk: Convocation 1972," in *In Search*, 36.
"改变在旦夕之间": paraphrasing Mary Kay Blakely, *American Mom: Motherhood, Politics, and Humble Pie* (New York: Pocket, 1995), 6.
"被种族的桎梏": Walker, interview with Evelyn C. White, in *Way Forward*.
"我也不可能": Lessing, *Under My Skin*, 265.
"但是，我知道": White, *Alice Walker*, 218.
"她就好像": Ibid., 270.

"拒绝父权制……之名"：Rich, National Book Award Acceptance Speech, National Book Foundation, https: //www. nationalbook. org/nbaacceptspeech_arich_74. html#. WUMX09xLfIU (removed from site as of July 24, 2021).

"直到这一天"：Walker, "Audre's Voice," in Audre Lorde, *I Am Your Sister*, 238.

"我们中有多少人"：Morrison, "A Knowing So Deep" (1985), in *What Moves at the Margin*, ed. Carolyn C. Denard (Jackson: University Press of Mississippi, 2008), 31-33.

"关心自我"：Lorde, *A Burst of Light*, 130.

"粉碎她"：Walker, *Meridian*, 51.

"自古以来……视角"：Ibid., 97.

"这一母性历史"：Ibid., 91.

"连根切了"：Ibid., 115.

"她那边？"：Ibid., 139-40.

"她对自己生命"：Ibid., 200.

"坦白说，我觉得"：White, *Alice Walker*, 278.

"应该有一场"：Rebecca Walker, *Black, White, and Jewish*, 64.

"我很自豪"：White, *Alice Walker*, 296.

"更像是姐妹"：Walker, *Black, White, and Jewish*, 231.

"当她说这些话"：Ibid., 23.

"就像她们"：Parker, *Mother Love, Mother Hate: The Power of Maternal Ambivalence*, 244.

"我给自己"：De Veaux, "Alice Walker," 122.

"我们的目的"：White, *Alice Walker*, 296.

"支离破碎"：Ibid.

"挡住这个"：Mel Leventhal, in *Alice Walker: Beauty in Truth*.

"我的父母"：Walker, *Black, White, and Jewish*, 4-5.

"蕾贝卡赋予"：Walker, "Writing *The Color Purple*" (1982), in In Search, 359.

"这是我"：White, *Alice Walker*, 350.

"美貌和能力"：Walker, *The Same River Twice: Honoring the Difficult* (New York: Scribner, 1996), 156.

"在黑人群体"：De Veaux, "Alice Walker," 58.

"有人说我"：Walker, *Same River Twice*, 22.

"坚强的那个人"：Ibid., 30.

"复杂化……匮乏"：Ibid., 27.

"令人惊叹"：Le Guin, review in *San Francisco Review of Books*, quoted in White, *Alice Walker*, 447.

"有了孩子"：Rebecca Walker, *Baby Love*, 5-6.

"我笃定加入"：Walker, *Baby Love*, 94.

"我不希望"：Sharon Krum, "'Can I Survive Having a Baby? Will I Lose Myself...?'," *Guardian*, May 26, 2007.

"对女儿身份"：Walker, *Baby Love*, 6.

"将我与……现在"：Walker, "One Child," 369.

书桌上的婴儿，或一心二用

"物质关系与条件"：Lessing, *A Small Personal Voice: Essays, Reviews, Interviews* (New York: Vintage, 1975), 115.
"摧毁"：Rich, *Of Woman Born*, 286.
"我们不是"：Sage, *Bad Blood*, 264.
"陷入一种"：Ibid., 269.
"更让我坚信"：Ibid.
"生一个孩子……反击"：Ibid., 265-66.
"我真的宁愿"：Byatt, "The Art of Fiction No. 168," interview by Philip Hensher, *Paris Review*, no. 159 (Fall 2001).
"不受困于"：Marianne Brace, "That Thinking Feeling," *Guardian*, June 9, 1996.
"第一个孩子……一心二用"：Byatt, interview with JP, November 2016.
"为孩子而写"：Walker, *In Search of Our Mothers' Gardens*, 66.
"在他死后"：Byatt, "The July Ghost," in *Sugar and Other Stories* (New York: Penguin, 1988), 47.
"非常支持"：Emine Saner, "Lorna Sage, My Mum," *Guardian*, October 8, 2010.

她自己的路数：安吉拉·卡特

埃德蒙·戈登（Edmund Gordon）的传记作品《卡特制造》(*The Invention of Angela Carter*) 对本章的写作提供了无可比拟的帮助。本章所引用的安吉拉·卡特日记及通信均来自大英图书馆手稿收藏中的安吉拉·卡特文稿。

"所有年代"：Le Guin, foreword (2001) to *Tales from Earthsea. The Books of Earthsea: The Complete Illustrated Edition* (New York: Saga Press, 2018), 558.
"以（与传统相较）……路数"：Sage, "Death of the Author," 236.
"20 世纪的"：Carter, interview by Paul Bailey, *Third Ear*, BBC Radio 4, June 25, 1991, www.bbc.co.uk/archive/third-ear--angela-carter/zr4s7nb
"当一位记者……普通的名词"：Marc Chavannes, "Heimwee naar optimisme," *NRC Handelsblad* (Rotterdam), November 1, 1985.
"孩子的美"：Carter, journal, November 7, 1985, Add. MS 88899/1/98.
"蠢货……太少"："Stealing Is Bad Karma," BBC broadcast, February 13, 1970, BBC Written Archives Centre
"女售货员"：Carter to Pearce, September 23, 1980, Add. MS 88899/3/3.
"你知道的"：Carter to Pearce, n. d., September 1980, Add. MS 88899/3/3.
"我经常被"：Carter to Pearce, October 22, 1980, Add. MS 88899/3/3.
"被控把"：Moody, "Writers and Mentors," *Atlantic*, August 2005.
"她会说些"：Coover, interview with JP, December 2011.

"当然了……孩子"：Carter to Pearce, October 31, 1980, Add. MS 88899/3/3.
"你再见到"：Carter to Pearce, November 2, 1980, Add. MS 88899/3/3.
"他来帮我"：Carter to Adcock, April 1976. (Courtesy of Fleur Adcock.)
"看护者"：Carter to Susannah Clapp, October 16, 1980. (Courtesy of Susannah Clapp.)
"自那之后"：Coover, interview with JP.
"家庭是"：Sage, "Death of the Author," 240.
"口语转换"：Carter, "The Mother Lode" (1976), in *Shaking a Leg*, 2.
"墨守成规""肮脏寒碜"：Carter, "Living in London—X," *London Magazine*, March 1971, 53.
"梦幻般的"：Carter, "The Mother Lode," in *Shaking a Leg*, 14.
"年龄无法"：Ibid., 10.
"看着一片片"：Adcock, journal, May 27, 1973. (Courtesy of Fleur Adcock.)
"被女性化"："Death of the Author," 238.
"事实上"：Sage, "The Savage Sideshow," *New Review*, July 1977, 54.
过度保护：安吉拉和她哥哥莫名其妙差了十一岁，这表明，奥利芙也许不易受孕，或是流产过，又或者还不止一次。如果是这样的话，这或许能解释奥利芙何以如此。尽管安吉拉与奥利芙长期不和，但她也觉得得到了母亲的重视。想到母亲曾经送给她一盆玫瑰，安吉拉写道，虽然她当时并未认识到它的价值，但这却成了一份珍贵的回忆。"我没有意识到，这棵玫瑰树并非送给我的十岁生日礼物，而是送给长大后的自己……这份礼物像是她不知道的自己的一部分，因而可以送给我。" Carter, "The Mother Lode," in *Shaking a Leg*, 14-15.
"我以为……什么"：Carter, "Sugar Daddy" (1983), in *Shaking a Leg*, 22.
"一种或多或少"：Carter, "Trouser Protest" (1975), in *Shaking a Leg*, 114.
"噢，很好"：Edmund Gordon, *The Invention of Angela Carter*, 58.
"介于昆汀"：Ibid., 40.
"在商店里……将近"：Ibid., 46.
"婚姻是我"：Ibid., 48.
经期：Carter, "The Company of Wolves" (1979), in *Burning Your Boats*, 215.
"要是他能"：Gordon, *Invention*, 92.
"在一片掌声"：Carter, journal, March 5, 1963, Add. MS 88899/1/88.
"刚刚凝固"：Carter, journal, October 30, 1961, Add. MS 88899/1/87.
"冒充男性"：Carter, "Notes from the Front Line" (1983), in *Shaking a Leg*, 38.
"夹杂着"：Gordon, *Invention*, 99.
"我总是在"：Carter, "Flesh and the Mirror" (1974), in *Burning Your Boats*, 69.
"我可爱的"：Carter, journal, November 5, 1961, Add. MS 88899/1/87.
"女人的取悦"：Lessing, *Under My Skin*, 237.
"欲望……关注"：Carter, journal, n. d., Fall 1986, Add. MS 88899/1/98.
"婴儿般……回家"：Carter, journal, November 12, 1961, Add. MS 88899/1/87.
"天啊……无拘无束"：Gordon, *Invention*, 59.
"我在成长"：Ibid., 116.
"一本正经……好意"：Carter, "Tokyo, Directed by Fellini," The *Nation*, January 25, 1971, 115.

"国际通用": Gordon, *Invention*, 139.

没能想开: 在我 2011 年给保罗·卡特写信说要采访他时, 他给我的回复相当于在我面前摔门而去, 也不愿意与卡特的传记作者埃德蒙·戈登对话。保罗于 2012 年去世, 显而易见, 他至死都不愿与安吉拉的回忆录和解。

"家是你": Carter, "Living in London—X," 55.

"有趣的……我": Gordon, *Invention*, 144.

"我们只靠": Ibid., 153.

"太薄了": Carter, "Tokyo, Directed by Fellini," 116.

"住在家徒四壁": Carter, "A Souvenir of Japan" (1974), in *Burning Your Boats*, 31.

"被当作": Carter, "Notes from the Front Line" (1983), in *Shaking a Leg*, 39.

"我从不曾……格鲁达克立齐": Carter, "A Souvenir of Japan," 31. 格鲁达克立齐是《格列佛游记》中关心格列佛的巨人国小孩, "身高不到四十英尺, 在她那个年龄算个子小的了。"

"肉体走出": Carter, *Sadeian Woman*, 9.

"我的女主角": Carter, "Flesh and the Mirror" (1974), in *Burning Your Boats*, 68.

"完全以": Ibid., 72.

"她知道": Carter, "The Company of Wolves" (1979), in *Burning Your Boats*, 219.

她独自……称赞: Gordon, Invention, 193-194. 高万寿和开始与二十七岁的保罗约会那时的安吉拉同龄。

"它其实意味": Ibid., 207.

"我见过的": Ibid., 210.

"把打字机扔向": Ibid., 213-214.

"折磨": Ibid., 268.

"孩子的孤独": Ibid., 216.

"她享受": Coover, interview with JP.

"所有关于……生活状况": Carter, *Sadeian Woman*, 5.

"他的食欲": Carter, "The Tiger's Bride" (1979), in *Burning Your Boats*, 168.

"极致的……真正的谜": Carter, journal, July 1974, Add. MS 88899/1/95.

"当我清醒": Carter, journal, n. d., 1974, Add. MS 88899/1/95.

"我从来都不": Adcock, interview with JP, July 2011.

"看似对生活……标记": Downton, interview with JP, December 2011.

"人们应该": Carter, journal, n. d., 1974, Add. MS 88899/1/95.

"一股酸鲱鱼……恐惧不已": Carter, journal, March-April 1982, Add. MS 88899/1/97.

"她说": Adcock, interview with JP.

"从门缝里": Downton, interview with JP.

"有点儿……尊严": Carter, "Notes from a Maternity Ward" (1983), in *Shaking a Leg*, 29.

"她向下……扯出来": Sage, "Death of the Author," 252.

"如果她跟": Carter, "Notes from a Maternity Ward," 29.

"像是 19 世纪": Gordon, *Invention*, 343.

"产后……杀人吗": Carter, "Notes from a Maternity Ward," 31.

"更像是捆绑"：Ibid., 30.
"没有什么"：Clapp, *A Card from Angela Carter*, 90.
"你们对……平等的"：Adcock, interview with JP.
"大多数女人"：Atwood to JP, October 7, 2013. 从阿特伍德 1976 年女儿出生后的小说，如《使女的故事》(*The Handmaid's Tale*) 来看，这对她来说只是一种暂时的状态，尽管在阿特伍德 1988 年的小说《猫眼》(*Cat's Eye*) 中，叙述者指出："因为我是一个母亲，我会被这样的东西强烈地震惊，而这种感受是我没做母亲的时候所从未有过的。"
"极端痛苦"：Gordon, *Invention*, 360.
"我心如死灰"：Carter, journal, n. d., 1988, Add. MS 88899/1/98.
"莱辛，她让"：Salman Rushdie, *Joseph Anton* (New York: Random House, 2012), 213.
"脏话"：Clapp, *A Card from Angela Carter*, 72.
"神仙教母"：Atwood, in Lorna Sage, "Angela Olive Carter," in *British Novelists since 1960: Third Series, ed. Merritt Moseley* (Detroit, MI: Gale Group), 1999.
"永远是个"：Ibid.
"母亲不只是"：Carter, *Wise Children*, 223.
"说真的"：Ibid., 227.

时间和故事

感谢米多丽·斯奈德和玛利亚·塔塔尔（Maria Tatar）的帮助，她们启发我去思考童话与母亲身份之间的关系。我对时间的思考受到了丽莎·巴莱瑟《不朽的时间》(*Enduring Time*) 的启发（kairos 和 chronos 这两个概念均出自这本书）。在这本书中，巴莱瑟考查了时间与照护之间的关系。

"一个人需要时间"：Jones, *How I Became Hettie Jones*, 149.
"微不足道的自私"：Claire Dederer, "What Do We Do with the Art of Monstrous Men?," *Paris Review* (blog), November 20, 2017.
"自我的独眼冒名顶替者"：Steiber, "Brother and Sister: A Matter of Seeing," Journal of Mythic Arts, 2007, https: //endicottstudio. typepad. com/articleslist/ brother-and-sister-a-matter-of-seeing-by-ellensteiber. html.
《无臂少女》：See Midori Snyder, "The Armless Maiden and the Hero's Journey," In the Labyrinth, n. d., midorisnyder. com/essays/the-armless-maiden-and-the-heros-journey. Html.

参考文献

Allara, Pamela. *Pictures of People: Alice Neel's Portrait Gallery*. Hanover, NH: Brandeis University Press, 1998.
Als, Hilton. *Alice Neel: Uptown*. [New York]: David Zwirner Books, 2017.
Baraitser, Lisa. *Enduring Time*. London: Bloomsbury Academic, 2017.
———. *Maternal Encounters: The Ethics of Interruption*. London: Routledge, 2009.
Barker, Christopher. *The Arms of the Infinite*. Waterloo, ON: Wilfrid Laurier University Press, 2010.
Bell-Scott, Patricia, Beverly Guy-Sheftall, Jacqueline Jones Royster, Janet Sims-Wood, Miriam DeCosta-Willis, and Lucie Fultz, eds. *Double Stitch: Black Women Write about Mothers and Daughters*. Boston: Beacon, 1991.
Brooks, Gwendolyn. *The Essential Gwendolyn Brooks*. Edited by Elizabeth Alexander. New York: Library of America, 2005.
———. *Maud Martha*. 1953. Chicago: Third World Press, 1993.
———. *Report from Part One*. Detroit: Broadside, 1972.
Calder, Jenni. *The Burning Glass: The Life of Naomi Mitchison*. Dingwall, Scotland: Sandstone Press, 2019.
Carter, Angela. *Burning Your Boats: The Collected Short Stories*. New York: Henry Holt, 1995.
———. *The Sadeian Woman: An Exercise in Cultural History*. London: Virago, 1979.
———. *Shaking a Leg: Collected Journalism and Writings*. New York: Penguin, 1998.
———. *Wise Children*. Boston: Little, Brown, 1991.
Cavarero, Adriana. *Relating Narratives: Storytelling and Selfhood*. Translated by Paul A. Kottman. London: Routledge, 2000.
Clapp, Susannah. *A Card from Angela Carter*. London: Bloomsbury, 2012.
Collins, Kathleen. *Notes from a Black Woman's Diary: Selected Works*. Edited by Nina Lorez Collins. New York: Ecco, 2019.

Collins, Patricia Hill. *Black Feminist Thought*. New York: Routledge, 2000.
Coss, Clare. "Frances Clayton: Remembering Our Friend and Chosen Family." *Sinister Wisdom* 122, Fall 2021.
Curry, Arwen, dir. *The Worlds of Ursula K. Le Guin*. 2018.
Cusk, Rachel. *A Life's Work: On Becoming a Mother*. London: Fourth Estate, 2001.
Davey, Moyra, ed. *The Mother Reader: Essential Writings on Motherhood*. New York: Seven Stories, 2001.
De Veaux, Alexis. *Warrior Poet: A Biography of Audre Lorde*. New York: W. W. Norton. 2004.
di Prima, Diane. *Recollections of My Life as a Woman*. New York: Viking, 2001.
Diski, Jenny. *In Gratitude*. London: Bloomsbury, 2016.
———. *Skating to Antarctica*. London: Granta Books, 1998.
Echlin, Kim. *Elizabeth Smart: A Fugue Essay on Women and Creativity*. Toronto: Women's Press, 2004.
Enright, Anne. *Making Babies*. New York: W. W. Norton, 2012.
Erdrich, Louise. *The Blue Jay's Dance: A Birth Year*. London: Flamingo, 1996.
Feigel, Lara. *Free Woman: Life, Liberation and Doris Lessing*. London: Bloomsbury, 2018.
Fowler, Karen Joy. "The Motherhood Statement." In *The Science of Herself*, 27–34. Oakland, CA: PM Press, 2013.
Gordon, Edmund. *The Invention of Angela Carter*. London: Chatto & Windus, 2016.
Gumbs, Alexis Pauline. *"We Can Learn to Mother Ourselves": The Queer Survival of Black Feminism, 1968–1996*. PhD diss, Duke University, 2010; see https://dukespace.lib.duke.edu/dspace/handle/10161/2398.
Gumbs, Alexis Pauline, China Martens, and Mai'a Williams, eds. *Revolutionary Mothering: Love on the Front Lines*. Oakland, CA: PM Press, 2016.
Hall, Joan Wylie. *Conversations with Audre Lorde*. Jackson: University Press of Mississippi, 2004.
Hall, Lesley A. *Naomi Mitchison: A Profile of Her Life and Work*. Seattle: Aqueduct Press, 2007.
Hills, Patricia. *Alice Neel*. New York: Abrams, 1983.
Hirsch, Marianne. *The Mother-Daughter Plot: Narrative, Psychoanalysis, Feminism*. Bloomington: Indiana University Press, 1989.
Hoban, Phoebe. *Alice Neel: The Art of Not Sitting Pretty*. New York: St. Martin's, 2010.
Jackson, Angela. *A Surprised Queenhood in the New Black Sun: The Life and Legacy of Gwendolyn Brooks*. Boston: Beacon, 2017.
Jones, Hettie. *How I Became Hettie Jones*. New York: Dutton, 1990.
Klein, Carole. *Doris Lessing: A Biography*. London: Duckworth, 2000.
Kristeva, Julia. "Stabat Mater." Translated by Arthur Goldhammer. *Poetics Today* 6, no. 1/2 (1985): 133–52.
Lee, Hermione. *Penelope Fitzgerald: A Life*. New York: Knopf, 2014.
Le Guin, Ursula K. *Dancing at the Edge of the World*. New York: Harper Perennial, 1990.
———. *The Wave in the Mind: Talks and Essays on the Writer, the Reader, and the Imagination*. Boston: Shambhala, 2004.
Lessing, Doris. *Alfred and Emily*. London, Harper Perennial, 2009.
———. *The Golden Notebook*. 1962. New York: Harper Perennial, 1994.
———. *A Proper Marriage*. 1954. Frogmore, UK: Panther, 1966.
———. *Under My Skin: Volume One of My Autobiography, to 1949*. New York: HarperCollins, 1994.

———. *Walking in the Shade: Volume Two of My Autobiography, 1949 to 1962*. New York: Harper Perennial, 1998.

Lorde, Audre. *A Burst of Light: Essays*. 1988. Mineola, NY: Ixia, 2017.

———. *The Collected Poems of Audre Lorde*. New York: W. W. Norton, 1997.

———. *I Am Your Sister: Collected and Unpublished Writings*. Edited by Rudolph P. Byrd, Johnetta Betsch Cole, and Beverly Guy-Sheftall. New York: Oxford, 2009.

———. "*I Teach Myself in Outline*": *Notes, Journals, Syllabi, and an Excerpt from Deotha*. Edited by Miriam Atkin and Iemanjá Brown. CUNY Center for the Humanities, *Lost & Found* series 7, no. 1 (Fall 2017), Manifold.

———. *Sister Outsider: Essays and Speeches*. 1984. Berkeley, CA: Crossing Press, 2007.

———. *Zami: A New Spelling of My Name*. Berkeley, CA: Crossing Press, 1982.

Manguso, Sarah. *Ongoingness*. 2015. London: Picador, 2018.

Mitchison, Naomi. *You May Well Ask: A Memoir 1920–1940*. 1979. London: Flamingo, 1986.

Moser, Benjamin. *Sontag: Her Life and Work*. New York: Ecco, 2019.

Munro, Eleanor. *Originals: American Women Artists*. New York: Simon and Schuster, 1979.

Nash, Jennifer C. "Black Maternal Aesthetics." *Theory & Event* 22, no. 3 (July 2019): 551–75.

Neel, Andrew, dir. *Alice Neel*. 2007.

Nelson, Maggie. *The Argonauts*. Minneapolis: Graywolf, 2015.

Nemser, Cindy. *Art Talk: Conversations with 12 Women Artists*. New York: Scribner, 1975.

Nunez, Sigrid. *Sempre Susan: A Memoir of Susan Sontag*. New York: Atlas, 2011.

Parker, Rozsika. *Mother Love, Mother Hate: The Power of Maternal Ambivalence*. New York: Basic Books, 1996.

Parmar, Pratibha, dir. *Alice Walker: Beauty in Truth*. Kali Films, 2013.

Rich, Adrienne. *Of Woman Born: Motherhood as Experience and Institution*. New York: Bantam, 1977.

———. *On Lies, Secrets, and Silence: Selected Prose*. New York: W. W. Norton, 1979.

Ringgold, Faith. *We Flew over the Bridge: The Memoirs of Faith Ringgold*. Boston: Bulfinch, 1995.

Ruhl, Sarah. *100 Essays I Don't Have Time to Write*. New York: Farrar, Straus & Giroux, 2014.

Sage, Lorna. *Bad Blood*. London: Fourth Estate, 2000.

———. "Death of the Author." *Granta* 41 (Autumn 1992): 235–54.

———. *Doris Lessing*. London: Methuen, 1983.

Showalter, Elaine. *A Jury of Her Peers: American Women Writers from Anne Bradstreet to Annie Proulx*. New York: Vintage, 2010.

Smart, Elizabeth. *The Assumption of the Rogues & Rascals*. London: Panther, 1980.

———. *Autobiographies*. Edited by Christina Burridge. Vancouver, BC: Tanks, 1987.

———. *By Grand Central Station I Sat Down and Wept*. 1945. London: Granada, 1966.

Solomon, Andrew. "Transition to Motherhood: The Acquisition of Maternal Identity and Its Role in a Mother's Attachment." PhD diss., Jesus College, Oxford, 2013. Courtesy of the author.

Sontag, Susan. *As Consciousness Is Harnessed to Flesh: Journals and Notebooks 1964–1980*. Edited by David Rieff. New York: Farrar, Straus & Giroux, 2012.

———. *Reborn: Journals and Notebooks 1947–1963*. Edited by David Rieff. New York: Farrar, Straus & Giroux, 2008.

Streitmatter, Rodger. *Outlaw Marriages: The Hidden Histories of Fifteen Extraordinary Same-Sex Couples*. Boston: Beacon, 2012.

Sullivan, Rosemary. *By Heart: Elizabeth Smart, A Life.* London: Lime Tree, 1991.
Walker, Alice. *Her Blue Body Everything We Know: Earthling Poems 1965–1990 Complete.* London: Women's Press, 1991.
———. *In Search of Our Mothers' Gardens.* London: Women's Press, 1984.
———. *Meridian.* New York: Pocket, 1977.
———. "*One* Child of One's Own: A Meaningful Digression within the Work(s)." (1979). In *In Search of Our Mothers' Gardens*, 361–83. London: Women's Press, 1984.
———. *The Same River Twice: Honoring the Difficult.* New York: Scribner, 1996.
———. *The Third Life of Grange Copeland.* 1970. London: Women's Press, 1985.
———. *The Way Forward Is with a Broken Heart.* New York: Ballantine, 2001.
———. *The World Has Changed: Conversations with Alice Walker.* Edited by Rudolph P. Byrd. New York: New Press, 2010.
Walker, Rebecca. *Baby Love: Choosing Motherhood after a Lifetime of Ambivalence.* New York: Riverhead, 2007.
———. *Black, White & Jewish: Autobiography of a Shifting Self.* New York: Riverhead, 2001.
Washington, Mary Helen. *Invented Lives: Narratives of Black Women 1860–1960.* London: Virago, 1989.
White, Evelyn C. *Alice Walker: A Life.* New York: W. W. Norton, 2004.